BASTEI
LÜBBE

Über die Autorin:

Marla Runyan, geboren am 4. Januar 1969 in Santa Maria, Kalifornien, erblindete im Alter von neun Jahren am Stargardt-Syndrom. An der Diego State University ließ sie sich zur Lehrerin für taube und blinde Kinder ausbilden. Beim 1500-m-Endlauf der Olympiade in Sydney 2000 ging sie als Achte ins Ziel; sie hält den amerikanischen Hallenrekord über 5000 Meter. Marla Runyan lebt in Eugene, Oregon.

MARLA RUNYAN
MIT SALLY JENKINS

MEIN WEG AN DIE SPITZE

Sie ist blind – sie ist eine der weltbesten Läuferinnen – und nichts hält sie auf

Aus dem Englischen von
Bernd Rullkötter

BASTEI
LÜBBE

BASTEI LÜBBE TASCHENBUCH
Band 61548

1. Auflage: Juli 2004

Vollständige Taschenbuchausgabe der im Gustav Lübbe Verlag
erschienenen Hardcoverausgabe

Bastei Lübbe Taschenbücher und Gustav Lübbe Verlag sind Imprints der
Verlagsgruppe Lübbe GmbH & Co. KG

Titel der Originalausgabe:
No Finish Line: My Life As I See It

Textredaktion: Anita Krätzer, München
Umschlaggestaltung: JahnDesign Thomas Jahn, Erpel/Rhein,
unter Verwendung von drei Fotos von Sigrid Estrada Photography,
New York (Vorderseite oben), Brian Davies, *The Register-Guard*,
Eugene, Oregon (Vorderseite unten), und Victah Sallier (Rückseite)
Satz: Bosbach Kommunikation & Design GmbH, Köln
Gesetzt aus der Trump Mediäval von Linotype-Hell
Druck und Verarbeitung: Ebner & Spiegel, Ulm
Printed in Germany
ISBN 3-404-61548-4

Sie finden uns im Internet unter
www.luebbe.de

Der Preis dieses Bandes versteht sich einschließlich
der gesetzlichen Mehrwertsteuer.

Dieses Buch ist gewidmet …

meiner Mutter Valerie, die mich gelehrt hat, vor den Hürden des Lebens nicht Halt zu machen, und die, solange ich selbst noch zu jung dafür war, alle Hürden an meiner statt überwand;

meinem Vater Gary, der mich die Werte von harter Arbeit, Beharrlichkeit und Einsatzbereitschaft gelehrt hat, indem er sie mir jeden Tag vorlebte;

meinem Bruder Grady für seinen Humor, seine Musik und Logik;

Matt, »The Rock«, meinem Lebenspartner und besten Freund;

Summer, meinem zweitbesten Freund;

John O'Looney, der mir in der achten Klasse wieder beibrachte zu lachen, nachdem ich es bereits verlernt hatte, und der mir riet, mich der Leichtathletikmannschaft anzuschließen;

John Bailey, der mich lehrte, über eine Latte zu springen, die ich kaum sehen konnte;

Rahn Sheffield, der mir den Hürdenlauf beibrachte und der den Einsatz über den Sieg stellte;

Beth Scott, meiner »blinden Kameradin«, und ihrer amerikanischen Fahne;

Eugene und der Farbe Grün;

Dr. Richard Brown, der mich in seinem Obergeschoss in

Coburg, Oregon, über die Physiologie des Laufens aufklärte;

Mike Manley, der mir ermöglichte, das Laufen auf eine ganz neue Art zu erleben;

dem Amazon Trail, dem Rexius Trail und Hayward Field;

Dr. Gary Wood, Dr. Mike Leahy, Dr. John LeGat, Dr. Ken Singer, Dr. Stanley James, Dr. Donald Jones und Dr. Mark Scappaticci, die mir auf und jenseits der Bahn voranhalfen;

der USABA;

Asics;

Ray Flynn, weil er an mich glaubt und stets das Beste für mich tut;

Margo Jennings für die Zukunft;

Sally Jenkins dafür, dass sie manchmal in der Lage zu sein scheint, meine Gedanken zu lesen, und mir dadurch einiges über mich selbst beibringen kann; und dafür, dass sie dieses Buch so wahrheitsgetreu und realitätsnah hat werden lassen;

Jean Grendler von Northwest Orthotics dafür, dass ich keinen Schritt ohne sie mache.

Inhalt

I. Wie ich es sehe

Ich laufe und sehe nichts als die offene Bahn vor mir. Andere Füße neben mir schlagen einen stetigen Rhythmus. Ich weiß nicht, wie viele Läuferinnen vor mir oder hinter mir sind. Das Feld besteht nicht aus Individuen. Es ist ein vielfarbiges Geschöpf, das um mich herum atmet und drängelt. Das Tempo erhöht sich, und die Läuferinnen spannen ihre Körper. Jetzt erst bricht das Geschöpf auseinander und zieht sich in die Länge. Ich spüre die sanfte Kurve, welche die letzten 200 Meter zum Ziel einleitet, bevor der Schlussspurt auf der Geraden beginnt. Jetzt laufe ich gegen Individuen, aber gegen wen? Wer hat mich gerade überholt? Zu wem schließe ich vor mir auf? Egal, sage ich mir. Wenn ich ihre Namen weiß, fällt es mir nicht leichter, sie zu schlagen.

Ich kann die Ziellinie nicht sehen.

Ich überquere sie.

Keuchend beuge ich mich vor und spüre, wie eine Konkurrentin meine Hand nimmt. Wir joggen gemeinsam um die Bahn, versuchen, Atem zu schöpfen, und warten darauf, dass das Ergebnis angezeigt wird. Plötzlich höre ich durch meine mühsamen Atemzüge hindurch, wie die Menge aufbrüllt.

»Wer hat gewonnen?«, frage ich.

»Du«, sagt sie.

Ich sehe Sonnenlicht, aber es gefällt mir nicht immer. Licht kann erhellen, aber zu viel Licht blendet, und das ist eine der grundlegenden Wahrheiten dieser Welt. Wenn das Leben nur aus sonnigem Wetter ohne eine Wolke am blauen Himmel bestünde, wenn es nur Licht und noch mehr Licht ohne jeden Regen oder Schatten gäbe, würde man nichts außer Helligkeit sehen. Licht ist nutzlos ohne sein Gegenteil. Ohne ein wenig Dunkelheit kann man überhaupt nichts erkennen.

Was sehe ich? Diese Frage ist mir in der einen oder anderen Form gestellt worden, seit ich ein kleines Kind war. Vermutlich ist sie nun von Bedeutung, da ich die erste »amtlich blinde« Athletin bin, die an den Olympischen Spielen teilnimmt. Die Leute hoffen, dass sie erfahren, was möglich ist und was nicht, wenn sie genau herausfinden, was ich sehe. Sie fragen sich, wie eine Frau, die nur teilweise sehen kann, Weltklasserennen über 1500 und 5000 Meter zu bestreiten vermag. Vermutlich ist das keine ganz abwegige Frage, besonders wenn man beobachtet, wie ich, ein Vergrößerungsglas vor ein Auge geklemmt, die Nase über eine Textseite schiebe oder wie ich fast gegen eine für jeden sichtbare Parkuhr pralle. Meine Antwort lautet: Wenn man so schnell läuft wie ich, verschwimmen die Dinge ohnehin.

Als ich die Frage zum ersten Mal hörte, war ich ein kleines Mädchen und saß auf einem weiß gekachelten Küchentresen im Haus meiner Eltern in Camarillo, Kalifornien. Die Person, die mit mir sprach, war meine Mutter. »Was siehst du?«, fragte sie. »Kannst du den Kalender an der Wand erkennen?« Meine Mutter versuchte ständig, das Rätsel meiner Blindheit zu lösen und die Grenzen meines Sehvermögens zu bestimmen, als könne sie mein Problem dadurch beseitigen.

Meine Antwort war nicht so einfach. Konnte ich den normal großen Kalender erkennen, der nur zweieinhalb Meter vor mir hing? Ich wusste, dass er existierte. Ich konnte die Unterbrechung an der tapezierten Küchenwand sehen, ein Muster aus roten und gelben Blumen. Aber konnte ich die fetten Buchstaben erkennen, mit denen der Monatsname geschrieben war, oder die kleinen Quadrate, welche die Tage darstellten? Die Antwort war nein. Ich sah nur ein weißes Rechteck.

Auch die Schrift meiner Lehrerin an der Tafel konnte ich nicht erkennen. Genauso wenig wie die Straßenschilder oder die Buchstaben auf einer Testtafel – mit Ausnahme des großen »E«.

»Der Arzt sagt, dass du ›amtlich blind‹ bist«, erklärte meine Mutter. »Wenn du die Buchstaben unter dem großen ›E‹ nicht erkennen kannst, bist du offiziell blind.«

»Nein, bin ich nicht«, entgegnete ich.

Das war mein erster Reflex auf die Blindheit, und so reagiere ich immer noch.

Das Problem ist eines der Wahrnehmung. Die Menschen verwechseln »behindert« mit »unfähig«. Ich bin zum Teil behindert, ja. Aber ich bin nicht inkompetent. Meine periphere Sicht, obwohl verschwommen, genügt, um mir ein Rennen auf Weltniveau zu ermöglichen. Ich kann die Füße und die Farben der Trikots meiner Konkurrentinnen sehen. Ich kann die rote Kunststoffoberfläche der Laufbahn und das Wedeln von Fahnen wahrnehmen – obwohl ich nicht weiß, welche Nationen sie repräsentieren.

Die Ziellinie kann ich nicht sehen.

Wenn ich ein Rennen laufe, weiß ich nicht immer, ob ich gewonnen oder verloren habe. Ich kann weder die Uhren noch die Rundenanzeige, noch die Ergebnistafel sehen. Ich weiß nur, dass das Ziel am Ende der Geraden ist. Aber es wäre falsch zu vermuten, dass mein Sehverlust meine Leistung beeinträchtigt, denn ich bin eine 32-jährige Frau, die nun schon seit sehr langer Zeit läuft. Ich begreife, dass es *keine Ziellinie gibt*.

Im Sommer zwischen meinem dritten und vierten Schuljahr erkrankte die Netzhaut meiner Augen, und ich verlor den größten Teil meiner Sehfähigkeit. Im Frühjahr konnte ich meine Schulbücher noch lesen, doch im folgenden Herbst nicht mehr. Nach verschiedenen Fehldiagnosen etlicher Augenärzte erfuhr ich, dass ich an der Stargardt-Krankheit litt. Sie hinterlässt Löcher in der zarten, lichtempfindlichen Netzhaut, die Bilder aufnimmt und weiterleitet. Die Krankheit hatte den Zentralbereich, die Macula, beschädigt. Danach waren die Einzelheiten der Welt aus meinem Hauptsichtfeld verschwunden. Mir blieb nur ein dünnes Band der peripheren Sicht, die jedoch ebenfalls beeinträchtigt war und der Korrektur bedurfte.

Ich lebe inzwischen schon so lange mit der Stargardt-Krankheit, dass mir meine Augen normal vorkommen, und mittlerweile kann ich mich kaum noch daran erinnern, wie es ist, alles zu sehen. Ich entsinne mich nur noch daran, dass sich die Dinge immer weiter zu entfernen schienen. Etwa Gedrucktes. Ein Fußball am anderen Ende des Spielfelds. Und die Gesichter der Menschen, die ich kannte.

Meine Lösung war das Laufen. Draußen spielte mein Sehvermögen keine Rolle. In einem Klassen- oder einem Wohnzimmer dagegen war ich behindert, weil ich mich anstrengen musste, ein Buch zu lesen oder einen Fernsehschirm zu erkennen oder auch nur herauszufinden, mit wem ich gerade sprach. Aber draußen beim Laufen fühlte ich mich genauso wie jeder andere.

Und dann begriff ich etwas Erstaunliches: Beim Laufen fühlte ich mich nicht nur genauso wie jeder andere, sondern besser als die meisten.

Seitdem bin ich unentwegt gelaufen: während der High-School in Camarillo, während des College und des Studiums an der San Diego State University, wo ich einen Magistergrad als Lehrerin für blinde und taube Kinder cum laude erwarb. Ich lief durch viele Rückschläge und Misserfolge hindurch, durch bürokratische Wirren und als Unbekannte, während ich vom Mindestlohn des lokalen CVJM lebte. Ich lief bei den Weltmeisterschaften in Sevilla und bei den Olympischen Spielen in Sydney, wo ich über 1500 Meter den achten Rang belegte. Ich laufe noch immer, und nun bin ich über 5000 Meter die Ranglistenerste und die Hallenrekordhalterin der Vereinigten Staaten – und eine mögliche Medaillenanwärterin in dieser Disziplin. Aber ich hoffe, durch all das aus dem richtigen Grund hindurchgelaufen zu sein: um Engagement als Selbstzweck hochzuhalten und zu beweisen, dass eine Behinderung Spitzenleistungen nicht ausschließt.

Manche Leute trauen mir nur deshalb wenig zu, weil ich sehbehindert bin. Ich merke, wie sie denken: »Oh, du kannst nicht richtig sehen. Setz dich doch auf die Couch.« Vor einem Rennen höre ich oft, wie geflüstert wird: »Da ist die blinde Läuferin. Ist das nicht toll?«

Aber ich glaube, dass einen die eigene Haltung stärker behindern kann als der Verlust des Sehvermögens.

Mein Sehvermögen ist relativ. Ich weiß im Grunde nicht, wie ich es mit dem des Lesers vergleichen soll, denn die einzigen Augen, mit denen ich sehe, sind meine eigenen. Ich möchte einige Dinge erwähnen, die ich erkennen, und einige, die ich nicht erkennen kann. Die Zahlen auf einer Armbanduhr oder die Aufschrift »Campbell's« auf einer Suppendose im Lebensmittelgeschäft kann ich nicht sehen. Eine Speisekarte, eine Zeitung, die Adresse auf einem Umschlag oder die Summe auf einem Gehaltsscheck sind für mich nicht auszumachen. Ich kann nicht immer sehen, ob vor mir ein Bordstein oder ein Schlagloch oder eine Baumwurzel liegt.

Ich kann meine eigene Schrift nicht erkennen. Sie gleicht der eines Kindes mit fehlenden Buchstaben und unvollständigen Zeilen. Meine Unterschrift ändert sich jedes Mal, wenn ich einen Scheck oder eine Kreditkartenquittung unterzeichne, und manchmal werde ich sogar aufgefordert, meine Identität auf andere Art nachzuweisen.

Folgendes aber sehe ich: einen ständigen Fleck vor meinen Augen, der fast physische Eigenschaften hat. Es ist ein großes Oval, das blinkt und flackert wie das Licht eines Stroboskops. Es besitzt keine spezifische Farbe oder Form, aber es bewegt sich über Wände und Decken und blauen Himmel wie eine graue Fläche. Es ist nichts Greifbares, das wirklich *vor mir* ist. Es ist in meinem *Inneren* – in meinen Augen und deren Netzhaut.

Der Leser stelle sich vor, dass jemand eine Aufnahme macht und dass das Blitzlicht die Augen des Betrachters blendet. Ein paar Momente lang sieht er einen purpurnen oder grauen Fleck, der sich stets im Zentrum befindet. Nach ein paar Minuten verschwindet dieser Fleck, und die Welt erscheint wieder normal.

Für mich verschwindet er nicht. Wie ein Sonnenfleck ist in der Mitte meiner Augen immer ein undeutliches Blinken. Manchmal ändere ich meinen Konzentrationspunkt, weil ich hoffe, um das Hindernis herum blicken zu können und eine klarere Sicht auf die Dinge vor mir zu erhalten. Aber der Fleck bewegt sich genauso schnell wie meine Augen und verstellt mir die Sicht. Der Fleck ist das Narbengewebe der Netzhaut und hat in jedem meiner Augen eine eigene Gestalt.

Doch der Wille zu sehen ist stark ausgeprägt. Der Geist beharrt auf irgendeiner Art Bild, selbst wenn die Augen physisch nicht gehorchen können. Meine Augen verschieben sich ständig in dem Bemühen, meine Blindheit auszugleichen. Die noch funktionsfähige Fläche des Auges versucht, die zerstörte Fläche zu kompensieren. Mein Gesprächspartner empfindet es möglicherweise als unhöflich, dass ich über seine linke Schulter schaue, aber ich kann am besten aus den Augenwinkeln sehen, weil die Randbereiche meiner Netzhaut von der Stargardt-Krankheit nicht beschädigt wurden.

Doch wie sehr meine Augen auch kompensieren wollen, es gibt Dinge, die mir einfach nicht möglich sind. Es fällt mir schwer, Straßen zu überqueren, besonders Straßen mit mehr als zwei Fahrbahnen. Am schwierigsten ist es für mich, Dinge direkt vor mir zu erkennen. Eine Parkuhr oder eine allein dastehende Person oder ein unbeweglicher Gegenstand scheinen mir entgegenzuspringen. Sie tauchen jäh auf, und ich muss ihnen rasch ausweichen.

Kurz vor den Olympischen Spielen des Jahres 2000 in Sydney machten mein Partner Matt Lonergan und ich einen Trainingslauf in Colorado Springs. Der Untergrund war ein betonierter Fahrradweg, der einen kleinen See umrundete. Wie alle Mittelstreckenläufer werde ich von weichen Oberflächen angezogen, weshalb ich beschloss, auf den Ufersand auszuweichen.

Ich übersah ein Bootsseil, das über den Sand gespannt war. Matt warf einen Blick über die Schulter. Bevor er mich warnen konnte, stolperte ich über das Seil. Es war, als wären mir die Beine weggezogen worden, und ich stürzte aufs Gesicht.

Ich pralle nur gegen Objekte, die sich nicht bewegen.

Laufen ist das, was mir am leichtesten fällt. Ein Wettrennen auf einer völlig flachen und glatten Bahn, in einem kontrollierten Umfeld und unter vertrauten Menschen, die sich alle mit ähnlicher Geschwindigkeit bewegen, kommt mir im Vergleich zu den Mühen und Bedrohungen eines durchschnittlichen Alltags problemlos vor.

Die Antwort auf die Frage, wie ich laufe, ist komplex und interessant. Ich verlasse mich stark auf meine anderen Sinne: auf den Rhythmus meiner Schritte und die durch den Boden unter meinen Füßen ausgelösten Empfindungen. Manchmal habe ich keine Ahnung, wer meine Konkurrentinnen sind, weil ich ihre Gesichter nicht sehen kann, aber einige kann ich an der Farbe ihres Trikots, ihrer Gestalt und ihrem Verhalten erkennen. Bei einem Rennen sind die Farben besonders lebhaft, weil viele Läuferinnen Produkte von Sponsoren wie Asics, Adidas oder Nike tragen. Und jedes Unternehmen benutzt von Saison zu Saison andere Töne und Muster.

Meist identifiziere ich Menschen jedoch durch die Art, wie sie sich bewegen. Am College konnte ich meinen Trainer Rahn Sheffield immer ausmachen, weil er auf eine bestimmte Weise über die Bahn marschierte. Manche Läuferinnen haben unverwechselbare Bewegungen, sodass auch ich sie auf Anhieb erkenne. In Sydney wusste ich sofort, wenn die rumänische Weltmeisterin Gabriela Szabo während des Aufwärmens an mir vorbeijoggte. Das lag an ihrer Größe und ihrer typischen Gangart. Ihre Füße glichen Rädchen, und ihre nur 1,52 Meter große und 43 Kilo schwere Gestalt schwebte schnell und leise auf der inneren Grasfläche an mir vorbei. Durch das Fehlen von Geräuschen war sie nicht zu verkennen.

Zuweilen habe ich keine Hinweise auf die Identität einer Läuferin, was mir hilft, mich nicht einschüchtern zu lassen. Im Siebenkampf trat ich mehrere Male gegen Jackie Joyner-Kersee an, ohne zu wissen, dass die größte Athletin der Geschichte an meiner Seite war.

Also hat mein Sehvermögen – oder meine Sehbehinderung – vielleicht auch Vorteile. Ich konzentriere mich beim Laufen auf die Leistung. Ich laufe nicht der Medaillen wegen, obwohl ich einige gewonnen habe, sondern um der damit verbundenen Erfahrung willen. Für mich bedeutet Laufen Freiheit von Verwirrung und Behinderungen, die mich seit meiner Kindheit bremsen. Durch das Laufen löse ich mich aus der Stagnation. Es ist Bewegung, und es ist einfach.

Meiner Meinung nach hat Sehen viele Facetten. Es gibt

das, was ich buchstäblich sehe, aber auch das, was ich wahrnehme, und Letzteres kann auf etlichen Faktoren – von Geräuschen über äußere Strukturen bis hin zu Intuition – beruhen.

Auch die Erinnerung kann eine Art Sehvermögen erzeugen. Nachdem ich nach Eugene, Oregon, gezogen war und versuchte, auf den weichen, gepflegten Holzspanpfaden um den Ort herum zu laufen, zögerte ich dauernd, weil ich nicht wusste, wohin ich die Füße setzen sollte. Es war, als bewegte ich mich auf Eierschalen. Aber inzwischen kenne ich die Pfade auswendig und kann über 30 Kilometer bergauf, bergab und um Biegungen laufen, ohne eine Sekunde innehalten zu müssen.

Ich kenne jedes kleine Rasenstück und jede Neigung des Amazon Trail durch zahllose Kilometer des Intervalltrainings und sechseinhalb bis acht Kilometer lange Tempoläufe. Es ist, als hätte ich durch meine vielen Runden eine Furche in den weichen Boden getrieben. Ich kann die unterschiedlichen Details auf meinem Weg, sei es eine hervorstehende Wurzel oder eine Vertiefung, nicht erkennen, aber sie sind mir aus der Erinnerung vertraut. Erst wenn ich mich niederbeuge und meine Schnürsenkel binde, wobei mein Gesicht nur 30 Zentimeter vom Boden entfernt ist, sehe ich die Bestandteile des braunen Pfades. Er hat unterschiedliche Farben und die Struktur von Hafergrütze, aber die einzelnen Holzspäne kann ich nicht wahrnehmen. Ich weiß nicht immer, ob ein Blatt ein Blatt und ein Holzspan ein Holzspan ist – und nicht etwas, das ein Hund hinterlassen hat.

Bei so einfachen Dingen wie einer Fahrt mit dem Bus verlasse ich mich ebenfalls auf meine anderen Sinne. Wenn ich an einer Haltestelle in Eugene stehe, sehe ich nur eine Unzahl von Lichtern auf mich zukommen. Die leuchtenden Autoscheinwerfer verschwimmen mit den Ampeln und Warnsignalen. Ich bin darauf angewiesen, das Rumpeln eines Busmotors zu hören, und es ist mir so vertraut, dass ich mir manchmal einbilde, den Bus *sehen* zu können.

Meine Wahrnehmung wird durch die Lufttemperatur, die Körnigkeit einer Laufbahn, die Geräusche und Gerüche um mich herum bestimmt: durch den Piniengeruch, der mir verrät, dass ich im Wald bin, oder den Auspuffgestank, der mir anzeigt, dass ich mich einer Kreuzung nähere. Mein Körper findet tausend verschiedene Möglichkeiten, das, was mir fehlt, auszugleichen.

Wenn ich laufe, bin ich am aufmerksamsten. Vielleicht ist dies meine Methode, die Sehbehinderung zu überwinden. Henry David Thoreau schrieb: »Wir alle sind Bildhauer und Maler, und unser Fleisch, unser Blut und unsere Knochen sind das Material.« Das Laufen dient mir dazu, die Kontrolle über meinen Körper zu gewinnen, und es ist im selben Maße ein innerer wie ein äußerer Akt, der mir hilft, mich selbst zu erkennen. Emil Zatopek, der Marathon-Olympiasieger von 1952, sagte einmal: »Wer etwas gewinnen will, läuft 100 Meter. Wer etwas erleben will, läuft die Marathonstrecke.« Ich bin Mittelstreckenläuferin, mir geht es um das Erlebnis. Wenn ich laufe, fühle ich mich eins mit der Welt; meine Muskeln und Gliedmaßen bewegen sich im Rhythmus der Erdkugel.

Deshalb laufe ich: um die Welt durch Geräusche und Berührungen und Bewegungen zu erfahren. Ich kann mich damit abfinden, die Welt nicht zu *sehen*, aber ich kann mich nicht damit abfinden, mich nicht in ihr zu bewegen. Unser Körper ist für die Bewegung und damit für das Laufen als eines ihrer Grundelemente geschaffen.

Bewegung bedeutet Unabhängigkeit. Die Sinne, auf die ich mich am stärksten verlasse, haben mit meinem Bewegungsvermögen zu tun. Es gibt mir viel, einfach die Hände auf etwas legen oder fühlen zu können, ob ich auf einem Holzfußboden oder einem Waldpfad stehe. Wenn ich etwas sehen will, muss ich hingehen.

Mein Laufen durch die Welt ist meine Methode, sie mir vorzustellen.

Ich bin so geübt darin, mich in der Welt zu bewegen, dass man häufig nichts von meiner Sehbehinderung ahnt. Ich habe mich stets geweigert, die Definition von »amtlich blind« zu akzeptieren, und ich versuche, mich wie eine sehende Person zu benehmen – manchmal bis an die Grenze der Waghalsigkeit. Das ist eine Art Sieg, und genau danach strebe ich seit der Diagnose.

Aber es ist auch eine Art Verdrängung. Gelegentlich habe ich den Eindruck, dass ich genauso viele Probleme erzeuge wie löse.

Ich kann an internationalen Wettkämpfen um eine Medaille über 1500 Meter teilnehmen, und doch vermag ich jemanden, der drei Meter von mir entfernt ist, nicht zu erkennen. Das verwirrt andere, und es trägt auch nicht zur Anerkennung im Alltag bei. Ich habe an der High-School versucht, meine Blindheit geheim zu halten, und es gelang mir zumeist auch. Aber ich musste einen Preis für meinen Stolz bezahlen, denn dadurch entstanden zahlreiche Missverständnisse. Zum Beispiel vergaß ich, dass andere Menschen mich besser sehen können als ich sie und dass mein Gesicht jede meiner Stimmungen genau widerspiegelt. Woher sollten andere wissen, dass ich keine Ahnung habe, wer die drei Meter von mir entfernte Frau ist, solange ich ihre Stimme nicht hören kann?

Wie viele Male habe ich mich nach draußen aufgemacht, nur um festzustellen, dass das langärmelige Hemd, das ich mit »dazu passenden Shorts« angezogen habe, in Wirklichkeit grün ist und dass die Shorts purpurn sind? »Wer ist das Mädchen mit dem grünen Hemd und den purpurnen Shorts?«, fragen andere, während ich den Pfad entlangstürme und über mich selbst lache. »Oh, es ist bloß Marla.« Obwohl ich so sehr auf Farben angewiesen bin, kann ich sie nicht immer sehen. Durch die Stargardt-Krankheit verliert man mit der Sehschärfe auch einiges von der Fähigkeit, bei trübem Licht Farben zu unterscheiden. Aber ich bitte selten um Hilfe.

Ich könnte eine Armeslänge von Matt Lonergan, dem Mann, mit dem ich zusammenlebe, entfernt sein, ohne zu wissen, dass er es ist. Aber ich erkenne ihn an seiner vertrauten beigen Jacke und seiner Haltung und der Art und Weise, wie er die Beine übereinander schlägt oder wie er dasitzt und seinen Kaffee trinkt, während er *Track & Field News* liest. Wenn er mir sehr nahe ist, kann ich sein Gesicht – seine lange Nase oder ein Lächeln – ausmachen, aber nicht seine Augenfarbe.

Einer meiner früheren Trainer, Mike Manley, rasierte sich eines Tages den Bart ab, und als er an jenem Nachmittag vor mir stand, kam er mir fremd vor. Eine frühere Trainingspartnerin war stets durch ihren blonden Pferdeschwanz zu identifizieren. Aber eines Nachmittags setzte sie sich neben mich auf eine Bank, und ich hatte keine Ahnung, wer sie war. Sie hatte sich das Haar abgeschnitten.

Die Mimik anderer nehme ich nicht wahr. Sehr oft verlasse ich mich auf das, was gesagt und wie es formuliert wird, nicht darauf, ob jemand lächelt oder das Gesicht verzieht. Aber so sensibel ich Tönen gegenüber auch bin, manche Dinge entgehen mir doch.

In der High-School prägte ich mir die Farben der Kleidung meiner Freunde ein, um sie in den Pausen auf dem Flur finden zu können. Aber ich war nicht in der Lage, Jungen von Mädchen zu unterscheiden, wenn ich nicht ihre Stimmen hörte oder einen anderen Anhaltspunkt hatte. Ungezählte Male ging ich in der High-School an Bekannten vorbei, ohne sie zu grüßen, weil ich nicht genau wusste, wer sie waren, und weil ich mich nicht durch einen Fehler in Verlegenheit bringen wollte.

Zum ersten Mal sah ich ein Gesicht – und zwar *wirk-*

lich – im Kino. Ich war 17 Jahre alt, und man zeigte den Film *Aliens*. Meine zwölfjährige Cousine Melody und ich hatten uns verspätet, und es gab nur noch Plätze in der ersten Reihe. Ich verdrehte den Hals und legte den Kopf auf die Rückenlehne des Sessels, aber ich sah jede Pore und jeden Schweißtropfen in Sigourney Weavers Gesicht. Es war faszinierend. *Aliens* wurde rasch zu meinem liebsten Horrorfilm – nicht nur, weil Sigourney Weaver eine ausgemachte Rebellin war, sondern auch, weil ich hier die Details des menschlichen Gesichtsausdrucks erkennen konnte.

Wer blind in die Welt hineingeht, betritt ein Reich der Ungewissheit. Jeden Tag tauchst du in einen Strudel der Verwirrung – und manchmal der Furcht und Frustration. Die anderen verfügen über sämtliche Informationen, während du ausgeschlossen bist. Daher musst du ein heikles Gleichgewicht zwischen Vorsicht und Vertrauen herstellen. Hin und wieder kann dir auch das höchste Maß an Unabhängigkeit nicht helfen, und dann gibt es nur noch eine Wahl: Du kannst wütend werden oder auf die grundsätzliche Hilfsbereitschaft der Menschen vertrauen und hoffen, dass dir nichts zustößt. Aber leben wir in Wirklichkeit nicht alle so, egal, ob wir nun blind sind oder nicht?

Wenn die Alternative darin besteht, zu Hause zu bleiben und nie etwas zu riskieren, also das Vertrauen von der Vorsicht verdrängen zu lassen, dann entscheide ich mich stets für das Gegenteil. Es ist nicht immer eine bequeme Wahl, und gelegentlich habe ich das Gefühl, in zwei verschiedenen Welten gleichzeitig zu leben. Manchmal meine ich, sehr sehbehindert zu sein, und manchmal habe ich den Eindruck, alles sehen zu können. Ich lebe in einem Niemandsland.

Am blindesten fühle ich mich, wenn ich in der Öffentlichkeit etwas lesen muss. Gedrucktes ist für mich unzugänglich – es sei denn, ich habe ein leistungsfähiges Hilfsmittel, etwa eine Lupe mit achtfacher Vergrößerung oder ein CCTV-Gerät, das man ja nicht gerade beim Einkaufen mit sich herumtragen kann. Man denke an die vielen Male am Tag, bei denen man sich mit Gedrucktem befasst: vom Lesen der Zeitung am Morgen über die Arbeit am Computer bis hin zum Ausfüllen eines Formulars oder zum Bestellen nach der Speisekarte in einem Restaurant. Und nun versuche man, einen ganzen Tag lang überhaupt nichts zu lesen.

Wenn ich ein Lebensmittelgeschäft oder ein Café betrete, fühle ich mich ganz und gar behindert. Am schlimmsten ist es, wenn ich mich beeile, zum Beispiel um den richtigen Ausgang auf einem Flughafen zu finden. Dann muss ich jemandem meine Situation erklären und ihn bitten, mir zu helfen. Damit habe ich mich erst vor kurzem abgefunden. Aber es gibt nur wenige Dinge, die ich nicht habe meistern können.

Die Menschen können sich von dem Begriff »amtlich blind« täuschen lassen, denn er verleitet sie dazu, umfassende Schlussfolgerungen zu ziehen. Doch es gibt subtile Abstufungen des Sehvermögens und zahllose Wörter zu ihrer Beschreibung: etwa geringe oder eingeschränkte Sicht, sehbehindert, visuell beeinträchtigt. In den siebziger Jahren hat man ausgiebig darüber diskutiert, ob »visuell beeinträchtigt« ein angemessenerer Begriff sei als »visuell behindert«. Heutzutage verlangt die politische Korrektheit, dass ich als »Person mit einer Sehschädigung« definiert werde.

Die Terminologie ist wichtiger geworden als die Besonderheiten der Sehfähigkeit des Einzelnen und seines Vermögens, sich anzupassen. Das halte ich für albern. Welchen Begriff man auch verwendet, er definiert mich nicht. Letzten Endes liegt es an mir, dafür zu sorgen, dass die Attribute, durch die ich beschrieben werden möchte, für meine Umgebung sichtbarer sind als meine Blindheit.

Ich kann nicht gut sehen, und ich laufe. Das genügt.

Überaus ironisch finde ich die Tatsache, dass sich das

Interesse an meiner Geschichte zum Teil auf den Begriff »amtlich blind« stützt. Die Leute sagen: »Erstaunlich, dass sie so schnell laufen kann. Schließlich ist sie blind.« Aber vielleicht müssen wir fragen, ob unsere Definition von »amtlich blind« geändert werden sollte.

Ich bin Sehbehinderten mit Doktorgraden begegnet und anderen, die einfach auf dem Sofa sitzen und dies mit ihrer Blindheit rechtfertigen. Alles kommt auf die Wahrnehmung an: Als was begreifst *du* deinen Sehverlust? Das ist meiner Meinung nach viel wichtiger als die Leistung bei einem Sehtest. Der Einzelne muss herausfinden, was er tun kann und was nicht.

Ich selbst begreife meinen Sehverlust als Herausforderung – wie ein Langstreckenrennen, das Hartnäckigkeit, Geduld und eine positive Einstellung erfordert und bei dem kein Ende in Sicht ist. Vielleicht bin ich deshalb auf den längeren Strecken am besten. Bei einer Disziplin, die Hartnäckigkeit, Geduld und die Überwindung von Hindernissen verlangt, bin ich in meinem Element. Wie ich mich während jeder Runde auf der 400-Meter-Bahn anfeuere, so feuere ich mich auch in jedem Jahr meines Lebens an und mache mir klar, dass Erschöpfung und Frustration kurzfristiger Natur sind und dass ich vorangehen muss.

Meine Blindheit ist etwas Positives. Sie erneuert einen scharfen Kontrast zwischen leichten und schwierigen Dingen. Sie hat mich nicht nur gezwungen, meine Kompetenz zu beweisen; sie hat mich darüber hinaus zu hohen Leistungen angetrieben. Denn sie gibt mir Energie und Einsatzbereitschaft, die ich jeden Tag nutze.

Dieses Buch ist ein weiterer Ausdruck meines Bestrebens, die Welt zu sehen. Es ist mein Versuch, Bilder zu einem Ganzen zusammenzusetzen, die Lücken in meiner Sicht auszumachen und sie mit etwas Vollständigerem zu füllen.

2. Das große »E«

Ich hatte keine idyllische Kindheit. Während andere Kinder unbeschwert auf Rutschen und Klettergerüsten tobten und mit Drachen, Puppen, Reifen und Bonbonpapier spielten, musste ich mich durch diese Jahre hindurchkämpfen. Meine Haupterinnerungen haben mit Erschöpfung, pochenden Kopfschmerzen und einer endlos scheinenden Reihe von Ärztezimmern zu tun. Ich erinnere mich an weiße Kittel und an kalte medizinische Stahlinstrumente und andere Foltergeräte wie Zungendrücker, Stablampen und Testtafeln.

Eine plötzliche Sehbehinderung ist für jedes Kind ein Problem, aber ich war dafür besonders ungeeignet, denn ich konnte mit Einschränkungen nicht umgehen. Schon in der Wiege war ich ernst und leistungsorientiert. Ich hasste alles, was mich zurückhielt. Wenn ich in einen Laufstall gesteckt oder sonst wie, etwa durch einen Kinderwagen oder ein Lätzchen, beengt wurde, schrie und weinte ich und versuchte, mich zu befreien. Meine Eltern behaupten, dass meine ersten Worte lauteten: »Ich will das tun …«

Was immer es war, ich wollte es tun. Es gibt ein Bild von mir als Schulmädchen, das aufgenommen wurde, als ich noch alles sehen konnte. Es zeigt das Gesicht eines Kindes mit einem fast majestätischen Selbstvertrauen – das Kinn erhoben und die Augen voller Überzeugung von den eigenen Fähigkeiten –, und es wirft die Frage auf, was ich getan hätte, wenn ich nicht von der Stargardt-Krankheit heimgesucht worden wäre. Mit fünf Jahren berechtigte ich als Turnerin zu großen Hoffnungen, und ich trat gegen Mädchen an, die bereits die Junior High-School besuchten. Ich war eine kleine Diva und bewunderte Olga Korbut, die russische Goldmedaillengewinnerin. Deshalb studierte ich jede ihrer Bewegungen, riss den Arm hoch in die Luft, als wollte ich meine Übung vor einem Weltpublikum absolvieren, und gab meiner Mutter meine Punktzahlen bekannt. Unser Wohnzimmer war die olympische Arena. Ein lokaler Trainer schlug meiner Mutter vor, mich auf eine Schule für Sporttalente zu schicken, aber sie wollte die Familie nicht auseinander reißen und mich einem derartigen Druck nicht aussetzen. Stattdessen ließ sie mich zum Fußball, zum Stepptanz, zum Geigenunterricht und allem anderen gehen, woran ich Interesse zeigte. Ich machte alles, ich war unternehmungslustig.

Meine Eltern hatten Mühe, mich einzuschätzen. Mein Vater, Gary Runyan, war leitender Bankangestellter, der mit 17 Jahren allein aus Iowa nach Kalifornien gekommen war, nachdem er bei einem Autounfall fast das Leben verloren hatte. Er schlief eines Abends am Steuer ein, fuhr sein Auto zuschanden und brach sich beinahe jeden einzelnen Knochen. Als die Polizei eintraf, konnte sie ihn zunächst nicht finden. Er war in einen Graben geschleudert worden. Irgendwie gelang es ihm, zurück auf die Straße zu kriechen und sich bis zu einem der Einsatzwagen zu schleppen. Er hatte sich sämtliche Rippen und beide Beine gebrochen und lag bewusstlos auf dem Rücksitz, als man ihn schließlich fand. Nachdem er sich so weit erholt hatte, dass er wieder reisen konnte, zog er nach Südkalifornien, wo er im San Fernando Valley einen Posten als Schalterangestellter erhielt. Danach erklomm er die Karriereleiter.

Meine Mutter Valerie war die Tochter eines Milchmanns. Sie wurde in Südkalifornien geboren und wuchs dort auf. Als junge Frau sah sie aus wie ein typisches kalifornisches Mädchen mit üppig herabfallendem, sehr blondem Haar – das ich nicht geerbt habe. Sie hatte etwas von einem Showgirl an sich, war lebhaft und musikalisch und konnte sich nichts Schöneres vorstellen, als am Klavier zu sitzen und Showmelodien zu spielen. Als sie die High-School besuchte, kam ihre Mutter eines Nachmittags heim und sagte: »Valerie, in der Bank arbeitet ein netter neuer Angestellter. Geh hin, und mach dich mit ihm bekannt.« Meine Mutter zog ihre neueste Kleidung an, spazierte zur Bank und trat an den Schalter, an dem mein Vater arbeitete. Sehr bald wurden sie ein Paar. Ihre Eltern bestanden darauf, dass sie erst heirateten, nachdem meine Mutter das College abgeschlossen hatte. Also warteten die beiden, bis sie ein Musikstudium absolviert hatte und ein Lehrerdiplom erhielt. 1962 schlossen sie die Ehe. Mein Bruder Grady wurde 1966 und ich 1969 geboren.

Meine ersten Lebensjahre, an die ich mich nur schwach erinnern kann, verbrachten wir in Salinas. Ein großer roter Teppich, der im Wohnzimmer unter dem Klavier lag, ist mir im Gedächtnis geblieben. Er hatte eine so grelle Farbe, dass mein Bruder und ich so taten, als wäre er aus heißer Lava. Wir legten Kissen auf den Boden, malten uns aus, sie seien Felsen, und hüpften von einem zum anderen. Manchmal schlief ich auf dem Teppich unter dem Klavier ein, während meine Mutter spielte oder den Kindern aus der Nachbarschaft Unterricht gab.

Ich wollte nicht nur alles tun, sondern auch alles wissen. Meine Mutter saß häufig am Klavier, um uns etwas vorzusingen, und ich fragte immer wieder, was der Text bedeutete. Sie sang und spielte Fernseh- und Werbemelodien, Scott Joplins »The Entertainer« oder Auszüge aus *Annie* oder *Oliver!* Besonders verwirrend fand ich die Worte von »God Bless America«.

Im Gegensatz zu den meisten Kindern meines Alters hatte ich einen ausgeprägten Ordnungssinn. Stille und trübes Licht waren mir am liebsten; zu große Helligkeit, Lärm und Unruhe entnervten mich, sodass ich Kopfschmerzen bekam und mich unwohl fühlte. Heute frage ich mich, ob es daran lag, dass sich damals bereits die ersten Anzeichen der Stargardt-Krankheit bemerkbar machten.

Ich war acht Jahre alt, als der Klecks vor meinen Augen erschien. Zwar bemerkte ich meine Sehbehinderung zum ersten Mal in der vierten Klasse, aber im Rückblick vermute ich, dass ich schon viel früher an einigen der Symptome litt. An langen Nachmittagen in der Sonne fühlte ich mich oft unpässlich.

Das, was für andere Menschen ein kalifornisches Paradies ist, empfand ich als Quelle eines quälenden Gleißens und eines Hämmerns an den Schläfen. Camarillo ist ein gut situierter Ort mit Einkaufspassagen, die von weißem Stuck überzogen sind, mit weißen Betonbürgersteigen, unablässig wolkenlosem Wetter und Temperaturen von 24 Grad. Die Helligkeit und die weißen Farben erzeugen ein unbarmherziges Leuchten, und an manchen Tagen sehnte ich mich nach Wolken. Die Sonne schien pausenlos, und wenn ich aus der Schule oder vom Spielplatz zurückkehrte, verkroch ich mich immer wieder in meinem Zimmer, um vor Kopfschmerzen zu weinen.

Ich hasste jede Art von Tumult. Im Schulbus schreiende Kinder, ein unruhiges Klassenzimmer und jeglicher Mangel an Kontrolle ließen in mir ein Unbehagen aufsteigen. Ich benötigte eine uneingeschränkte Konzentration – wahrscheinlich deshalb, weil mich meine Augen im Stich ließen.

In den frühen siebziger Jahren griff die progressive Erziehung auf Camarillo über, und man eröffnete eine experimentelle Schule. Meine Mutter meldete mich in der zweiten Klasse an. Der Unterricht sollte kindzentriert sein und nachdrücklich die Kreativität fördern. Dabei kam aber ein völliges Chaos heraus, das ich ablehnte. Es gab keine Disziplin und keine Leistungsmaßstäbe. Alles ging drunter und drüber.

Ich wusste nicht, was von mir erwartet wurde. Niemand legte Wert auf Erfolg. Ich war es gewohnt, Ziele zu haben und sie zu erreichen, Turnbänder und Fußballpokale zu erringen. Das Einzige, was mir an diesem formlosen Unterricht gefiel, war die Pause, wenn unsere Lehrerin uns zum Spielplatz führte und uns um eine ovale Bahn laufen ließ.

Ich wollte mich auszeichnen und von den Erwachsenen gelobt werden. Da dies nicht möglich war, versuchte ich, auf mich aufmerksam zu machen, indem ich mich von den anderen abhob. Eines Tages kam ein kleiner Junge mit einer Spezialbrille in die Schule. Sie hatte hochklappbare Gläser, die seine lichtempfindlichen Augen vor der Sonne schützen sollten. Das faszinierte mich, aber gleichzeitig war ich neidisch darauf, dass die Lehrerin ihm besondere Beachtung schenkte.

An jenem Nachmittag war die Klasse noch ungebärdiger als sonst. Die Kinder rannten schreiend umher, bis sogar unsere langmütige Lehrerin genug hatte und erklärte, wir sollten zur Strafe ganz still dasitzen und Einträge aus dem Wörterbuch abschreiben. Das empfand ich als sinnlose und langweilige Aufgabe und als typisch unangemessene Strafe. Während wir Wörter in unsere Hefte kopierten, begann der kleine Junge zu weinen, weil er sich nicht an seine neue Brille gewöhnen konnte. Die Lehrerin setzte ihn sich auf den Schoß und sagte: »Du hast eine Brille, genau wie ich.« Nicht nur, dass er die Aufgabe nicht zu machen brauchte, er durfte auch noch auf ihrem Schoß sitzen. Ich kochte vor Wut.

Da ich ihn so sehr beneidete, stöberte ich zu Hause in einer Schublade voller Krimskrams herum, bis ich eine Omabrille mit Silberrahmen entdeckte. Ich bat meine Mutter um die Brille, und sie war einverstanden, weil die Gläser nur eine sehr schwache Vergrößerung aufwiesen.

Am folgenden Tag nahm ich die Brille mit zur Schule. Eine meiner Klassenkameradinnen fragte: »Oh, brauchst du die?«

»Eigentlich nicht«, erwiderte ich.

»Wenn du die trägst, werden deine Augen schlecht.«

Es war mir gleichgültig. Ich wollte Aufmerksamkeit. Vor allem aber wünschte ich mir irgendeine Art von Erfolg.

Mein Bruder Grady besuchte die traditionellere Schule Camarillo High. Er hatte normale Lehrbücher, und im Klassenzimmer gab es Globen und Karten, die an der Wand heruntergezogen werden konnten. »Wir gucken uns nie Karten an«, beschwerte ich mich bei meiner Mutter. »Und wir lesen nie Bücher. Wir singen nur Lieder und machen Puppen.« Das war alles – wir stellten Sockenpuppen her. Jeden Tag saßen wir an unseren Tischen, rollten Socken zusammen, steckten ihnen Arme und Beine an und verzierten sie mit Garn, das als Haar diente. Tag um Tag. Ich hatte die Hälfte der dritten Klasse hinter mir, als meine Mutter endlich nachgab und mich abmeldete.

Sie schickte mich auf die lokale staatliche Schule El Descanso – und ich war begeistert. Alles war geordnet. Wir hatten eine Struktur, besaßen Bücher und erhielten einen geregelten Unterricht. Wir konnten etwas leisten. Aber am Ende des dritten Schuljahrs rief meine Lehrerin bei meiner Mutter an. »Marla hält sich ihre Bücher dicht vors Gesicht«, sagte sie. »Vielleicht sollten Sie ihre Augen untersuchen lassen.«

Ich wusste nicht, wovon sie redete. Mein Pult stand im hinteren Teil des Klassenzimmers, und ich erinnere mich noch genau daran, dass ich die Schrift auf der Tafel während einer Stunde über den Gebrauch von Klammern erkennen konnte.

»Ich sehe gut«, behauptete ich.

Aber andere Kleinigkeiten deuteten darauf hin, dass mein Sehvermögen nicht ausreichte. Kleine Fehler, Unterlassungen, Dinge, die ich wie andere Menschen hätte sehen sollen, aber nicht zur Kenntnis nahm.

Wir machten einen Ausflug ins Sierra-Gebirge, weil Grady und ich noch nie Schnee gesehen hatten, und meine Mutter und mein Vater wollten ihn uns zeigen. Auf einem Gipfel parkten wir das Auto am Straßenrand. Mein Vater deutete auf einen Wintersportort, wo sich ein Sessellift den Hang hinaufbewegte, und sagte: »Seht mal, er fährt bis ganz nach oben.« Grady staunte, aber ich konnte nichts erkennen. Während die übrige Familie den Sessellift beobachtete, suchte ich den Hang vergeblich ab. »Wo ist er? Wo? Ich kann ihn nicht sehen.«

Mein Vater schwieg, aber Jahre später gab er zu, dass er sich in diesem Moment zum ersten Mal Sorgen um mich gemacht hatte.

Kurz darauf hatte auch meine Mutter eine Vorahnung. Eines Nachmittags kehrte ich vom Fußballtraining zurück und klagte wieder über heftige Kopfschmerzen, aber diesmal musste ich mich auch noch übergeben. Die Schmerzen waren so schlimm, dass meine Mutter an eine Migräne dachte. Sie brachte mich zur Notaufnahme ins Krankenhaus, wo man eine Lebensmittelvergiftung diagnostizierte. Angeblich hatte ich eine Dosensuppe nach dem Verfallsdatum gegessen. Einen Tag später ging es mir besser, aber meine Mutter behielt die Heftigkeit meiner Kopfschmerzen im Gedächtnis.

Es war, als litte ich dauernd unter Kopfschmerzen. Meine Eltern waren verstört, denn ich schien mich nach jeder Anstrengung sofort ins Bett zu flüchten.

Freitagnachmittags bot die Grundschule in unserer Nachbarschaft Freizeitaktivitäten an, und meine Mutter ließ mich am Stepptanzkurs teilnehmen. Ich machte ein Jahr lang mit und fühlte mich dauernd elend. Immer wieder verließ ich das Gebäude mit hämmernden Kopfschmerzen, nachdem ich mir den Lärm all der Kinder mit ihren Steppschuhen angehört hatte. Damals dachte ich, die Schmerzen rührten von zu lauten Geräuschen oder von der Sonnenhitze her, aber nun glaube ich, dass ich einfach zu lange versuchte, mich zu konzentrieren.

An meinem ersten Tag im vierten Schuljahr führte mein sich verschlechterndes Sehvermögen zu einer Krise, die sich auf unser aller Leben auswirken sollte. An jenem Tag saß ich an meinem neuen Pult in der sechsten Reihe, während meine neue Lehrerin, Mrs Wagner, Wörter an die Tafel schrieb, die wir buchstabieren mussten. Ich hatte den Bleistift erhoben, um sie niederzuschreiben, und wartete darauf, dass die Wörter an der Tafel eine klarere Gestalt annahmen.

Aber ich konnte sie nicht lesen.

Ich starrte die Tafel weiterhin an. Einige Zeichen waren zu erkennen, aber hatte sie Wörter geschrieben? Oder Zahlen? Ich wusste es nicht, denn ich konnte nur vage Umrisse ausmachen.

Ich fing an zu weinen. Meine Lehrerin unterbrach das Schreiben und führte mich hinaus auf den Flur.

Ich fürchtete, dass sie mir Vorwürfe machen würde, weil ich nichts lesen konnte.

»Was ist los?«, fragte sie.

»Ich kann die Schrift auf der Tafel nicht erkennen«, antwortete ich mit bebender Stimme.

Ich war am Boden zerstört, denn ich hatte mich darauf gefreut, dass die vierte Klasse ein Paradies der Disziplin und der Leistung sein würde. Mein Klassenzimmer war, wie ich erhofft hatte, mit Karten und Globen ausgestattet, und meine Tante hatte neue Kleidung für mich geschneidert. Statt an einem Spieltisch saß ich nun an meinem eigenen Pult, was mir viel akademischer vorkam. Aber nun war mein Selbstvertrauen zerstört.

Die Lehrerin begleitete mich zurück ins Klassenzimmer und setzte mich in die erste Reihe. »Kannst du nun sehen?«, fragte sie. Ich konnte eine Reihe von Wörtern erkennen und begann, sie niederzuschreiben. Aber bald sollte ich die Schrift auf der Tafel noch nicht einmal aus nächster Nähe entziffern können.

Nach der Schule ging Mrs Wagner mit mir zum Auto meiner Mutter und berichtete ihr, was geschehen war. »Ich würde Ihnen vorschlagen, Marlas Augen untersuchen zu lassen«, sagte sie. Vorläufig ließ sie mich während des Unterrichts entweder in der ersten Reihe sitzen, oder sie schrieb die Aufgaben auf einen Zettel und reichte ihn mir. An jenem Abend ließ sich meine Mutter einen Termin für mich bei einem Optiker im Ort geben.

Ich saß mit einem großen Metallapparat vor meinem Gesicht im Behandlungszimmer und betrachtete eine Testtafel an der gegenüberliegenden Wand. Der Optiker hielt mir verschiedene Linsen vor die Augen.

»Kannst du so besser sehen?«, fragte er.

»Nein«, erwiderte ich.

Klick. Er legte eine neue Linse ein. »Und nun?«

»Nein.«

Klick. »Und jetzt?«

»Nein.«

Der Optiker knipste das Licht an und zuckte die Achseln. »Ihr scheint nichts zu fehlen. Ihre Augen sind offenbar in Ordnung.« Da ich auf keine der Linsen reagierte, musste mein Sehvermögen unbeeinträchtigt sein.

Ich kehrte in die Schule zurück und schielte weiterhin auf die Tafel. Zwei Wochen später rief Mrs Wagner meine Mutter erneut an. »Hören Sie, das ist ein sehr ernstes Problem«, sagte sie. »Marla hält beim Lesen nur fünf Zentimeter Abstand zu ihren Büchern.«

Meine Mutter machte einen Termin bei einem anderen Optiker. Auch er konnte nichts entdecken. Nun begann unsere angestrengte Suche nach einer Lösung. Es sollte acht Monate dauern und Besuche bei mehreren Ärzten erfordern, bis wir eine korrekte Erklärung für das erhielten, was im Laufe eines einzigen Sommers mit meinen Augen passiert war.

Mittlerweile begann ich meine eigene innere Suche, und sie führte mich auf vielerlei Art in die Dunkelheit. Ich entwickelte eine besondere Methode, mich meinem Sehproblem zu stellen: Plötzlich war ich von allem besessen, was mit Blindheit zu tun hatte. Ich wurde süchtig nach der Fernsehreihe *Unsere kleine Farm*, in der Mary, eine der Hauptgestalten, erblindet. Die Serie bewegte mich so sehr, dass ich mich schluchzend auf den Boden warf und meine Eltern sie mich nicht mehr ansehen ließen. Als Nächstes verkündete ich, dass ich die Blindenschrift lernen wolle.

Meine Mutter, die sich inzwischen immer mehr beunruhigte, fuhr mit mir nach Los Angeles, wo wir einen Ophthalmologen aufsuchten. Er führte die gleichen Sehtests durch wie die Optiker, und wiederum reagierten meine Augen auf keine der Linsen. Aber dieser Arzt gab sich mit dem Resultat nicht zufrieden.

Er setzte mir eine 3-D-Brille auf, hielt mir ein Buch vor und forderte mich auf, die Dinge zu nennen, die sich von den Seiten abhoben. Nach einer Weile nahm er mir die Brille ab und bat mich, ihm in ein anderes Zimmer zu folgen.

An einem Ende des Zimmers hing ein großer, quadratischer schwarzer Vorhang mit einem Punkt in der Mitte. Ich betrachtete ihn neugierig. Er sah aus wie etwas, das man in einem Puppentheater benutzt. Der Arzt ließ mich auf einem Hocker vor dem Vorhang Platz nehmen und hielt mir einen Stab mit einer bunten Spitze vor die Augen.

»Ich möchte, dass du genau auf diesen weißen Punkt schaust, und dann bewege ich den Stab zur Seite«, sagte der

Arzt. »Gib mir Bescheid, wenn er nicht mehr in deinem Blickfeld ist.«

In der anderen Hand hatte er ein kleines Stück Kreide. Er erklärte, dass er mein Sichtfeld bestimmen wolle. Dadurch, dass er Kreidezeichen auf dem schwarzen Vorhang anbrachte, sei festzustellen, welchen Umfang mein Sichtfeld hat. Am Ende sollten die Kreidezeichen ein deutliches Oval – um den zentralen weißen Fleck herum – auf dem Vorhang bilden.

Ich konnte den Test nicht ablegen.

Immer wenn ich versuchte, den weißen Fleck zu fixieren, verschwand er. Der Arzt konnte kein klares Sichtfeld ermitteln, weil ich nicht in der Lage war, den zentralen Orientierungspunkt zu finden. Was ich sah und nicht sah, ergab keinen Sinn, denn seine Zeichen änderten sich jedes Mal.

Ich schaute gerade vor mich hin, und er bewegte den Stab nach rechts, bis ich sagte: »Nun ist er verschwunden.« Er machte ein weißes Kreidekreuz, um die Stelle zu markieren. Aber als er den Stab erneut nach außen schob, gab ich eine andere Antwort. Nun war das Kreuz weiter rechts. Der Test war ganz und gar untauglich, da ich die Augen nicht zentral fixieren konnte.

Ich wusste nicht, warum ich den Stab nicht sehen konnte – und er auch nicht.

Nach etwa einer Viertelstunde bat er mich schließlich, draußen zu warten, und rief meine Mutter in sein Sprechzimmer. Folgendes war ihre Unterhaltung, wie ich später erfuhr:

»Ich glaube, es ist psychosomatisch«, meinte er.

»Aber das ist unmöglich«, erwiderte meine Mutter. »Wie kommen Sie darauf?«

Er stellte meiner Mutter ein paar Fragen. »Was ist Marlas liebste Fernsehsendung?«

»Unsere kleine Farm.«

Worum ging es in *Unsere kleine Farm*? Mary erblindet.

Dann erzählte meine Mutter ihm von der Episode mit der Omabrille. Dadurch sah er sich in seiner Diagnose bestätigt.

»Es nennt sich emotionale Kurzsichtigkeit«, sagte er.

Meine Mutter wollte ihm nicht glauben, aber er war Arzt. Er konnte sich doch nicht irren, oder? Nicht mit all den teuren Geräten in seinem Behandlungszimmer und den Urkunden an seiner Wand. Sie hatte keine andere Wahl, als ihm Glauben zu schenken. Und vielleicht hielt sie emotionale Kurzsichtigkeit für eine bessere Diagnose als die Mitteilung, dass ihr Kind behindert sei. Das Wort »behindert« war in den siebziger Jahren noch ein Stigma, und es wurde nicht ausgesprochen, schon gar nicht in einer »perfekten« Angestelltengemeinde wie Camarillo. Es war einfach zu schwer, damit fertig zu werden.

Wir fuhren nach Hause, und sie setzte sich mit meiner Lehrerin zusammen. »Tja, anscheinend ist das, was Marla hat, psychosomatisch«, sagte meine Mutter. »Es heißt, dass sie daraus herauswachsen wird, und bis dahin müssen wir uns damit abfinden.« Meine Lehrerin erklärte sich bereit, mir im Unterricht entgegenzukommen. Sie würde all meine Aufgaben im Voraus niederschreiben und mir übergeben, sodass ich den Text auf der Tafel nicht zu lesen brauchte.

Meine Mutter behielt äußerlich die Fassung, aber im Innern war sie alles andere als unbesorgt. Später erfuhr ich, dass mein Vater und sie an jenem Abend noch lange rätselten, was sie falsch gemacht haben konnten und warum ihr Kind ein derartiges psychisches Problem hatte. Sie waren verstört.

»Wir sind eine ganz normale Familie«, sagte meine Mutter. »Wir prügeln unsere Kinder nicht mit einem Riemen. Wir sind wie alle anderen auch. Warum passiert uns so etwas?«

Meine Mutter brauchte ein paar Tage, bevor sie mir gegenüber auf das Thema zu sprechen kam. Eines Nachmittags meinte sie schließlich: »Weißt du, Marla, der Arzt sagt, dass du die Sache erfindest.«

Ich war schockiert, denn ich hätte nie gedacht, dass meine Mutter nicht mir, sondern ihm Glauben schenken würde. Ich konnte die Verwirrung in ihrer Stimme hören. Sie wollte Mitgefühl zeigen, aber sie war auch wütend. Auf mich? Oder auf den Arzt, weil sie wusste, dass er sich irrte? In Wirklichkeit war sie genauso zornig und verwirrt wie ich. Zwar mochte sie sich fragen: »Wie kann sie uns das antun?«, aber im tiefsten Innern glaubte sie dem Arzt nicht.

Ich spürte die gleichen gemischten Gefühle bei meiner Lehrerin, denn ich zwang sie, mir zusätzliche Hilfe zu leisten, obwohl ich doch gar keiner besonderen Aufmerksamkeit bedurfte. Sogar ein Arzt hatte das festgestellt.

Meine Eltern und meine Lehrerin suchten nach einem Grund für mein Verhalten. Und ich suchte ebenfalls. Warum glaubte mir niemand, wenn ich immer wieder erklärte, den Fernsehapparat nicht sehen zu können? Ich kauerte mich kaum einen Meter vor dem Bildschirm zusammen und jammerte: »Ich kann ihn nicht sehen! Ich kann ihn nicht sehen!«

»Schatz, du bist einfach müde«, sagte meine Mutter. »Du brauchst nur etwas mehr Ruhe.«

Ich war verängstigt. War das alles wirklich nur ein Hirngespinst?

Immer wieder betonte ich, dass ich die Blindenschrift lernen wolle. In der Schulbibliothek fand ich ein Kinderbuch über das Leben von Louis Braille. Auf der Rückseite war das Braille-Alphabet abgebildet. Ich studierte das Muster der hervorstehenden Punkte in jeder Braille-Zelle und prägte es mir ein.

Eines Nachmittags holte meine Mutter mich von der Schule ab, und die Lehrerin begleitete mich zu unserem Auto.

»Marla, zeig deiner Mom, was du gerade abgegeben hast«, sagte sie.

Ich reichte meiner Mutter mein Schreibheft. Unter sämtlichen Wörtern auf jeder Seite hatte ich mit meinem Bleistift eine Reihe von Punkten eingetragen.

»Marla hat gerade ihren ganzen Bericht in Braille geschrieben«, erläuterte die Lehrerin.

Meine Mutter war verblüfft. Sie antwortete: »Oh ... ist das nicht wundervoll?«

Aber in Wirklichkeit dachte sie: *O mein Gott, sie leidet wirklich an emotionaler Kurzsichtigkeit.*

Meine Mutter konnte ihren Mangel an Begeisterung über den Bericht nicht verbergen. Ich selbst war ziemlich stolz darauf, aber sie war offensichtlich nicht erfreut. Das Gleiche galt für meine Lehrerin und meinen Vater.

Kurz darauf wurde im Fernsehen eine Vorschau auf einen Film namens *Eisfieber* gezeigt. Es war die Geschichte einer blinden Eiskunstläuferin, die mich so sehr mitriss, dass ich am Ende der Vorschau aufsprang, in die Küche lief und aufgeregt auf meine Mutter einzureden begann.

»Mom, Mom, es gibt einen Film über ein Mädchen, das Eis läuft und blind ist, und ich will ihn sehen.«

Meine Mutter schaute mich an und beschloss, den Stier bei den Hörnern zu packen. »Marla, warum gefallen dir Filme über blinde Menschen?«, fragte sie.

Ich konnte ihr keine Antwort darauf geben.

Nicht nur die Menschen um mich herum wurden mit jedem Tag zorniger, sondern auch ich selbst. Alles in der Schule erschien mir albern – besonders die Dinge, zu denen ich nicht imstande war. Schlimmer noch: *Alles* fiel mir schwer. Ich konnte das Pensum kaum noch erfüllen und meine Bücher nur noch lesen, wenn ich sie mir dicht vor die Nase hielt.

Meine Lehrerin versuchte immer noch, mir entgegenzukommen, aber sie hatte kein Verständnis für meine sehr konkreten Grenzen. Zum Beispiel benutzte sie ständig einen Projektor statt der Tafel – und das war bei meinem Zustand so ziemlich das Schlimmste. Jenes weiße Feld mit den verschwommenen Schriftzeichen darauf machte mich verrückt. Sie konnte nicht wissen, dass mein spezieller Sehverlust mir die Wahrnehmung sehr heller Objekte ganz besonders erschwerte – etwa eines Stücks Papier oder eines Spiegels.

Häufig zeigte sie mit dem Projektor einen Satz, den wir abschreiben sollten. Dann musste ich mich auf den Boden unter dem Projektorschirm setzen und hinaufschielen, bis mir Hals und Augen wehtaten. Die Kontrastschärfe war sehr schwach, und ich erkannte nur eine undeutliche weiße Fläche mit Kratzern darauf. Sogar die Buchstaben auf einer dunkelgrünen Tafel waren für mich leichter zu entziffern.

Ich begann, ein ausgeprägtes Gefühl für Lächerliches und für das zu entwickeln, was ich für richtig und für falsch hielt. Ungefähr vier Wochen vor Ende des Schuljahrs rebellierte ich schließlich. Es war ein Frühlingstag, und für unsere Lehrerin war eine Vertretung eingesprungen. Alle Kinder sehnten sich nach dem Ende des Schultages. Im Klassenzimmer herrschte Chaos, und die Vertreterin konnte sich nicht durchsetzen. Unser schönes, stilles, diszipliniertes Zimmer war zu einem Tollhaus geworden. Die Kinder schrien und warfen mit Papierschnipseln um sich. Mir schmerzte der Kopf, und ich war wegen meines mangelnden Sehvermögens frustriert. Also ging ich einfach hinaus.

Ich spazierte auf den Spielplatz und setzte mich auf die Klettersprossen. Niemand kam, um mich hereinzuholen oder zu bestrafen. Man ließ mich einfach draußen sitzen.

Auf dem Spielplatz war es gleichgültig, ob ich sehen konnte oder nicht.

Endlich begannen die Sommerferien. Durch die Sonne und die Hitze verstärkten sich mit meinem Sehverlust auch die Kopfschmerzen. Wir machten unsere jährliche Familien-Campingreise zum Lake Mead, und ich lief mit Vergnügen Wasserski. Aber nun konnte ich weder die anderen Boote um uns herum noch den Strand erkennen. Immer wenn ich das Geräusch eines fremden Bootes hörte, ließ ich die Leine fallen und sank ins Wasser, weil mich der Lärm des unsichtbaren Motors verängstigte. Schließlich sagte mein Vater: »Marla, du musst mir vertrauen. Ich würde dich nicht Ski fahren lassen, wenn ein anderes Boot in deiner Nähe wäre.«

Auf jener Reise begannen meine Eltern zu ahnen, dass ich mir mein Sehproblem nicht nur einbildete, sondern dass mir wirklich etwas fehlte. Die Fahrt vom Lake Mead zurück nach Camarillo dauerte acht Stunden. Wir waren die ganze Nacht hindurch unterwegs, und ich lag hinten in unserem Familienkombi und beobachtete die Scheinwerfer der uns entgegenkommenden Autos. Wir befanden uns auf einem dunklen, zweispurigen Highway durch die Wüste, und die Scheinwerfer erschienen mir fast schmerzhaft hell. Außerdem schienen sie von Wolken umgeben zu sein.

Nach ein paar Stunden beschlossen wir, in einem kleinen Ort eine Pause zum Essen einzulegen. Wir hielten an einer Kreuzung mit einer Ampel und bogen dann zu einem Restaurant ein. Die Kellnerin führte uns zu unseren Plätzen und reichte uns die Speisekarten.

Ich blinzelte, um mich an die fluoreszierende Beleuchtung des Restaurants zu gewöhnen, aber im Hintergrund meiner Augen sah ich weiterhin die Scheinwerfer und das pulsierende Rot und Grün der Ampel.

»Ich kann die Ampel immer noch sehen«, sagte ich. »Es ist, als wäre sie in meine Augen eingebrannt.«

Meine Eltern tauschten einen Blick aus. Und in jenem Moment gelangten sie zu dem Schluss, dass meine Sehkraft wirklich stark beeinträchtigt war.

Wir wussten nicht, dass die Stargardt-Krankheit mich künstliches Licht zehnmal heller als normal sehen ließ. Da die Krankheit meine Netzhaut beschädigt hatte, wurde das Licht nicht ausreichend absorbiert. Tagsüber bemerkte ich es kaum, es sei denn, ich musste etwas wie einen Projektorschirm anschauen. Doch nachts empfand ich künstliche Lichter viel intensiver, und sie wirkten diffus, als wären sie von einer Art Dunst umgeben.

Als wir nach Camarillo zurückgekehrt waren, nahm meine Mutter sich vor, eine gründliche Diagnose für mich einzuholen. Grimmig machte sie Termine bei einem Arzt nach dem anderen. Aber wir waren immer noch auf dem falschen Weg.

Ich wurde einem CAT-Scan unterzogen, der einen Gehirntumor angezeigt hätte. Als Nächstes suchte ich einen Ernährungswissenschaftler auf. Ich musste alles aufschreiben, was ich im Lauf von zwei Wochen gegessen oder getrunken hatte: von einer Schüssel Rice Crispies am Morgen bis zu einer Flasche Seven-Up in der Schulpause.

Der Ernährungswissenschaftler meinte: »Also, eigentlich solltest du auf Rice Crispies und Seven-Up verzichten.«

Er gehörte der Anti-Zuckerbewegung an. In Südkalifornien bildete sich im Jahr 1978 gerade die Reformkost-Manie heraus, und er behauptete sogar, dass Süßstoffe meine Augen schädigen könnten. Daraufhin setzte mich meine Mutter auf strenge Diät. Keine Brause mehr. Keine Eiscreme. Kein Zucker mehr auf unseren Frühstücksflocken.

Sie kaufte seltsame Vollkornflocken und Brote, die man im Kühlschrank aufbewahren musste, damit sie nicht innerhalb eines Tages schimmelig wurden. Die einzige Erdnussbutter, die sie im Haus duldete, stammte aus biologischem Anbau und war frei von künstlichen Zusatzstoffen. Man musste sie mit einem Löffel umrühren, damit das oben abgesetzte Öl verschwand. Ich verabscheute sie. Wir konnten nicht einmal normales Apfelmus essen, denn meine Mutter hatte einen Ernährungswissenschaftler im Fernsehen verkünden hören: »Apfelmus ist mit Bonbons zu vergleichen, und statt Apfelkuchen könnte man genauso gut Gift essen.«

Es dauerte Wochen und Wochen. Am Ende hielt mein Vater es nicht mehr aus. Eines Abends kehrte er mit einem Sixpack Pepsi und einer Vier-Liter-Packung Eiscreme unter dem Arm von der Arbeit zurück. Er selbst mochte Eiscreme und Brause nicht besonders gern, aber er wollte Grady und mich nicht mehr leiden sehen.

Meine Mutter vereinbarte weiterhin Termine bei verschiedenen Ärzten, die alle möglichen Theorien vorbrachten. Doch niemand hatte eine konkrete Diagnose für das, was mir fehlte. Und jede Fehldiagnose bestätigte mich in meinem Gefühl, eine Versagerin zu sein. Ich wusste nur, dass ich meine Hausaufgaben nicht erledigen konnte, was bedeutete, dass ich dumm war.

Ich weinte unablässig. Auch meine Eltern weinten. Und alle teilten uns mit, es gebe keine Erklärung.

Mittlerweile waren meine Eltern außer sich vor Sorge. Ihre Gedanken kreisten ständig um den einen Wunsch: *Jemand muss uns sagen, woran es liegt.* Mein Problem nahm uns völlig in Anspruch, und wir vergaßen, wie man lacht. Manchmal muss es für meinen Bruder Grady besonders schwer gewesen sein. Er war ein mustergültiger Junge. Man brauchte ihn nie aufzufordern, seine Hausaufgaben zu machen. Er wusch seine Wäsche selbst, deckte den Tisch oder übernahm ungefragt andere Arbeiten. Das war die einzige Möglichkeit für ihn, uns zu helfen. Meine Eltern schlossen ihn unabsichtlich aus, um ihm ihre Sorgen zu ersparen. Ich kann mich nicht daran erinnern, dass wir vier je am Tisch gesessen und die Situation erörtert hätten. Es war ein so heikles Thema, dass niemand es ansprechen wollte. Aber das Ergebnis war, dass Grady sich isoliert fühlte. Er wurde immer passiver und verschlossener.

Eines Tages rief meine Mutter eine Bekannte an, die Krankenschwester war, und erzählte ihr von meinen Schwierigkeiten. Die Krankenschwester empfahl einen auf Kinder spezialisierten Ophthalmologen. Er unterzog mich einer weiteren Testreihe und sagte am Ende wie mehrere seiner Kollegen vor ihm: »Irgendetwas stimmt hier nicht, aber ich weiß nicht, was.« Dann empfahl er uns einen Netzhautspezialisten namens Dr. William Boyer.

Boyer arbeitete in einem Kinderkrankenhaus in Los Angeles, das eine ganze Autostunde von uns entfernt lag. Aber inzwischen waren meine Eltern so verzweifelt, dass sie überallhin gefahren wären.

In einem schwach beleuchteten Zimmer stand ein einzelner großer, schwarzer Stuhl. Ich kletterte hinauf. Als ich die Hände auf die Armlehnen legte, schoben sich meine Schultern bis zu meinen Ohren hoch. Ich versuchte, es mir bequem zu machen, und ließ mich zurücksinken, aber der Stuhl schien mich zu verschlucken. Mein Kopf ruhte unterhalb der Kopfstütze; alles war zu groß für mich. Ich zappelte, überwältigt von der Größe des Erwachsenenstuhls.

Es gab nur ein einziges kleines Licht im Zimmer, das direkt auf mich gerichtet war, mich blendete und alle Farben grau und dunkel erscheinen ließ. Es war, als wäre ich auf meiner eigenen Bühne. Der Scheinwerfer hinderte mich daran, die restlichen Einzelheiten im Zimmer zu erkennen. Meine Sehkraft war noch schlechter als sonst, da man mir Tropfen zur Erweiterung meiner Pupillen gegeben hatte.

Meine Eltern saßen still und unbehaglich auf einem kleinen Sofa zu meiner Rechten und wurden von den Schatten verschluckt. Ich spähte in die Dunkelheit und versuchte, ihre Gesichter auszumachen. Die Tatsache, dass auch mein Vater dabei war, jagte mir Angst ein. Vorher hatte mich meine Mutter allein zu den verschiedenen Terminen begleitet. Mein Vater arbeitete nun bei einer Bank in Los

Angeles. Er war in eine leitende Position befördert worden, aber das bedeutete, dass er täglich zwei Stunden unterwegs war. Ich bekam ihn tagsüber kaum zu Gesicht, da er um sechs Uhr aufstand und erst um 20 Uhr heimkehrte, nachdem er sich durch den Stoßverkehr gekämpft hatte. Er arbeitete dauernd. In seiner Bürokleidung wirkte er streng und förmlich, was meine Furcht verstärkte. Nur ein ernstes Problem konnte ihn veranlassen, nicht zur Arbeit zu fahren.

Ich wusste, weshalb ich hier war: um von einem Netzhautspezialisten untersucht zu werden. Meine Eltern hatten mir den Begriff erklärt. Kein anderer Arzt war bisher fähig gewesen, einen spezifischen Grund für die Verschlechterung meines Sehvermögens zu finden. Einige hatten nicht einmal zugegeben, dass ich ein Problem hatte, geschweige denn eine Therapie vorgeschlagen. Mein neunjähriger Geist schloss daraus, dass dieser Arzt die Antwort kennen musste. Er war *Spezialist*. Und Spezialisten wussten Bescheid.

Etwas fiel mir auf, etwas Kleines und Buntes auf einem Tablett – der einzige Gegenstand, der sich in diesem Zimmer mit den großen Apparaten und den Testtafeln für ein Kind eignete. Ich streckte die Hand aus und packte den Gegenstand. Dann rieb ich ihn zwischen meinen Fingern hin und her und merkte, dass er aus Gummi war. Ich hielt ihn ganz nahe an mein Gesicht und musterte ihn. Natürlich: Ich erkannte die orangen und gelben Streifen und das schwarze Haar. Es war Ernie aus der »Sesamstraße«. Eine Fingerpuppe. Indem ich meinen Zeigefinger krümmte und wieder gerade machte, erweckte ich Ernie zum Leben.

Der Spezialist trat ein. Ich hob die Hand, um mich gegen den Lichtstrahl abzuschirmen und ihn anzuschauen. Er schüttelte meinen Eltern die Hände und stellte sich als Dr. Boyer vor. Als er auf mich zukam und ins Licht tauchte, wurde seine Gestalt farbig und deutlich. Er hatte eine sanfte Stimme.

»Du hast also Ernie gefunden«, sagte er.

»Ja«, flüsterte ich und legte Ernie rasch auf das Tablett zurück.

Dr. Boyer berührte einen Schalter an der Wand, sodass der Strahl erlosch. Stattdessen fiel ein viel schwächerer Strahl auf die gegenüberliegende Wand und erleuchtete ein Projektorbild mit der mir allzu vertrauten Testtafel.

Der Arzt reichte mir ein löffelförmiges Gerät und forderte mich auf, ein Auge zuzudecken.

»Welches?«, fragte ich.

»Das spielt keine Rolle. Entscheide du.«

Ich bedeckte mein linkes Auge und schaute geradeaus auf die Testtafel. Ich konnte das helle Quadrat, nicht jedoch seinen Inhalt erkennen. Aus langer Erfahrung wusste ich, dass es Buchstaben enthielt, aber sie blieben für mich unsichtbar.

Dr. Boyer drehte einen Knopf an seinem Projektor. Klick. Die Schrift wurde größer. Klick. Und noch größer. Schließlich begannen die verschwommenen Gestalten Buchstaben zu ähneln. Er drehte den Knopf noch einmal. Klick. Nun waren nur noch zwei Zeichen in dem Quadrat zu sehen. Ich konnte ihre rechteckige Gestalt erkennen, sie jedoch nicht identifizieren. »M« oder »B« oder »H« oder »F«? Alle kamen infrage.

Schließlich drehte Dr. Boyer den Knopf erneut. Klick. Ein großer einzelner Buchstabe erschien. Es war der erste und größte Buchstabe auf der Tafel. Ich konnte ihn erkennen.

»E«, sagte ich stolz.

All das wegen eines einzigen Buchstabens.

Der Arzt befahl mir, den schwarzen Löffel vor mein anderes Auge zu halten, und die ganze Prozedur ging erneut los. Und wieder konnte ich ihm nicht sagen, welche Buchstaben ich vor mir hatte. Er drehte den Knopf, bis das große »E« auftauchte.

Dann stellte Dr. Boyer den Projektor ab und schaltete die Deckenbeleuchtung an. Er führte eine Reihe kleinerer Tests durch, bei denen er mithilfe verschiedener Vergrößerungsgeräte in meine Augen starrte und mir Minitaschenlampen vors Gesicht hielt. Schließlich klappte er seinen Apparat zusammen, steckte ihn in die Tasche und forderte mich auf, das Zimmer zu verlassen.

Das gefiel mir überhaupt nicht. Aber ich ging hinaus auf den Flur, während meine Eltern zusammen mit Dr. Boyer in seinem Sprechzimmer blieben. Der Teppich war fabrikgrau mit irgendeinem Muster. Darauf spielte ich Himmel und Hölle, aber es machte mir nicht allzu viel Spaß. Da meine Pupillen für den Test erweitert worden waren, erschien mir alles noch verzerrter als sonst. Hinzu kamen die Gegenwart meines Vaters, sein Unbehagen und schließlich die Tatsache, dass ich an der Unterhaltung im Sprechzimmer des Arztes nicht teilnehmen durfte. Plötzlich wurde mir all die Aufmerksamkeit gewidmet, die sich ein Kind nur wünschen konnte, aber nun hätte ich gern darauf verzichtet. Ich dachte wieder an meinen Vater und daran, wie nervös er auf der Couch gewirkt hatte.

Nach ein paar Minuten öffnete sich die Tür, und meine Eltern kamen heraus. Sie blickten mich mit ausdrucksloser Miene an, und wir schritten verstört schweigend durch den Flur. *Warum redet niemand mit mir?*, fragte ich mich. Die Spannung stieg weiter, als wir das Gebäude verließen und in den hellen Sonnenschein hinaustraten. Ich schreckte zurück, da meine Augen nach den Sehtests immer noch empfindlich waren. Der Sonnenschein traf mich wie ein Schlag ins Gesicht. Ich setzte eine behelfsmäßige Pappsonnenbrille auf, die die Sprechstundenhilfe mir gegeben hatte. Plötzlich war ich erschöpft und spürte, wie die Kopfschmerzen erneut begannen.

Ich kletterte auf den Rücksitz unseres blauen Ford-Kombis. Noch immer sagte niemand ein Wort. Ich wollte etwas – irgendetwas – von meinen Eltern hören. Wenn ich ungezogen war, konnte ich wenigstens mit einer Reaktion rechnen. In jenem Moment hätte ich alles Mögliche getan, um die Spannung zu durchbrechen.

»Wahrscheinlich werde ich einfach blind«, verkündete ich.

»Nein, das stimmt nicht!«, widersprach mein Vater sofort. »Du wirst *nicht* blind.«

Ich konnte nicht ahnen, dass Dr. Boyer meinen Eltern gerade mitgeteilt hatte, dass ich tatsächlich erblindete. In seinem Sprechzimmer hatte der Arzt meinen Eltern erklärt: »Es tut mir sehr Leid, dass ich keine bessere Nachricht für Sie habe. Aber anscheinend ist Ihre Tochter an Butterfly-Dystrophie erkrankt und wird erblinden.«

In dem Zimmer herrschte eisiges Schweigen. »Es ist eine Art Netzhautdegeneration«, fuhr er schließlich fort. »Wir müssen noch weitere Tests durchführen, um es zu bestätigen, aber das ist meine vorläufige Diagnose.« Meine Eltern waren sprachlos. »Sie muss in zwei Wochen zu umfassenderen Untersuchungen wieder herkommen«, sagte Dr. Boyer und erhob sich.

Deshalb hatten meine Eltern auf dem Weg zum Auto geschwiegen. Aber auch während der Fahrt ließ ihr Schock nicht nach. Daran änderte sich in den folgenden beiden Wochen nichts. Irgendwann erklärten sie mir behutsam Boyers Diagnose. Zufällig erschien dann in der Zeitung ein Artikel über ein anderes Kind aus unserem Ort, das an Butterfly-Dystrophie litt. Seine Eltern hatten beschlossen, es in Europa behandeln zu lassen. Meine Mutter schnitt den Artikel aus und gab ihn mir mit der Bemerkung: »Das ist genau das, was du nach Meinung von Dr. Boyer haben könntest.«

Die Situation zu Hause wurde immer merkwürdiger. Plötzlich bewarb sich meine Mutter als ehrenamtliche Hilfstrainerin für meine Fußballmannschaft. Dabei lag ihr der Sport nicht – sie spielte Klavier, nicht Fußball. Aber nun nahm sie fürsorglich an allem teil, was ich tat. Genau das wünscht sich jede Zehnjährige: ihre Mutter am Spielfeldrand. Aber im tiefsten Innern wusste ich, dass sie sich um mich Sorgen machte und in meiner Nähe sein wollte.

Mein Vater dagegen wurde reserviert. Wie üblich arbeitete er sehr viel. Er versuchte, das Trauma zu überwinden, indem er mich mit Süßigkeiten tröstete. Abends kam er oft mit einem Sixpack Pepsi oder einem Schokoladenriegel heim, oder er fragte mich: »Möchtest du eine Schüssel Eiscreme?« Das waren weder seine noch meine Lieblingsspeisen, aber er glaubte, dass sie mich aufheitern würden. Doch unter der Oberfläche spürte ich ein ständiges Unbehagen. Er war einfach sehr traurig.

Schließlich wurde es Zeit, Dr. Boyer zum zweiten Termin aufzusuchen. Diesmal würde es einen ganzen Tag dauern. Er hatte eine umfassende Untersuchung mit einer Reihe von Tests für mich vorgesehen. Ich fürchtete mich davor, denn nichts war mir verhasster, als im Untersuchungsstuhl gefangen zu sein und gemustert und betastet zu werden. Selbst nach der kürzesten Untersuchung hatte ich das Gefühl, dass meine Augen misshandelt worden waren. Die Tropfen zur Erweiterung der Pupillen bewirkten, dass ich noch empfindlicher auf helles Licht reagierte. Wenn ich das Sprechzimmer eines Arztes verließ, hatte ich stets rasende Kopfschmerzen, und meine Augäpfel fühlten sich an, als seien sie verbrüht worden.

Außerdem fürchtete ich den sterilen Ernst von Augenuntersuchungen – den Mangel an allem Beruhigenden oder Spielerischen für ein Kind in jenen kalten, nüchternen Räumen. Ernie fiel mir ein, und um mich zu trösten, holte ich ein Paar lange rote Socken hervor, die zu meiner Fußballkleidung gehörten. Ich stopfte eine Socke voll mit Baumwolle, malte ein Gesicht darauf, gab ihr blonde Zöpfe mit Schleifen, heftete zwei kleine Beine und zwei kleine Arme an und steckte sie in ein altes Puppenkleid. Ich nannte sie Sally und nahm sie zu dem Termin mit.

Zuerst erweiterte Dr. Boyer wie üblich meine Pupillen und machte von meiner Netzhaut eine Reihe von Aufnahmen. Dann schob er meinen Kopf in eine Halterung, die mich ruhig stellte, und hob eine Kamera an mein Gesicht. Eine Sprechstundenhilfe hielt meine Augenlider hoch, sodass ich nicht blinzeln konnte, während mehrere Blitzlichtaufnahmen gemacht wurden. Ich biss die Zähne zusammen und wollte zurückweichen, aber ich konnte mich nicht bewegen.

Als sie mich schließlich aus der Halterung befreiten, riss ich, benommen von den Blitzlichtern, den Kopf zurück. Ich blinzelte und öffnete die Augen. Eine endlose Minute lang sah ich nichts als eine purpurne Fläche.

Als Nächstes musste ich den Kopf in eine kleine Kuppel stecken, die mit winzigen hellen Lichtern übersät war. Es handelte sich um eine andere Methode, mein Sehfeld zu testen. Ich erhielt eine Klickkontrolle und wurde aufgefordert, geradeaus zu blicken. Wenn ich ein rotes Licht aufflackern sah, sollte ich klicken. Wenn ich das rote Licht nicht bemerkte, stieß die Maschine ein Summen aus.

Ein rotes Licht blitzte irgendwo über meinem Kopf an der Peripherie. Ich klickte. Ein anderes blitzte an meiner Seite. Ich klickte wieder. Und wieder. Und wieder.

Und dann … nichts. Ich hörte ein Summen.

Summ. Summ. Summ. Ich sah keine blitzenden roten Lichter mehr, sondern hörte nur das Geräusch.

Nach ein paar Minuten spuckte eine Maschine einen Ausdruck aus. Die Seite enthielt ein ovales Diagramm meiner Reaktionen. Es war eine Karte der blinden Flecke in meinen Augen. Sie sahen aus wie leere Räume, Löcher im Universum.

Dann führte mich Dr. Boyer über den Flur und setzte mich in einen Stuhl, wo eine Helferin zahlreiche Elektroden an meinem Kopf anbrachte. Es wurden weitere Ergebnisse aufgezeichnet. Ich hoffte, dass alles vorbei war, aber sie hatten sich das Schlimmste für zuletzt aufgespart.

Dr. Boyer zeigte mir zwei Scheibchen, die an Kontaktlinsen erinnerten. Aber es waren keine normalen Linsen, sondern an ihnen ragten Drähte hervor. Eine Sprechstundenhilfe öffnete meine Lider und schob mir diese verdrahteten Linsen in die Augen. Sie waren so groß, dass ich die Lider nicht schließen konnte. Der Schmerz ließ sich kaum ertragen. Ich musste die Augen zwei Minuten lang geöffnet halten und kam mir vor wie ein Versuchsobjekt in Dr. Frankensteins Laboratorium.

Als die Linsen endlich entfernt wurden, war ich am Ende meiner Kräfte. Ich taumelte, Sally immer noch unter den Arm geklemmt, aus dem Zimmer. Um meine Augen vor dem Tageslicht zu schützen, gab man mir eine dunkle Plastikbrille. Sie war hässlich und unbequem, zwackte an der Nase und an meinen Wangenknochen, und ich konnte sie nicht ausstehen. Meine Mutter trug eine damals moderne Sonnenbrille mit großem Rahmen im Elton-John-Stil der siebziger Jahre, die zu ihrem blonden, gewellten Haar passte. Um mich zu trösten, setzte sie mir diese Riesenbrille auf, die mich weniger irritierte.

Wir mussten zwei weitere Wochen auf die Untersuchungsergebnisse warten. Sobald sie vorlagen, fuhren meine Mutter und mein Vater nach Los Angeles, um sich Dr. Boyers Bericht persönlich anzuhören.

Sie saßen in dem Sprechzimmer, wo sie einen Monat zuvor so schreckliche Nachrichten erhalten hatten. Die Tür öffnete sich, und der eintretende Dr. Boyer verkündete: »Jetzt bin ich der zweite Arzt, der Ihrer Tochter eine falsche Diagnose gestellt hat.«

Meine Eltern schauten ihn verblüfft an.

»Sie werden es nicht glauben, aber ich habe mich ebenfalls geirrt«, gestand Dr. Boyer. »Sie leidet nicht an Butterfly-Dystrophie, sondern an der Stargardt-Krankheit, die nicht progressiv ist.«

»Was soll das heißen – nicht progressiv?«, fragte meine Mutter.

»Es bedeutet, dass sie nicht völlig erblinden wird«, antwortete er.

Dr. Boyer erklärte meinen Eltern die charakteristischen Symptome der Stargardt-Krankheit. Sie würde nur meine zentrale Sicht beeinträchtigen und die Peripherie unversehrt lassen. Doch es sei die auf den empfindlichen Maculae basierende zentrale Sicht, welche die Sehschärfe bestimme. Mein Sehvermögen werde stets eingeschränkt sein und könne nicht durch Kontaktlinsen oder eine Brille verbessert werden. Es sei wie bei einer Kamera mit einem defekten Film: Wie sehr man das Objektiv auch fokussiert, man erhält kein scharfes Bild.

Außerdem litt ich an Kurzsichtigkeit. Die Sehschärfe meines linken Auges betrug 20/800 und die meines rechten Auges 20/1000. Während die Kurzsichtigkeit durch Kontaktlinsen in beiden Augen auf 20/200 korrigiert werden konnte, gab es keine Möglichkeit, die von der Stargardt-Krankheit verursachten Schäden abzumildern.

In den folgenden Jahren sollte sich meine korrigierte Sehschärfe auf 20/300 in meinem linken und auf 20/400 in meinem rechten Auge verringern. Als »amtlich blind« wird eine korrigierbare Sehschärfe von maximal 20/200 oder schlechter definiert, die häufig an dem »E« auf der Testtafel gemessen wird. Mit der Zeit sollte ich sogar das große »E« nicht mehr erkennen können.

Dr. Boyer erklärte, ich sei, um in der normalen Welt agieren zu können, auf technische Hilfsmittel angewiesen: auf ein CCTV-Gerät zum Lesen und auf ein visuelles Hilfsmittel namens Monokular, das mehr oder weniger wie ein Teleskop aussieht und funktioniert und die Tiefenwahrnehmung verbessert. Da meine Augen nicht völlig korrigiert werden könnten, müsse ich lernen, meine Umgebung zu »korrigieren«, indem ich die Welt näher an mich heranbrachte oder die Dinge vergrößerte.

Die Stargardt-Krankheit suche typischerweise Kinder zwischen sieben und zwölf Jahren heim, und obwohl der Schaden kurz vor der völligen Blindheit Halt mache, seien die Folgen unumkehrbar. Einer von ungefähr 15 000 Menschen sei von der Krankheit betroffen.

Aber fast alles, was Dr. Boyer an jenem Tag erklärte, entging meinen Eltern. Sie hörten nur, dass ich nicht völlig blind werden würde, und empfanden die Stargardt-Diagnose als großartige Nachricht: Ich würde nicht mein ganzes Sehvermögen einbüßen.

Dr. Boyer versuchte ihnen klar zu machen, dass die Stargardt-Krankheit sehr ernst genommen werden müsse. Ich sei bereits »amtlich blind«, und meine Sehkraft werde sich bis zu einem gewissen Grad weiter verschlechtern. Sie sollten wissen, was uns bevorstand. Deshalb wies er auf all die Einschränkungen hin, denen ich seiner Meinung nach ausgesetzt sein würde.

»Marla wird nicht Auto fahren können«, sagte er. »Beim College-Besuch wäre sie auf Hilfe angewiesen. Wahrscheinlich haben Sie schon bemerkt, dass sich ihre Zensuren verschlechtern. Die High-School wird ihr große Probleme bereiten. Sie braucht sehr viel Unterstützung.«

Aber meine Eltern waren einfach dankbar für eine eindeutige Diagnose. Die Monate des Rätselns, der Qual und der Verwirrung waren vorbei. Endlich hatten wir eine Antwort.

Ich war partiell blind, ja, aber ich konnte ein wenig sehen, und das genügte ihnen. Und mit der Zeit sollte es auch mir genügen.

3. Von Musik umgeben

Eines Nachts lag ich in meinem Bett und bemerkte einen seltsamen Klecks an der Decke meines Zimmers. Das einzige Licht kam von der Tür her, die meine Eltern einen Spaltbreit offen gelassen hatten, sodass ein heller Strahl vom Flur her eindrang. Ich wusste, dass die Decke über mir sogar im trüben Licht völlig weiß sein sollte. Jedenfalls war das vorher immer der Fall gewesen.

Aber nun sah ich einen ovalen grauen Klecks, als hätte es einen Rohrbruch gegeben und als wäre Flüssigkeit durch die Decke gesickert. Der große graue Fleck schien knapp zwei Meter breit zu sein.

Was ist das?, dachte ich und ließ meine Augen über die Decke gleiten.

Der Klecks bewegte sich.

Ich musterte die Decke erneut.

Einen Moment – wo ist er denn?

Ich schaute nach links.

Auch der Fleck sprang nach links.

Ich blickte wieder nach rechts.

Er hüpfte ebenfalls nach rechts.

Ich ließ die Augen über die ganze Decke gleiten und starrte schließlich gerade nach oben. Dort schwebte er, und ich betrachtete ihn, bis ich einschlief.

Am nächsten Morgen erzählte ich meiner Mutter davon. »An meiner Decke ist ein grauer Fleck.«

»Er ist nicht an der Decke, sondern in deiner Netzhaut«, erklärte sie. »Das ist das Narbengewebe in deinen Augen.«

Ich war elf Jahre alt, und zum ersten Mal wurde mir klar, dass die Stargardt-Krankheit eine Spur in meinen Augen hinterlassen hatte. Danach sah ich den Klecks, wann immer ich eine einheitliche Farbfläche anschaute. Einen weißen Küchenfußboden. Einen Rasen. Sogar den blauen Himmel, während ich auf dem Rücken lag. Die Realität der Stargardt-Krankheit wurde offenbar. Dr. Boyer hatte versucht, uns auf die Enttäuschungen vorzubereiten. Anfangs waren meine Eltern so erleichtert über seine neue Diagnose, dass sie sich nicht von seinen Warnungen beeindrucken ließen. Aber als die langfristigen Folgen deutlicher wurden, ließ unser aller Optimismus nach.

Monatelang hatten sich meine Eltern an den Gedanken geklammert, dass das Problem nach der richtigen Diagnose zu beheben sei. Mein Vater sagte manchmal: »Das bringen wir schon in Ordnung.« Doch nun wurde uns klar, dass es sich nicht in Ordnung bringen ließ.

Das Lesen würde mir stets Schwierigkeiten bereiten, auch mit einem starken Vergrößerungsglas. Ich musste immer wieder versuchen, die »Gestalt« eines Wortes zu erkennen, da ich nur den ersten und letzten Buchstaben entziffern konnte. Zum Beispiel hielt ich das Wort »teilweise« manchmal für »teilte«, und »Familie« verwechselte ich mit »Filiale«. Ich musste die Wörter aus dem Zusammenhang eines Satzes erraten, wobei meine Lesefähigkeit von dem mir vertrauten Vokabular abhing.

Wenn ich eine Liste neuer Wörter nachschlagen sollte, so war das ein hoffnungsloses Unterfangen. Der winzig kleine Druck war für mich kaum erkennbar. Außerdem fiel es mir immer schwerer, individuelle Schreibschriften zu lesen oder selbst zu schreiben. All die geschwungenen Linien kamen mir identisch vor. Das war eine gewaltige Enttäuschung für eine Schülerin der fünften Klasse, in der man allmählich lernte, wie ein Erwachsener zu schreiben. All meine Bemühungen waren vergebens, aber später im Leben wurde mir klar, dass es wichtigere Dinge gibt.

Auf Dr. Boyers Rat hin – und mit Unterstützung des Lions Club – schafften meine Eltern eine Lesemaschine für mich an, mit der ich die meisten meiner Hausaufgaben bewältigen konnte. Die Apparatur bestand aus einem Desktop-Monitor, einer Kamera und einem Gleittablett. Der Text wurde auf das Tablett unter die Kamera gelegt, die ihn dann vergrößerte und auf dem Schirm zeigte. Das Tablett konnte beim Lesen flexibel bewegt werden, wobei das vergrößerte Bild auf dem Schirm entsprechend im Text mitwanderte.

Aber das Gerät löste bei mir schreckliche Schwindelanfälle aus. Jedes Mal, wenn ich mein Buch bewegte, hüpfte der Text ungestüm über den Schirm, bis ich benommen war und unter Übelkeit und Kopfschmerzen litt, was manchmal bereits nach zehn Minuten der Fall war.

Alles ist schwierig, wenn man elf Jahre alt ist, aber das Lesen erschien mir nun doppelt schwer. Häufig brachte ich ein Buch aus der Klasse oder aus der Bibliothek heim und versuchte, es mit dem Gerät zu lesen, aber am Ende warf ich mich immer weinend auf mein Bett.

Außerdem war mir das Ganze peinlich. Gewiss, ich freute mich darüber, überhaupt etwas lesen zu können, aber das CCTV-Gerät war so groß, dass es den gesamten Tisch einnahm. Ich fand es beschämend auffällig. Warum war ich auf so viele Apparate angewiesen? Noch verlegener wurde ich, als die Maschine in mein Klassenzimmer gebracht wurde. Eines Morgens fuhr mich meine Mutter zur Schule und stellte die Anlage in der hinteren Ecke des Raumes auf, wo sie einen ganzen Tisch beanspruchte.

Wann immer ich das Gerät anstellte, gab es ein schrilles

Quietschen von sich. Oft huschte ich mit einem Buch nach hinten, zog leise einen Stuhl heran und hoffte, nicht bemerkt zu werden. Aber dann legte ich den Schalter um, und ein lang gezogenes »Iieeek« ertönte. Es war ein seltsames Geräusch, das sensible Kinderohren besonders irritiert. Meine Eltern und meine Lehrerin fühlten sich weniger gestört, da Erwachsene nicht so empfindlich auf höhere Frequenzen reagieren. Aber mich und die anderen Kinder erinnerte es an einen Feueralarm. Alle Kinder im Klassenzimmer pressten die Hände an die Ohren und stöhnten. Von »stillem Lesen« konnte keine Rede sein.

Meine Mutter hielt nach bequemeren Hilfsmitteln Ausschau. Bald besaß ich eine ganze Sammlung. Sie bestellte einen Ständer mit einem Vergrößerungsglas für mein Schulpult und besorgte mir ein Monokular, ein winziges Teleskop, mit dem ich die Schrift an der Tafel lesen konnte. Auch machte sie ein Großdruck-Mathematiklehrbuch für die fünfte Klasse ausfindig. Das war ein Segen und ein Fluch zugleich, denn die Großdruck-Version bestand aus vier Bänden. Sie hatten feste grüne Umschläge, waren so dick wie Enzyklopädien und machten mich ebenfalls verlegen, weil sie so auffällig wirkten.

Ich hatte mich noch nicht ganz mit den Konsequenzen der Stargardt-Krankheit abgefunden. All diese Maßnahmen erschienen mir unnötig. Warum konnte mir der Arzt nicht einfach eine Brille verschreiben, die meine Sicht korrigierte? Andere Menschen wurden schließlich dauernd mit Brillen ausgerüstet.

Eines Tages gingen meine Mutter und ich in die nahe gelegene Drogerie Sprouse Retz, wo ich einen drehbaren Brillenständer entdeckte. Dort waren keine Sonnenbrillen, sondern echte Brillen mit verschiedenen Vergrößerungsgraden ausgestellt. Ich nahm eine von dem Ständer und setzte sie auf. Sie hatte ein braunes Gestell und war offenkundig für einen Erwachsenen gedacht.

»He, Mom, warum kaufen wir die nicht?«, fragte ich.

»Hilft sie dir?«, wollte meine Mutter wissen.

»Ja ... äh ... alles ist ein bisschen größer«, sagte ich.

»Du machst wohl Spaß«, meinte meine Mutter.

Durch die Brille betrachtete ich die neben der Kasse ausgebreiteten Süßigkeiten. Alles war ein wenig größer, aber die Gegenstände wirkten auch weicher und verschwommener. Die Brille war zum Lesen, nicht zum alltäglichen Gebrauch gedacht, und sie hatte nur eine geringe, vielleicht zweifache Vergrößerung.

Meine Mutter kaufte die Brille, um mich zufrieden zu stellen, aber vielleicht begeisterte sie auch die Vorstellung, dass mir eine Erwachsenen-Lesebrille für fünf Dollar helfen könne.

Da meine Mutter nun über eine konkrete Diagnose verfügte, konnte sie das Problem angehen. Sie begann, Übermenschliches zu leisten. Damals wusste man noch nicht, wie ein Kind mit Sehschäden unterrichtet werden sollte. Deshalb musste meine Mutter all das unternehmen, wofür eigentlich die Schulbehörde zuständig war. Sie eröffnete durch Monokulare, Lupen und Vergrößerungsgeräte ganz neue Bereiche für mich, und als sie keine neuen Sehhilfen mehr finden konnte, entwickelte sie eigene Methoden, um mir die Arbeit im Klassenzimmer zu erleichtern. Meine Mutter ging am Beginn jeder Woche zu meiner Lehrerin und bat um die Liste mit den Hausaufgaben für die kommenden Tage. Dann schrieb sie diese Liste in großen Buchstaben für mich ab.

Mom konzentrierte sich ganz auf mich. Entgegen der Meinung der Ärzte war sie davon überzeugt, dass ich eine gewöhnliche Schule absolvieren konnte. Und noch etwas anderes spielte mit: Heute mag es sich verwerflich anhören, aber es war eine entsetzliche Vorstellung für sie, ihre Tochter auf eine Sonderschule zu schicken. Das wollte sie um jeden Preis vermeiden.

Meine Eltern rangen mit ihren Emotionen. Sie versuchten, es mir nicht zu zeigen, aber sie waren zutiefst niedergeschlagen. Meine Mutter wahrte die Fassade, wenn sie mich zur Schule fuhr und wieder abholte, aber manchmal blieb sie, wenn ich aus dem Auto gestiegen war, am Steuer sitzen und schluchzte vor sich hin.

Eines Nachmittags besuchte sie einen Weihnachtsbrunch und traf dort eine alte Freundin, Shirley Smithro, die ebenfalls eine sehgeschädigte Tochter hatte. Sie waren einander seit Monaten nicht begegnet. Shirley Smithro sah meine Mutter entsetzt an. »Du hast zehn Kilo abgenommen«, sagte sie.

»Das hat seine Gründe«, erwiderte meine Mutter.

Sie erzählte Shirley von den Fehldiagnosen und meiner Stargardt-Krankheit. Es falle mir schwer, die Schrift auf der Tafel zu entziffern und meine Hausaufgaben zu machen. Deshalb befürchte sie, dass ich irgendwann nicht mehr mithalten könne und eine Sonderschule besuchen müsse.

»Aber es gibt hier doch eine Schule für sehgeschädigte Kinder«, sagte Shirley. »Hier in unserem Kreis. Dorthin sollte sie gehen.« Shirley berichtete meiner Mutter von der Williams Elementary School, die im übernächsten Schulbezirk lag – eine Stunde entfernt in einer Gemeinde namens Hueneme. Es sei eine normale Grundschule, aber sie biete ein Programm für sehbehinderte Kinder an.

Meine Mutter war mit unserer eigenen staatlichen Schule zunehmend unzufrieden. Das Lehrpersonal erschien ihr entweder unwillig oder unfähig, sich auf meinen Sehverlust einzustellen. Mom musste alle Probleme selbst lösen: Sie beschaffte Sehhilfen, brachte sie zum Einsatz und sorgte dafür, dass ich meine Liste der Hausaufgaben entziffern konnte. Doch trotz all ihrer Bemühungen quälte ich mich weiterhin ab. Ich blieb nicht sitzen, aber ich hielt nur knapp mit der Klasse Schritt.

Shirley Smithro erzählte meiner Mutter, dass ihre sechsjährige Tochter Robin die Williams Elementary School besuche. »Dort gibt es Sehbehinderten-Lehrer, und alle Geräte stehen schon bereit«, sagte sie. »Es ist wunderbar.« Es gebe sogar einen Schulbus, der die Kinder aus den Nachbarbezirken abhole und nach Schulschluss wieder nach Hause bringe.

Zwei Tage später fuhr meine Mutter mit mir zur Williams Elementary. Wir gingen durch die Korridore, bis wir ein Klassenzimmer erreichten, an dessen Tür ein Schild mit der Aufschrift »Sb« (Sehbehinderte) angebracht war. Wir öffneten die Tür, und ich war nicht mehr allein.

Hier entdeckte ich andere Kinder, die auch nicht sehen konnten. Bis zu jenem Moment war mir nicht bewusst gewesen, wie isoliert ich durch meinen Sehverlust gewesen war. Mehr noch, ich war todunglücklich gewesen. Ich hatte keine Gesellschaft außer meiner Mutter gehabt. Keine idealen Umstände, um heranzureifen.

Beim Betreten des Zimmers stellte ich sofort fest, dass es ausschließlich für Kinder wie mich bestimmt war. Jedes Pult hatte ein Gestell mit einer Lampe und ein Vergrößerungsglas. Im hinteren Teil des Raumes standen nicht weniger als fünf CCTV-Geräte. Ungefähr ein Dutzend Kinder arbeitete still an den Pulten; einige waren völlig blind, andere trugen Brillen mit dicken Gläsern. Vier Lehrer waren für jedes denkbare Bedürfnis gerüstet: zwei Sb-Spezialisten, eine Blindenschrift-Expertin und ein Trainer für räumliche Orientierung.

Es gab auch mehrere Großdruck-Schreibmaschinen. Etliche Kinder lernten tippen, und die Buchstaben, die sie ratternd zu Papier brachten, waren so groß, dass sogar ich sie sehen konnte. Ich durfte selbst ein paar Wörter tippen.

Schon nach zwei Minuten sagte meine Mutter: »O ja, auf diese Schule gehst du.«

Der Bewegungstrainer, Carlos Logan, rief mich zu sich.

»He, Marla, guck dir das an.« Er zog seinen Ärmel zurück, zeigte mir seine Armbanduhr und ließ den Glasdeckel aufschnappen. »Das ist eine Braille-Uhr«, sagte er. »Du öffnest sie, betastest das Zifferblatt und kannst die Zeiger fühlen.«

Ich legte den Zeigefinger behutsam auf das geöffnete Zifferblatt und achtete darauf, die winzigen Zeiger nicht zu zerbrechen. Ich spürte kleine Höcker: die Ziffern in Blindenschrift. Staunend betastete ich die Uhr.

Dann deutete er auf etwas, das an der Wand hing. Ich musterte es.

»Das ist eine Großdruck-Tafel«, erläuterte er.

Während wir die Klasse beobachteten, hatte ich den Eindruck, dass sie mir die beste aller Möglichkeiten bieten würde. Das Sb-Zimmer war ein zusätzlicher Komfort – es hatte nicht den Zweck, mich von den übrigen Schülern zu trennen. Ich würde den größten Teil des Schultages zusammen mit allen Kindern in einem normalen Klassenzimmer verbringen. Aber ich konnte den Sb-Raum benutzen, wann immer ich es wollte oder für nötig hielt. Die Atmosphäre des Zimmers gefiel mir sehr. Alles war zwanglos und unstrukturiert, doch nicht chaotisch. Die Kinder konnten sich frei von einem Pult zum anderen bewegen, doch sie arbeiteten still vor sich hin.

Am meisten imponierte mir, dass niemand von mir erwartete, alles sehen zu können. Es war in Ordnung, sehbehindert oder sogar blind zu sein – kein Grund zur Aufregung.

Mir wurde klar, dass ich hierher gehörte. Am liebsten wäre ich gleich dageblieben. Schließlich stiegen wir wieder ins Auto, um nach Camarillo zurückzufahren.

»Mom«, sagte ich, »wir müssen es unbedingt schaffen, dass ich auf diese Schule gehe.«

Aber wir sollten in eine bürokratische Mühle geraten – und nicht zum letzten Mal. Zu Hause rief meine Mutter sofort die Verwaltung unserer Schulbehörde an. Sie teilte dem Beamten mit, dass ich an die Williams Elementary in Hueneme umgeschult werden wolle.

Der Beamte ließ sie mit knochentrockener Stimme wissen, dass ich vor einem Schulwechsel eine Reihe von Tests zur Bestimmung meines Kenntnisniveaus ablegen müsse. Und diese Tests könnten erst in drei oder vier Monaten durchgeführt werden.

»Sie scherzen wohl«, sagte meine Mutter.

»Wir machen keine Ausnahmen«, erwiderte der Beamte.

»Aber Marla hat spezielle Bedürfnisse. Sie muss eine Schule besuchen, auf der man auf sie eingehen kann.«

»Mir sind die Hände gebunden.«

»Das ist doch lächerlich.«

Meine Mutter wurde zu meiner wichtigsten Anwältin. Jeden Tag setzte sie den sturen Beamten am Telefon zu. Allmählich vermutete sie, dass man uns den Weg absichtlich versperrte. Meine Eltern begannen den Verdacht zu hegen, dass man mich in Wirklichkeit nicht ziehen lassen wollte, damit die Schülerzahl an der örtlichen Schule unverändert blieb und die öffentlichen Zuschüsse nicht verringert wurden. Nur bürokratische Verzögerungsmaßnahmen verhinderten die Durchführung der Einstufungstests.

Meine Mutter wurde so zornig, dass sie erklärte: »Wenn Sie Marla nicht testen, kommt sie nicht mehr in die Schule.« Sie behielt mich zu Hause und unterrichtete mich mehrere Wochen lang selbst.

Doch ich nahm weiterhin an den Freizeitaktivitäten der Schule teil. Ich spielte Fußball und erhielt in der Mitte meines vierten Schuljahrs von einem Mann namens Dr. Krusch Geigenstunden.

Eines Nachmittags brachte mich meine Mutter wie üblich zu meiner Musikstunde. Während sie vor der Schule in unserem Wagen saß, trat der Direktor heran und fragte sie: »Warum kommt Marla nicht in die Schule? Wir können ihre Bedürfnisse erfüllen.«

»Wann kann sie den Test ablegen?«, entgegnete meine Mutter. »Sie geht nicht in diese Schule – und damit basta.«

Unterdessen informierte sich mein Vater über die rechtliche Situation und stieß auf das Public Law 94 142. Es handelte sich dabei um die gesetzlichen Bestimmungen für die schulische Ausbildung behinderter Kinder. Demnach hatte die lokale Schule die erforderliche Unterstützung zu leisten. Genau das aber hatte meine Schule von Anfang an unterlassen, denn die einzige Unterstützung, die ich erhalten hatte, stammte von meiner Mutter.

Mein Vater griff zum Telefonhörer und las einem Vertreter der Schulbehörde das Gesetz vor. Es war eines der wenigen Male in seinem Leben, bei denen er die Stimme erhob. »Sie sind dafür verantwortlich.«

Am nächsten Tag klingelte unser Telefon. Es war ein Verwaltungsbeamter. »Marla kann heute zum Test kommen«, sagte er.

Wir fuhren zur Schule, und der Test wurde durchgeführt. Man verwendete kleine Buchstaben. Ich erinnere mich nur an eine einzige Aufgabe. Der Beamte zeigte mir die Zeichnung eines in der Sonne spazieren gehenden Mannes: »Stimmt etwas an diesem Bild nicht?«

»Ja«, antwortete ich. »Sein Schatten ist auf der falschen Stelle.«

Aber das war die einzige leichte Frage. Meine Testergebnisse fielen schlecht aus. Ich war um zwei Jahre zurückgefallen, das heißt, ich brachte nur die Leistung einer Schülerin der dritten Klasse. Meine Mutter war verblüfft. Sie wusste, dass ich Schwierigkeiten gehabt hatte, aber diese Ergebnisse lagen deutlich unter ihren Erwartungen.

Zwei Tage später rief die Schulpsychologin an. »Wir sind sehr besorgt, weil Marla nur die Anforderungen des dritten Jahres erfüllt hat.«

»Haben Sie ihr die Fragen vorgelesen? Oder Großdruck-Seiten verwendet?«, erkundigte sich meine Mutter.

Natürlich war das nicht der Fall. Dadurch sah sich Mom nur in ihrem Vorsatz bestätigt, mich die Schule wechseln zu lassen. Endlich wurde der Wechsel dann genehmigt.

Aber mittlerweile war es Frühling geworden. Ich besuchte die Williams Elementary nur noch für drei Monate bis zum Ende des Schuljahrs. Die Bürokraten waren die wirklichen Sieger. Alles war eine Qual. Ich lernte, die Bedeutung dieses Lieblingswortes meiner Mutter zu verstehen.

Im folgenden Jahr besuchte ich die E. O. Green Junior High-School im selben Schulbezirk. Sie hatte einen noch besseren Unterricht für Sehbehinderte zu bieten, aber manchmal erschien mir selbst die kleinste Kleinigkeit als unüberwindliches Problem.

An meinem ersten Tag machte ich mein Schließfach ausfindig und starrte auf das Kombinationsschloss mit seinen winzigen Ziffern. Aber ich glaubte, der Herausforderung gewachsen zu sein. Mein Bruder hatte mir Jahre zuvor, als wir unsere Fahrräder im Keller wegsperrten, beigebracht, wie man ein Kombinationsschloss öffnet.

Ich drehte an der Scheibe, aber für mich waren die Zahlen nur weiße Zeichen auf einem schwarzen Kreis. *Diese Zahlen werden wirklich immer kleiner*, dachte ich. Wiederum drehte ich die Scheibe und riss am Schrankgriff, doch er gab nicht nach. Nach dem fünften Versuch wurde ich wütend.

Ich ging zum Sb-Zimmer und beschwerte mich bei meinem Lehrer John O'Looney: »Ich kann noch nicht mal meinen Schrank aufmachen, um meine blöden Bücher rauszuholen.«

»Immer mit der Ruhe«, sagte er. »Du bekommst ein Vorhängeschloss.«

Er führte mich zu einer Fläche, wo vier separate Schränke nebeneinander standen. Man hatte ihre winzigen schwarzen Kombinationsschlösser entfernt und sie stattdessen mit großen Vorhängeschlössern versehen. Diese Schränke waren für die Kinder reserviert, die sich als »unfähig« erwiesen hatten, das übliche Kombinationsschloss zu öffnen. Aber ich war nicht unfähig, ich konnte bloß nicht gut sehen. Doch meistens wurde das eine mit dem anderen gleichgesetzt.

Meine Sehschwäche löste allmählich bei mir Hemmungen aus. Ich war zutiefst dankbar für den Sb-Raum, aber ich wollte mich nicht von den anderen Schülern unterscheiden. Jeden Tag besuchte ich das Sb-Zimmer für eine Unterrichtsstunde, um das aufzuholen, was die anderen Schüler wie selbstverständlich erledigten, während ich die doppelte Zeit dafür benötigte. Oft ließ ich Aufgaben von unserer bewährten Braille-Spezialistin Miss Quopaca in Großbuchstaben neu abtippen. Ich freute mich über die Unterstützung und die vielen neuen Hilfsmittel, aber noch lieber wäre ich »normal« gewesen.

Meine Lösung bestand darin, immer mehr Zeit draußen zu verbringen. Dort fühlte ich mich nicht blind, sondern kam mir wie das schnellste Mädchen der Welt vor.

Jeden Tag nach der Schule machte ich mich zu Cosmos auf, einem Leichtathletikclub für Kinder in Camarillo. Ich lief in Tennisschuhen auf einer Sandbahn, auf dem Asphalt des Spielplatzes und in unserem Hinterhof. Ich war tatsächlich das schnellste Kind in meiner Schule.

Von Anfang an hasste ich es, beim Laufen von jemandem überholt zu werden. Dann fühlte ich mich ohnmächtig – genau wie gegenüber der Stargardt-Krankheit.

Eines der ersten offiziellen Rennen, die ich bestritt, war ein 200-Meter-Lauf auf einer staubigen Bahn in Camarillo. Ich trug ein Paar schäbige alte Turnschuhe, in denen ich gegen eine Gruppe älterer Mädchen antrat. Ich rannte, so schnell ich konnte. Nach der Kurve führte ich, aber dann überholten mich alle anderen Mädchen. Dadurch verlor ich die Fassung und setzte meine letzten Kräfte ein, um zu ihnen aufzuschließen.

Plötzlich erstarrte alles in meinem Körper. Die Muskeln meines zehnjährigen Körpers verkrampften sich, und ich stürzte mit dem Gesicht zuerst auf den Sand. Mein Vater saß auf der Tribüne, und ich hatte noch nie erlebt, dass er sich so schnell bewegte wie jetzt. Er sprang über einen Maschendrahtzaun und erreichte mich innerhalb von Sekunden. Dann hob er mich hoch.

»Alles in Ordnung?«, fragte er.

»Ja«, antwortete ich zappelnd. »Setz mich ab.«

Mein Stolz ließ mir keine andere Wahl, als zu beweisen, dass ich auch die schwierigsten Dinge meistern konnte. Wettläufe waren eines davon und Hochsprung ein anderes, obwohl ich die Latte nicht sehen konnte.

Mein Vater und ich legten in unserem Hinterhof eine Hochsprunggrube an. Er nahm zwei Holzstäbe und schlug an ihrer Innenseite untereinander mehrere Nägel ein. Als Nächstes stellte er eine Unterlage aus den Spänen von Abfallholz her. Wir benutzten ein weißes PVC-Rohr als Latte und legten es auf die Nägel. Ich zerrte zwei alte Matratzen hinaus, die als Landebereich dienten. Die Latte konnte höchstens auf 1,20 Meter gelegt werden, aber ich war davon besessen, über sie hinwegzuspringen.

Mein Vater stellte sich wortlos auf die hintere Veranda und schaute mir zu, wie ich den Anlauf abmaß. Ich lief auf die Latte zu und schnellte mich über sie hinweg wie die Olympiateilnehmer im Fernsehen. Mein Hund Freckles rannte herum und versuchte, mich zu jagen. Immer wieder lief ich, mit Freckles hinter mir, auf die Latte zu, übersprang sie und landete auf den Matratzen.

Mein Vater hinderte mich nicht daran. Vielmehr ging er ins Haus und berichtete meiner Mutter, ich hätte eine natürliche Begabung. Es war die erste von vielen Gelegenheiten, bei denen meine Eltern den Drang verspürt haben mochten, mich zu beschützen, ihn jedoch unterdrückten. Sie wollten mich ihnen zeigen lassen, wozu ich imstande war und wozu nicht.

Sie halfen mir bei der Umsetzung all meiner Pläne, gleichgültig, welche Umstände es ihnen bereitete. Camarillo ist eine Stunde von Hueneme entfernt, aber meine Mutter holte mich nachmittags von der Schule ab und chauffierte mich nach Camarillo, damit ich dort an meiner alten Schule am Training teilnehmen konnte. Sie beklagte sich nie, sondern fuhr hin und her, nur damit ich laufen und springen konnte. Wieder einmal bewies sie, dass sie keine Mühen für mich scheute.

Ich lief, spielte Fußball und nahm Geigenunterricht. Ich war eine einsatzfreudige Fußballspielerin und verbarg, wie schlecht ich den Ball erkennen konnte, indem ich jeden Meter des Platzes absuchte. Nur so konnte ich sehen, was vor sich ging. Ich bat meinen Trainer immer, mich im Mittelfeld spielen zu lassen, damit ich mich so frei wie möglich auf dem Platz bewegen konnte. Ich wollte den Ball nicht länger als die anderen an mich bringen, sondern nur in jeder Sekunde beobachten, was geschah, damit ich reagieren konnte. Durch die Art und Weise, wie die anderen Mädchen dem Ball nachjagten, musste ich erraten, wo er war. Sobald sich der Ball entfernt hatte, bekam ich nicht mehr mit, was sich abspielte. Dann war es Zeit, wieder loszurennen.

Der einzige Sport, den ich nicht beherrschte, war Softball. Am Ende hasste ich das Spiel. Daran nahm ich nur teil, wenn ich keine andere Wahl hatte, zum Beispiel im Sportunterricht. Da ich den Ball nicht fangen konnte, bat ich dauernd: »Stellt mich ganz nach hinten.« Ich blieb am äußersten Rand und konnte nur hoffen, dass meine Mitspielerinnen die fliegenden Bälle erwischten. Auf der Homeplate traf ich den Ball gelegentlich, aber ich fing ihn kein einziges Mal. Ich hatte Angst vor dem großen weißen Objekt, das vom Himmel her auf mich zuflog. Wenn ich dachte, dass es in meine Richtung segelte, schlug ich die Hände über den Kopf und duckte mich. Es war ein alberner und für mich auch gefährlicher Sport.

Auf der Laufbahn aber konnte ich meine Überlegenheit beweisen, denn dort gab es außer dem Boden vor mir nichts zu sehen. In der Mittelstufe begeisterte mich der Schulsport, weil er so gut organisiert war. Jeden Morgen machten wir gemeinsam Aufwärmübungen. Nachdem wir uns aufgelockert hatten, liefen wir eine Runde um die ovale Sandbahn. Die zehn Besten erhielten jeweils einen Punkt, und am Ende des Jahres wurde das Kind mit den meisten Punkten mit dem »Golden Tenny« ausgezeichnet. Der Golden Tenny war ein alter Nike-Schuh in Größe 46, den man mit Goldfarbe besprüht und mit einer Pflanze verziert hatte. Ich gewann ihn in sämtlichen drei Jahren der Mittelstufe und war sehr stolz auf den Schuh. Am Tag der Auszeichnung stellte ich ihn immer auf mein Pult, wo er bis zum Unterrichtsschluss blieb.

Es gab eine Fertigkeit, nach der ich mich sehnte, doch meine Augen hinderten mich daran: Ich wollte unbedingt Noten lesen. Aber die winzigen Zeichen auf dem zarten Linienpapier waren für mich nicht zu erkennen. Wie sollte ich je ein Instrument spielen, ohne Noten lesen zu können?

Eines Nachmittags, noch in der vierten Klasse, erschien Dr. Krusch in meiner Schule in Camarillo, um einführende Geigenstunden anzubieten. Er lehrte nach der japanischen Suzuki-Methode für junge Musiker, die Form und Technik betont. Sie beruht darauf, dass man lernt, mithilfe von Tönen und Fingerübungen zu spielen, ohne sich zunächst an die Noten zu halten. Dadurch soll ein ganzheitlicher Musiker geschaffen werden, der nach dem Gehör spielt.

Für mich war am wichtigsten, dass ich meine Augen nicht benötigte, um nach der Suzuki-Methode zu spielen. Im ersten Jahr des Lehrgangs brauchte ich keine Noten lesen zu können.

Zu Hause berichtete ich meiner Mutter, dass ich Geigenunterricht nehmen wolle.

»Geige?«, fragte sie. »Warum hast du dich ausgerechnet dafür entschieden? Das ist das schwerste Instrument.«

»Weil die Stunden genau vor dem Mittagessen stattfinden und ich das Klassenzimmer früher verlassen kann«, sagte ich.

Alles war mir recht, um möglichst wenig mit Büchern zu tun zu haben.

Die Suzuki-Methode umfasste zehn Hefte mit Barockmusik, darunter Bach, Vivaldi und Seitz. Später wurden meine Lieblingsstücke Vivaldis a-Moll-Konzert und Bachs Konzert für zwei Geigen, das auch als »Bach-Doppelkonzert« bekannt ist. Aber bis dahin sollte es noch lange dauern. Als Erstes lernte ich, wie man sich vor dem Lehrer verbeugt. Jede Stunde begann und endete mit solch einer respektvollen Verbeugung. Als Nächstes lernte ich, wie man eine Geige hält. In den ersten vier Unterrichtswochen tat ich nichts anderes, als eine Geige aus einer Pappschachtel – mit Garn für die Saiten und einem Lineal für den Hals – herzustellen. Ich lernte, wie man sie sich vorschriftsmäßig ans Kinn legt, wie man den Bogen behutsam hält und so weiter. Es schien, als müsse ich tausend Einzelheiten erlernen, bevor ich darangehen konnte, eine Note zu spielen.

Schließlich durfte ich die Pappgeige durch eine echte ersetzen und lernte die Namen der Saiten: EADG. Danach begann ich sofort, überall im Haus zu zirpen. Ich lernte die ersten vier Noten von »Twinkle, Twinkle, Little Star«, wobei ich nur über zwei offene Saiten zu streichen brauchte: AAEE. Das war alles. Tagelang hörten meine Eltern nichts anderes als AAEE, AAEE, AAEE.

Zuerst war es leicht. Ich konnte mir die Saiten und die Fingerbewegungen einprägen und ein einfaches Lied wie »Twinkle, Twinkle« bewältigen.

Jeden Tag verbrachte ich wenigstens eine Stunde damit,

auf der Geige zu üben, und zwar morgens in der Küche, während ich auf den Schulbus wartete. Im Sommer besuchte ich sogar Suzuki-Kurse an der UCLA und der San Francisco State University.

Meine neue Schule, die E. O. Green Junior High, hatte ein solides Musikprogramm und ein vielköpfiges Orchester für die sechste, siebte und achte Klasse anzubieten. Darin müssen 20 Geiger, zwölf Cellisten und zehn Tubisten vertreten gewesen sein. Wir hatten sogar eine Oboe und ein Fagott. Dieses Orchester spielte keine Klassiker wie Bach und Vivaldi, sondern schwungvolle, kindgemäße Stücke wie »Jingle Bell Rock« oder die »Wilhelm-Tell-Ouvertüre«. Ich war begeistert und konnte es kaum abwarten, mich dem Orchester anzuschließen. Dank meiner Suzuki-Ausbildung war ich gut genug.

Aber wenn ich an Konzerten teilnehmen wollte, musste ich Noten lesen können, das heißt, ich musste in der Lage sein, sie zu sehen.

Von diesem Zeitpunkt an wurde die Musik zu einer sehr visuellen und komplizierten Übung. Ich musste die Noten auf den fünf Linien lernen; halbe Noten, ganze Noten. Aber die Abstände zwischen den Linien waren so gering, dass meine Augen sie nicht wahrnehmen konnten.

Meine Mutter kaufte mir ein paar Notenblätter und grübelte, wie sie mir helfen konnte. Wie ließ sich mein Sehproblem lösen? Mit der Hilfe von Dr. Krusch versuchte ich, Noten mit dem CCTV-Gerät zu lesen und Geige zu spielen, während er die Seiten auf dem Notenständer umblätterte. Es klappte nicht. Auf dem Bildschirm wurden die Noten so groß, dass ich immer nur eine oder zwei sehen konnte. Das war zwecklos. Ich begann zu schluchzen.

Ich legte mich ins Bett und weinte hemmungslos. Mit dem Verlust meines Sehvermögens war ich fertig geworden, aber das Gefühl, auf jegliche Musik verzichten zu müssen, war nicht zu ertragen.

Ich war zehn Jahre alt und sehnte mich nach meiner Mutter. Aber sie hatte an jenem Abend das Haus verlassen, um in einem Chor namens »The Sweet Adelines« mitzuwirken. Verzweifelt tappte ich ins Schlafzimmer meiner Eltern. Mein Vater saß im Bett und schaute sich die Nachrichten an. Ich stellte mich immer noch weinend vor ihn.

»Ich möchte, dass meine Augen gesund werden«, sagte ich, »damit ich meine Noten lesen kann.«

Mein Vater sah mich an, und dann begann auch er zu weinen. Es war eine der seltenen Gelegenheiten, bei denen mein Vater in meiner Gegenwart weinte. Meine Tränen galten nur der Geige. Er weinte jedoch, weil er seiner Tochter ein normales Augenlicht schenken wollte und es nicht konnte. »Väter sind dazu da, die Dinge in Ordnung zu bringen«, sagte er immer.

Aus irgendeinem Grund war es plötzlich die wichtigste Sache der Welt für mich, eine Methode zum Notenlesen zu finden. Wieder einmal ließ sich meine Mutter eine Lösung einfallen. Über das Sb-Programm machten wir Großdruck-Notenpapier im Format 28 mal 43 Zentimeter ausfindig. Auf jeder Seite waren vier übergroße Notenlinien abgedruckt. Ich brachte meine Notenblätter nach Hause, und meine Mutter übertrug jedes Detail mit einem dicken schwarzen Markierstift auf jene übergroßen Linien. Selbst jetzt konnte ich manchmal nicht genau erkennen, auf welcher Linie sich eine Note befand. Um mir zusätzlich zu helfen, schrieb sie die Fingerbewegung mit einem roten Markierstift über jede Note.

Aber mir gab es das ungute Gefühl, nicht ordnungsgemäß zu spielen. »Ich möchte Noten so lesen können wie jeder andere und nicht schummeln«, sagte ich.

Schließlich verlor meine Mutter die Geduld. »Das ist albern«, erwiderte sie. »Wenn du es kannst, dann kannst du es.«

Sonntagnachmittags saß mein Vater immer im Wohnzimmer und sah sich Football an, während meine Mutter Stunden mit der ermüdenden Aufgabe verbrachte, die Noten zu kopieren. Das konnte häufig den größten Teil des Tages in Anspruch nehmen.

Jedes Mal, wenn unser Orchester ein neues Stück erhielt, eilte ich nach Hause und sagte: »Heute haben wir wieder etwas Neues.« Dann wiederholte sich die Prozedur. Stundenlang saß meine Mutter, Notenblätter und Markierstifte um sich herum, auf dem Fußboden. Manchmal setzte ich mich neben sie und versuchte, ihr zu helfen. Dabei unterhielten wir uns über die Stücke, die sie niederschrieb. »Dieses macht Spaß«, sagte sie ab und zu und summte die Melodie. »Es wird dir gefallen.«

Aber die längeren Stücke waren ein Problem. Ein Notenblatt Orchestermusik in Normalgröße beanspruchte vier oder fünf Blätter vom Format 28 mal 43 Zentimeter. Wir mussten einen Weg finden, damit ich alles sehen konnte. Dazu benutzten wir weitere Notenständer. Ich saß allein da, statt mir wie alle anderen einen Ständer mit einem Partner zu teilen, und breitete meine übergroßen Notenblätter auf drei schwarzen Ständern aus.

Es war ein mühsames, aber erfolgreiches Verfahren. Ich saß auf der Kante meines Stuhls, klemmte die Geige unter das Kinn und drehte meinen Körper von einem Ständer zum anderen, ohne je eine Note zu verpassen.

Die musikalische Handschrift meiner Mutter schien überall zu sein. Die übergroßen Linien mit den gigantischen Noten wirbelten um mich herum.

Ich war von Musik umgeben.

Die gesamte neunte Klasse hindurch spielte ich Geige, und ich war so stolz auf meine Musik wie auf meine Leichtathletikkarriere. Dies waren meine beiden einzigen Erfolge zu einer Zeit, in der ich mich sonst überall eingeschränkt fühlte. Die Geige gab mir einen Konzentrationspunkt und den Eindruck, Ausgezeichnetes zu leisten, als ich nichts dringender benötigte. Und sie machte mich kühner.

Eines Morgens trat ich in die Küche und sagte: »Heute spiele ich für die erste Geige vor.«

»Was?«, fragte meine Mutter.

»Ich spiele für die erste Geige im Orchester vor.«

»Wie viele sind daran beteiligt?«

»Vierzehn«, sagte ich. »Sämtliche zweiten Geigen.«

»Na gut. Viel Glück.«

Ich war ehrgeizig, denn ich wollte mich nicht nur als erste Geige, sondern irgendwann auch am ersten Pult durchsetzen. Der Geiger am ersten Pult saß direkt neben dem Dirigenten und führte während eines Konzerts seine ganze Abteilung an. Vor der Aufführung setzte sich das Orchester hin, und der Geiger vom ersten Pult schritt über die Bühne und stimmte es ein. Erst danach erschien der Dirigent. »Weißt du, der Geiger am ersten Pult spielt eine wichtige Rolle«, hatte meine Mutter mir früher erklärt. »Wenn dem Dirigenten etwas zustößt, muss ihn der Geiger am ersten Pult vertreten.«

An jenem Tag wurden alle Schüler außer denen der zweiten Geigenabteilung nach Hause geschickt. Unser Lehrer, Mr Verdades, und zwei der Cellisten fungierten als Schiedsrichter. Sie wandten uns den Rücken zu, während jeder von uns die gleichen Musikstücke spielte.

Ich gewann. Als ich am Abend heimkehrte, legte ich meine Bücher ab und verkündete: »Ich hab's geschafft.«

Allerdings gab es eine Schwierigkeit, denn die erste Geige spielt die Melodie, während die zweiten Geigen die Harmonie eine Oktave tiefer zu Gehör bringen. Meine Mutter musste nun also all meine Noten umschreiben. Außerdem reichten drei Notenständer für meine Großdruck-Notenblätter nicht mehr aus.

Und wieder fand meine Mutter eine Lösung. Sie entdeckte einen alten zusammenklappbaren, silbernen Notenständer mit einem Spalt in der Mitte. Sie lochte meine Notenblätter, führte einen großen Schlüsselring hindurch und drückte ihn in die Spalte des Ständers. Außerdem kaufte sie zwei Magneten mit Klammern an der Spitze und hängte mit ihrer Hilfe das letzte Notenblatt an den Ständer. Nun befanden sich alle meine Blätter auf einem einzigen Ständer, und ich konnte sie beim Spielen umschlagen.

Meine Mutter ersann sogar eine Methode, die Noten so zu übertragen, dass jede Seite mit einer Taktpause endete. Dadurch hatte ich genug Zeit, die Seiten umzublättern und dennoch im Takt mit dem übrigen Orchester zu spielen. Bei Musikvorträgen an anderen Schulen teilte mir unser Lehrer einen Schüler als »Umblätterer« zu, sodass ich mich damit nicht abzumühen brauchte.

»Sogar berühmte Pianisten haben Umblätterer«, kommentierte meine Mutter.

Außerdem fuhr sie mit mir zum Santa-Monica-Zentrum für Sehbehinderte, wo ich eine neue visuelle Hilfe erhalten sollte. Es war eine Lupenbrille, die aussah wie ein Gerät, mit dem ein Juwelier Edelsteine prüft. Sie bestand aus einem schweren schwarzen Gestell mit einer kleinen Teleskoplinse von etwa siebeneinhalb Zentimeter Länge und zweieinhalb Zentimeter Durchmesser vor meinem rechten Auge. Mit einer weiteren kleinen Linse am Ende des Teleskops konnte ich Dinge sehen, die 45 Zentimeter von mir entfernt waren. Zum Beispiel Notenblätter. Dazu deckte ich mein linkes Auge mit einer Scheibe ab, die an das Gestell geklammert wurde.

An dem Tag, an dem wir die Brille bestellten, schwankten meine Emotionen zwischen Begeisterung und Furcht hin und her. Als ich meine Mutter beim Bezahlen mit dem Optiker reden hörte, packte mich die Angst. Die Brille war entsetzlich teuer und kostete mehr als 1000 Dollar, was mir ein Vermögen zu sein schien.

Ich fragte mich: *Und wenn sie nun nicht funktioniert?*

Was ist, wenn man das Teleskop falsch zusammenbaut? Oder die falsche Stärke wählt? Was ist, wenn ich die Noten immer noch nicht sehen kann? Ich weinte die ganze Nacht hindurch, weil ich mir Sorgen um das Geld und um die Funktionsfähigkeit der Lupenbrille machte.

In der nächsten Woche holten wir sie in Santa Monica ab. Ich wurde angenehm überrascht: Sie funktionierte! Indem ich die Linse drehte und die Bildschärfe änderte, konnte ich die Vergrößerung sogar erhöhen. Und wenn ich sie ein wenig abschwächte, waren mehr Noten zu erkennen.

Die Lupenbrille hatte – wie jede Sehhilfe – ihre Tücken. Wenn ich den Kopf zu rasch bewegte, verrutschte die Linse. Ich musste genau das richtige Maß finden. Aber ich konnte die Noten sehen, und, was wichtiger war, ich fiel nicht mehr als das offensichtliche Problemkind im Orchester auf.

Ich konnte die gleichen Notenblätter wie meine Klassenkameraden und einen einzelnen Ständer wie alle anderen benutzen. Gewiss, ich musste näher an ihm sitzen, aber ich war so normal, wie ich sein konnte.

Mit einer Ausnahme.

Ich hasste den Schulbus.

Der »Bus« war ein kleiner gelber Kombiwagen, der alle behinderten Kinder in meinem Bezirk – acht oder zehn – abholte und zur Schule fuhr. Die anderen Kinder nannten ihn den Spasti-Bus.

Er fuhr jeden Morgen vor unserem Haus vor, und ich konnte ihn nicht ausstehen. Deshalb stieg ich immer erst im letzten Moment ein. Wir wurden alle zusammengepfercht: leicht Sehgeschädigte, völlig Blinde, Hörgeschädigte, Lerngeschädigte und so weiter. Ich empfand ihn als Bus für Geächtete – für die Untauglichen und die Trottel.

Wie alle Kinder gab ich mir Mühe, mich anzupassen und wie alle anderen zu sein. Der Bus isolierte uns. Zum Beispiel verspätete er sich immer wieder. Wir erreichten die Schule nie vor dem ersten Läuten und häufig erst nach dem zweiten. Eines Morgens betrat ich das Klassenzimmer, und mein Lehrer sagte: »Na, Marla, du kommst zu spät.«

»Das liegt an meinem Bus«, antwortete ich. »Er verspätet sich dauernd.«

»Das spielt keine Rolle. Du kommst zu spät.«

Die Strafe für eine Verspätung bestand darin, das Schulgelände und die Tennisplätze zu umrunden. In der ersten Pause befahl er mir, die Runde zu laufen. Ich schob das Kinn vor. »Aber mein Bus hat sich verspätet«, beharrte ich. »Daran kann ich nichts ändern.«

»Lauf schon«, sagte er.

Ich wusste, dass ich im Recht war. Also machte ich einen Spaziergang: aus dem Tor hinaus, um die Tennisplätze und wieder zurück. Es war einer der wenigen Fälle, in denen ich nicht bereit war zu laufen.

Der Bus versinnbildlichte ein Stigma für mich, nämlich all das, was ich an meiner Behinderung hasste. Zu häufig nahmen die Leute an, dass ich Analphabetin sei, nur weil ich etwas nicht sehen konnte. Es war eine automatische Gleichsetzung: Wer nicht lesen kann, ist dumm.

Ich wusste es besser. Ja, das Lernen fiel mir und anderen sehgeschädigten Kindern schwerer. Aber nur, weil jede Aufgabe länger dauerte. Mit Zahlen, Wörtern oder Buchstaben umzugehen war für uns ein fast endloses Kombinationsverfahren. Wir mussten versuchen, Dinge an ihrer vertrauten Gestalt oder ein paar Merkmalen zu erkennen, damit unser Gehirn das Übrige ergänzen konnte. Das dauerte lange. Andere schlossen hieraus sofort auf geistige Langsamkeit und einen Mangel an Scharfsinn. Doch das Gegenteil trifft zu: Man braucht eine Menge Kreativität, um den Sehverlust auszugleichen.

In jenem Bus saßen Kinder mit allen möglichen Behinderungen und den unterschiedlichsten Schwierigkeiten.

Aber für Fremde trugen wir alle den gleichen großen Stempel. Es war der »Problembus«, der »Spezialbus«.

Meine Mutter hätte vielleicht sagen sollen: »Marla, mach dir nichts draus. Es ist doch nur eine blöde Busfahrt.« Sie wollte mir das Leben unbedingt erleichtern, aber diesmal konnte sie es nicht.

Der Bus war nur einer von vielen Faktoren, die mit meinem Sehvermögen zu tun hatten und mich in Verlegenheit brachten. Sosehr ich das Sb-Zimmer liebte und soviel Hilfe und Erleichterung mir dort auch zuteil wurde – ich wollte doch nie, dass andere Schüler mich eintreten sahen. An der Tür hing ein Schild mit der Aufschrift »Sondererziehung«. Ich wollte nicht mit dem Raum in Zusammenhang gebracht werden. Deshalb schlich ich mich verstohlen hinein und wieder hinaus.

Aber sobald ich die Tür geschlossen hatte, war ich in meinem Element. Vor allem begeisterte mich mein Sb-Lehrer John O'Looney. Er war die erste mir bekannte Person, die Behinderungen mit Humor behandelte und uns alle zum Lachen brachte. Einer meiner Klassenkameraden, ein Junge namens Sam Bushman, war völlig blind. Sam glich seine Behinderung dadurch aus, dass er sich bemühte, ganz und gar cool zu wirken. Eines Nachmittags öffnete er, wie er meinte, seine Lunchtüte und griff hinein. Er zog eine Hand voll Schnecken heraus. Mr O'Looney hatte wieder einmal zugeschlagen.

Alle Kinder in unserer Gruppe waren mehr oder weniger vom Schicksal gezeichnet, und »Mr O«, wie wir ihn nannten, verstand es, uns aufzuheitern. Auch hatte er die Fähigkeit, uns zu motivieren. Bis zu seiner Ankunft war kein Kind aus dem Sb-Zimmer jemals auf der Ehrenliste erschienen, aber er erklärte uns: »Das Schuljahr hat vier Quartale. Wer es schafft, in einem der Quartale auf der Ehrenliste der Schule zu stehen, wird von mir zum Mittagessen eingeladen.« Da ich drei Jahre hintereinander in allen vier Quartalen auf die Ehrenliste gelangte, musste er mich zwölfmal einladen.

Aber in meinem achten Schuljahr sagte Mr O: »Marla, in diesem Jahr lade ich dich nicht wieder viermal zum Lunch ein. Du musst dich mit einem Mal zufrieden geben.« Wir besuchten ein mexikanisches Restaurant in der Nähe, und bei einem bunten Teller bat Mr O mich, im nächsten Jahr auf der High-School über etwas nachzudenken. »Meiner Meinung nach solltest du versuchen, in die Leichtathletikmannschaft zu kommen«, sagte er. Ich lachte, aber Mr O versicherte mir, dass er es ernst meine. Doch für mich war es ein Hirngespinst.

Ich hatte Angst vor der High-School, denn es handelte sich um ein größeres Gebäude mit älteren Kindern, und ich fühlte mich dem Schulwechsel noch nicht gewachsen. Zum Glück hatte ich noch den ganzen Sommer vor mir.

Je mehr mich meine Augen im Stich ließen, desto entschlossener wurde ich, auf akademischem, auf sportlichem und auf musikalischem Gebiet – und zwar auf allen zugleich – Überdurchschnittliches zu leisten. Ich musste beweisen, dass ich nicht dumm war und dass ich all die Dinge vollbringen konnte, die anderen leicht fielen. Meine Mutter wiederholte häufig: »Marla, es gibt kaum etwas, das du nicht tun kannst, aber alles dauert eben ein bisschen länger.«

Es bedeutete mir viel, mich gut und ohne Stocken ausdrücken zu können. Jedes Wort sollte stimmen, damit die anderen merkten, dass ich intelligent war. Nicht meine Eltern oder meine Lehrer, sondern ausschließlich ich selbst setzte mich unter Druck. *Ich werd's ihnen zeigen*, lautete meine Parole.

Auch von anderen erwartete ich eine Menge. Ich konnte nicht verstehen, weshalb einige meiner Mitschüler ihre Arbeit so gleichgültig erledigten, also Aufgaben, die mich so unglaublich viel Zeit kosteten. Warum setzten sie ihr Sehvermögen nicht in vollem Maße ein? Mir schien, dass sie ihre unbeeinträchtigte Sicht verschwendeten. Manchmal war ich geradezu befremdet.

Ich war in Gefahr, sozial geschädigt zu werden. Mein Sehverlust hatte einen dramatischen Nebeneffekt: Ich verbrachte zu viel Zeit allein. Am Ende der Junior High-School war meine Entwicklung nicht wie erwartet vorangeschritten, weil ich weder das Wissen noch die Gelegenheit hatte, mich mit Gleichaltrigen auszutauschen. Die Junior High-School ist für alle ein unbehaglicher Zeitabschnitt, der jedoch besonders schwierig werden kann, wenn man nicht weiß, wie man Menschen kennen lernen und ein Interesse an ihrem Leben zum Ausdruck bringen soll. Oder wenn es einem sogar schwer fällt, einfach nur »hallo« zu sagen.

Ohne meine Mutter ging ich nirgendwohin. Und sie redete für mich, während ich still, schüchtern und ungelenk hinter ihr stand. Ich schaute zu Boden oder ins Leere.

Schließlich bemerkte sie mein Verhalten und sagte: »Marla, sieh die Leute an, wenn sie mit dir sprechen.« Ich war mir meiner Zurückhaltung nicht einmal bewusst gewesen. Von jenem Tag an gab ich mir mehr Mühe, was jedoch nicht viel nützte, weil sich keine entsprechenden Gelegenheiten boten. Bevor ich keine gleichaltrigen Freunde fand, bevor ich mich nicht ohne meine Mutter in die Welt hinauswagte, würde ich nicht erwachsen werden.

Immerhin hatte ich eine gute Freundin in der E.O. Green Junior High-School. Sie hieß Tracy Reagan. Wir besuchten zusammen die sechste Klasse, und ich begegnete ihr während einer Pause in der ersten Schulwoche. »Möchtest du mit mir Himmel und Hölle spielen?«, fragte sie.

Tracy und ich freundeten uns sofort an, und unsere Beziehung blieb in den drei Jahren der Junior High-School bestehen. Sie war in jeder Hinsicht meine Begleiterin, denn sie spielte Klavier, und wir traten bei unserer Musikprüfung in der achten Klasse gemeinsam auf. Aber sie war meine einzige Freundin. Ich wusste nicht, wie ich andere kennen lernen sollte. Hätte ich wenigstens versucht, mit den anderen Kindern in der Schule umzugehen, wäre mir deutlich geworden, dass sie auf ihre Art genauso unsicher waren wie ich. Diese wichtige Information fehlte mir.

Allerdings gab es einen peinigenden Hinweis auf das Freizeitleben anderer Schüler in Gestalt meines Bruders Grady. Er besuchte mittlerweile die zehnte Klasse unserer Schule in Camarillo, und er erfreute sich allgemeiner Beliebtheit. Seine Freunde und er platzten immer wieder lachend, scherzend und einander knuffend in unser Haus. Ich beschwerte mich nicht, denn seine Freunde gefielen mir, und das Haus kam mir gemütlicher vor, wenn andere Stimmen zu hören waren. Manchmal schloss ich mich ihnen an: die stille kleine Schwester mit den Zöpfen, die hinten im Zimmer stand und lächelte. Grady war zu nett, um mich fortzuschicken, und sein bester Freund Glen Dutro, ein großer Kerl mit blonden Locken und einem unbezähmbaren Humor, war einer der wenigen, die mich zum Lachen bringen konnten. Grady wusste, wie sehr ich ihn bewunderte, und obwohl er mich wie ein normaler Bruder neckte, passte er auch auf mich auf.

Ich hielt Grady für so cool, dass ich nicht auf die Idee kam, er könne eigene Probleme haben. Wir alle verließen uns auf Gradys Gutmütigkeit. Im Gegensatz zu mir war er emotional stabil, stets unbeschwert und sorglos. Er war meinen Eltern eine große Hilfe. Wenn meine Mutter eine lange Fahrt machen musste, um mich abzuholen, räumte Grady stets den Geschirrspüler aus und deckte den Tisch. Das nahmen wir als selbstverständlich hin. Grady beklagte sich nie, aber er musste zu früh erwachsen werden.

Mir fielen selbst einfache Dinge schwer. Zum Beispiel war es mir verhasst, Kleidung zu kaufen. Daran hat sich nichts geändert. Eine Beschäftigung, welche die meisten

Mädchen meines Alters liebten, kam mir unerträglich vor. Es war immer eine »Qual« – wieder das Lieblingswort meiner Mutter. Ich wusste nie, was cool war und was nicht, und ehrlich gesagt interessierte es mich auch nicht. Ich wollte nur etwas Passendes finden und den Laden so schnell wie möglich verlassen. Aber das gelang mir nicht. Ich konnte weder die Größe noch das Preisschild eines Kleidungsstücks, das ich von der Stange nahm, erkennen. Auch die Schaufensterpuppen und die Auslagen konnte ich nicht wie alle übrigen Menschen betrachten. Wenn ich wissen wollte, was das rötliche Ding an der Wand war, musste ich es anfassen und den Stoff befühlen.

Auf die Hilfe meiner Mutter wollte ich verzichten. Welches 13-jährige Mädchen möchte schon, dass ihre Mutter für sie Kleidungsstücke aussucht und gar das Preisschild liest? Aber bis mir eine andere Lösung einfiel, wählte Mom das meiste aus. Das Ergebnis war ein Schrank voller Kleidung, die meine Mutter für »bezaubernd« hielt und die ich nicht tragen wollte. Ich trug stets nur Jeans und Sweatshirts, denn ich sagte mir: *Du bist kein Mädchen, sondern eine Sportlerin.*

Auch das Geigenspiel fiel mir mit jedem Tag schwerer. Ich setzte meinen Suzuki-Unterricht bei Ms Gasteneau fort, einer Lehrerin in Camarillo. Aber die Musik war komplex und verlangte Stunden der Vorbereitung. Ich erinnere mich daran, wie ich ein Stück lernen musste, das sieben oder acht Seiten lang war, und an die mühsame Aufgabe, es mit meiner Lupenbrille zu entziffern.

Mit dem siebeneinhalb Zentimeter langen Teleskop am Auge musterte ich fünf Noten. Mein Gesicht war so nahe an der Seite im Ständer, dass ich meine Geige nicht halten konnte. Nachdem ich mir die fünf Noten eingeprägt hatte, setzte ich die Lupenbrille ab, hob meine Geige und spielte diesen Teil. Dann ließ ich das Instrument sinken, setzte meine Lupenbrille wieder auf und studierte die nächsten fünf Noten. Es dauerte eine Stunde, nur zwei Notenzeilen zu lernen.

Irgendwann wurde dieser Prozess so schwierig, dass ich beschloss, lieber auf der Bahn zu laufen oder hinter einem Fußball herzujagen. Ich gab das Geigenspielen auf.

Eine Flucht vor meiner Behinderung war unmöglich. Das erfuhr ich an dem Tag, als ich die Junior High-School abschloss – also genau in dem Moment, als ich dachte, ihr endlich *entkommen* zu sein. Nach drei Jahren konnte ich die besten Leistungen der Schule vorweisen und wurde aufgefordert, eine kleine Abschiedsrede zu halten – etwas Einfaches über das Setzen von Zielen.

Ich reihte mich in die Schlange ein, bevor wir zur Zeremonie auf die Bühne marschierten. Die Abschlussklasse war in zwei alphabetische Gruppen geteilt: A bis L an der einen Seite und M bis Z an der anderen Seite des unter freiem Himmel liegenden Amphitheaters. Wir sollten durch den Mittelgang schreiten, ein Paar mit jemandem aus der anderen Reihe bilden und nebeneinander Platz nehmen.

Ich bog in den Gang ein, und einer meiner Gefährten aus dem Bus trat an meine Seite.

Was für ein Zufall, dass ein Junge aus dem verhassten Bus mein Partner sein würde. Ich konnte es nicht glauben. Es war eine nicht zu übertreffende Ironie des Schicksals. Dabei war er ein prächtiger Junge, aufgeweckt und lustig, und wir sollten unsere Bekanntschaft während der High-School und noch als über 20-Jährige pflegen. Ich mochte ihn sehr gern, aber an jenem Tag, als ich 13 Jahre alt war, symbolisierte er meine Ächtung und meine Einsamkeit.

Am Ende des Jahres schrieb ich ein Gedicht. Es handelte davon, dass ich mit einem Sack über dem Kopf lebte. Meine Lehrer lasen es und schlugen meiner Mutter vor, mit mir zu einem psychologischen Berater zu gehen. Aber ich weigerte mich, denn nach meiner Meinung benötigte ich keine Beratung. Ich musste nur meine gesunden Augen zurückhaben.

Das Leben ist ein Joch,
Weshalb ich mich verkroch.
Das Leben ist wie ein Sack mit 'nem Loch.
Alle sind drinnen,
Alle außer mir.
Ich kann das Loch nicht finden,
Hab fürs Sehen kein Gespür.

Ich mochte auf eine Beratung verzichten, aber das galt nicht für meine Eltern. Eines Abends fuhren sie zu einem Zentrum für Sehbehinderte und schlossen sich einer Diskussionsrunde mit anderen Eltern an, die blinde oder sehgeschädigte Kinder hatten. Sie nahmen allerdings nicht lange an den Treffen teil, denn die Diskussionen erschienen ihnen nicht produktiv. Zu viele Eltern erklärten *anstelle* ihrer Kinder, was diese tun konnten und was nicht. Meine Mutter und mein Vater kehrten von diesen Sitzungen mit dem Vorsatz heim, keine künstlichen oder sonstigen Barrieren für mich aufzurichten. Ich sollte meine Grenzen selbst bestimmen.

Irgendwann an einem dieser Abende trafen meine Eltern die Entscheidung, mich nicht wie eine Behinderte zu behandeln. Sie ignorierten meinen Sehverlust nicht – das wäre unmöglich gewesen –, aber sie machten ihm im Wesentlichen keine Zugeständnisse.

Ich legte mir eine ähnliche, wenn auch zornigere Einstellung zu: Nicht ich war behindert, sondern meine Umgebung.

4. Mein Geheimnis

In jeder Stadt besteht eine Rivalität zwischen den beiden großen High-Schools. Marla war erst im zweiten Jahr in der Camarillo High, aber sie gehörte bereits der Auswahlmannschaft an und sollte bei dem Wettkampf gegen Camarillos Erzrivalen Rio Mesa über 400 Meter antreten. Drei Tage vor der Veranstaltung kam Marla nach Hause und sagte: »Ich mache nicht mit. Gerade habe ich gehört, dass ich gegen Mary Bittner laufen soll.« Mary war das große High-School-Ass in der südkalifornischen Leichtathletikszene vor Marion Jones. An jenem Tag und am nächsten Morgen sprach Marla von nichts anderem. Sie rang die Hände, weil sie gegen Rio Mesa und Mary Bittner laufen sollte. Am Tag der Veranstaltung kam sie mit bohrenden Kopfschmerzen heim, warf sich aufs Bett und erklärte: »Ich muss ein wenig schlafen, und an dem Rennen nehme ich nicht teil.«

So verhielt sich Marla häufig: Sie versteifte sich auf irgendetwas und ließ sich dadurch aus der Fassung bringen, aber es war nie das wirkliche Problem. Irgendwann stellte sich dann heraus, was ihr tatsächlich zu schaffen machte. Diesmal lag der Grund darin, dass sie noch nie abends gelaufen war und fürchtete, die Orientierung zu verlieren und von der Bahn abzukommen. Vor allem hatte sie Angst vor den Flutlichtern und deren Gleißen.

Als sie nach ihrem Schläfchen aufwachte, begann sie sofort zu weinen. »Mom, ich kann die 400 Meter einfach nicht laufen – unmöglich.«

Ich stellte mich vor sie hin wie John Wayne und sagte: »Marla, du kannst dein Team und deinen Trainer nicht im Stich lassen. Es ist zu spät. Ob du laufen willst oder nicht, spielt keine Rolle. Du hast keine andere Wahl.« Es war eines der wenigen Male, bei denen ich hartnäckig blieb.

Wir fuhren zu dem Wettkampf, und siehe da, es war neblig. Wie Erbsensuppe. Wir erreichten die Laufbahn, und immer dickere Schwaden zogen ins Stadion. Zu dem Zeitpunkt, als die Mädchen die Startposition für die 400 Meter einnahmen, konnte man die Gerade nicht mehr erkennen. Nicht einmal die Zuschauerbänke.

Der Startschuss ertönte. Die Zuschauer brüllten los, und Marla tauchte an der ersten Kurve in einer Nebelbank unter. Sie verschwand einfach. Ich sprang auf und dachte: Dazu hast du deine Tochter getrieben. Ich fühlte mich so schuldbewusst, weil ich sie normalerweise nie zu etwas zwang. Alle schrien und brüllten, und niemand konnte sehen, was sich abspielte.

Schließlich kommt eine Gestalt an der entfernten Kurve aus dem Nebel. Natürlich ist es Marla, und sie ist dem Feld ungefähr zehn Meter voraus. Ich stand da und heulte. Nicht, weil sie gewonnen hatte, sondern weil sie überhaupt gelaufen war. Kein anderer Zuschauer außer mir wusste, was sie vor dem Rennen durchgemacht hatte und warum.

Es war nur ein Rennen, aber auch viel mehr. Sie hatte Mary Bittner im Nebel geschlagen, und wir hatten es nicht einmal sehen können.

Valerie Runyan

Meine mangelnde Sehkraft war mein Geheimnis. Fast niemand wusste davon. Auch die wenigen, die vermuteten, dass etwas nicht stimmte, konnten nichts Genaueres erfahren. Sie flüsterten höchstens: *Irgendetwas ist mit ihren Augen nicht in Ordnung, aber wir wissen nicht, was.*

Ich verstand mich so gut darauf, mein Problem zu verbergen, dass ich alle vom ersten Tag der High-School an täuschte. Am wichtigsten war es, mich so normal wie möglich zu benehmen. Alle sollten meinen Sehverlust so behandeln, wie ich selbst es tat – als etwas, das nicht existierte und schon gar nicht zu einem Gesprächsgegenstand zu werden brauchte.

Meine Mutter meldete mich in der Camarillo High an, denn in meinem Schulbezirk war endlich ein Programm für Sehbehinderte aufgelegt worden. Damit konnte ich dieselbe Schule besuchen wie Grady. Allerdings war ich zu einem akademischen und sozialen Neuanfang an einer Schule gezwungen, an der ich außer meinem Bruder niemanden kannte. Grady hätte sich sträuben können, die Verantwortung für seine sehgeschädigte kleinere Schwester zu übernehmen, aber er tat genau das Gegenteil und kümmerte sich auf seine stille, feinfühlige Art um mich.

Vor dem Beginn des Herbstsemesters begleitete Grady mich zur Schule hinüber. Mit meinem Stundenplan in der Hand machten wir jedes meiner Klassenzimmer ausfindig. Ich prägte mir ihre Lage ein, und am ersten Schultag ging ich stracks zu meinem Klassenzimmer, als könnte ich die Zahlen an den Türen lesen. Ich brauchte niemanden um Hilfe zu bitten, sondern gab mich so tüchtig und selbstbewusst wie alle anderen.

Jeden Morgen wurde ich von meinem Bruder zur Schule gebracht. Mit klaren Gesichtszügen und glatter Haut – cool jenseits jeder Beschreibung – saß er am Lenkrad seines schwarzen 1982er Firebird, in den er eine Hightech-Stereoanlage mit Entzerrer hatte einbauen lassen. Jeden Morgen drehte er den Stereoknopf an, die Lautsprecher knisterten und summten, und innerhalb von Sekunden röhrte Oingo

Boingo los. Er parkte hinter der Schule, weil das als cool galt, aber das bedeutete, dass man einen Sandhügel zur Hintertür hinaufstapfen musste. Wir gingen immer zusammen über den Hügel und den Rasen, bis wir uns schließlich auf dem Weg zu unseren Klassenzimmern trennten. In jenen kurzen Augenblicken, in denen wir den Rasen überquerten, fühlte auch ich mich cool. Aber dann sagte Grady bald: »Bis später«, und ich war auf mich allein gestellt.

Die erste große Prüfung für jeden Neuling besteht darin, einen Partner zum Mittagessen zu finden. Wer allein isst, könnte sich genauso gut ein Schild mit der Aufschrift »Ich habe keine Freunde« um den Hals hängen. Mein Bruder rief einen seiner Kumpel an, der ebenfalls eine jüngere Schwester – im zweiten Jahr – hatte. Sie sprachen ab, dass ich mich mit der Schwester und dem Kreis ihrer Freundinnen zum Lunch treffen dürfe. Das ging wochenlang so, bis ich eigene Freundschaften schloss.

Außerdem fand ich meinen Platz im Leichtathletikteam. Ich beschloss, Mr O'Looneys Herausforderung anzunehmen, und qualifizierte mich für die Auswahlmannschaft. Am Nachmittag der Tryouts wärmte ich mich auf der Sandbahn auf, ohne irgendjemandem gegenüber meine Behinderung zu erwähnen. Es fiel mir gar nicht ein, meine Trainer und Teamgefährtinnen über meinen Sehverlust zu unterrichten, weil ich das allen Ernstes für unbedeutend hielt.

Nach einigen 100-Meter-Sprints kam einer der Trainer auf mich zu. »Du hast einen natürlichen Stil«, sagte er.

Ich war entzückt, denn ich würde eine Rolle in der Schule spielen, statt nur irgendein Gesicht auf dem Flur oder das seltsame Mädchen zu sein, das immer allein zu Mittag aß. Danach konnte ich es nicht abwarten, das Klassenzimmer zu verlassen, Shorts anzuziehen und auf der Bahn zu laufen.

Es gab jedoch einen Nachteil: Zu meiner Sportuniform gehörte ein knappes Tank Top. Da ich mich schämte, flach wie ein Brett zu sein, trug ich möglichst immer ein T-Shirt darunter und ein Sweatshirt darüber. In der letzten Sekunde vor einem Rennen zog ich das Sweatshirt aus, absolvierte mein Rennen so schnell wie möglich und streifte mir das Sweatshirt wieder über.

Die Leichtathletik war meine Rettung vor den Zwängen und Frustrationen des Klassenzimmers. Ich wurde zu einer vortrefflichen Hochspringerin – gut genug, um auf Bundesstaatsebene anzutreten –, und ich liebte es, meinen Körper durch die Luft zu schleudern. Es war wunderbar, über die Latte zu segeln – genauso, als hätte ich ein Hindernis überwunden. Ich konnte die Latte kaum sehen, aber darauf kam es nicht an. Wenn ich das unsichtbare Ziel auf der Anlaufbahn ansteuerte, konnte ich es erst nach vier oder fünf Schritten schwach erkennen. Dann beschleunigte ich, und eine Sekunde vor dem Absprung hatte ich es klar vor mir.

Statt auf meine Sicht verließ ich mich darauf, meine Schritte zu zählen, indem ich rückwärts auf der Tartanbahn zurückging. Dann legte ich dort eine Marke auf den Boden, wo ich mit dem Anlauf beginnen musste. Mein Vater machte sogar eine persönliche Markierung für mich: Er zersägte einen Golfball in der Mitte und schlug einen Nagel hinein, bis nur ein kleiner Stift herausragte. Dann bemalte er die Ballhälfte mit oranger Tagesleuchtfarbe. Dieses Zeichen konnte ich nicht übersehen, wenn ich meinen Anlauf rückwärts ausgemessen und die Markierung am Beginn niedergelegt hatte.

Weiterhin redete ich mir ein, dass ich draußen normal sehen konnte und nur im Innern von Gebäuden ein Problem hatte. Man könnte es Verdrängung oder einfach Ignoranz nennen. Wenn ich eine Gruppe von Personen auf der anderen Platzseite nicht erkennen konnte, nahm ich an, dass auch sonst niemand dazu in der Lage war. Ich kam gar nicht auf den Gedanken, dass andere Menschen mehr Dinge als ich sehen konnten.

Gelegentlich erhielt ich einen kleinen, aber verräterischen Hinweis auf das, was andere sahen. Eine meiner Freundinnen und Mannschaftsgefährtinnen hieß Patricia. Sie war so fleißig, dass sie ihre Bücher zu Veranstaltungen mitbrachte, sich eine sonnige Stelle auf der Tribüne suchte und so lange las, bis sie an der Reihe war. Ich beneidete sie um diese wunderbare Möglichkeit. Ich dagegen konnte ohne ein Vergrößerungsglas nichts lesen – und auf den sonnenbeschienenen Zuschauerbänken schon gar nicht.

Manchmal lag ich im Gras im Innenfeld, schaute zum blauen Himmel hinauf und wusste, dass ich etwas Einzigartiges sah: große schwarze Flecke, die vor meinen Augen schwebten, als glitten sie durch Wasser. Von meinen Ärzten erfuhr ich, dass es Stücke toten Netzhautgewebes im Innern meiner Augen waren.

Aber ich wollte meinen Sehverlust auf keinen Fall als Entschuldigung benutzen. Wenn ich etwas nicht tun konnte, sagte ich nie: »Der Grund ist, dass ich nicht sehen kann.« Da es nicht an meinen Augen lag, musste es sich also um einen Mangel an meinem Bemühen oder meiner Geschicklichkeit handeln. Ich ermahnte mich, intensiver zu arbeiten, und betrachtete das Endprodukt äußerst kritisch.

Meine Mutter nannte es die »Große Illusion«: Ich konnte meine Behinderung so gut verbergen, dass ich mich fast selbst von ihrem Nichtvorhandensein überzeugte. Jeden Tag übte ich in der Schule und zu Hause, sie zu verheimlichen, und es gelang mir immer besser, vollsichtig zu *erscheinen*.

Kurz nach Beginn meines ersten Jahres hielt die Schule einen »Ball paradox« ab, bei dem die Jungen von den Mädchen eingeladen wurden. Ich brachte den Mut auf, einen älteren Schüler aus der Leichtathletikmannschaft zu fragen. Er war einverstanden. Wir verabredeten, zunächst in einem italienischen Restaurant, Ottavio's, zu essen und dann zum Tanz zu gehen. Aber ich hatte ein wichtiges Detail vergessen.

»Mom, ich kann die Speisekarte nicht lesen«, sagte ich.

Meine Mutter antwortete: »Ich werde mir im Restaurant eine Karte besorgen, und dann können wir sie vorher durchgehen.«

Es klappte. Ich entschied drei volle Tage im Voraus, was ich bestellen würde. Als die Kellnerin an unseren Tisch trat, hielt ich mir die Speisekarte mit ihren kleinen Buchstaben einen halben Meter vors Gesicht, tat so, als läse ich sie, hob dann den Blick und sagte: »Für mich bitte Rigatoni marinara.«

Im Grunde lebte ich in zwei Welten: in einer der Sehenden und in einer der Nichtsehenden. Aber dadurch brachte ich mich in eine hoffnungslose Situation. Mein heftiges Streben nach Unabhängigkeit führte dazu, dass ich alle Hilfsangebote ablehnte, besonders wenn sie von meiner Mutter kamen. Als ich in meiner Englischklasse ein Referat halten musste, bestand ich darauf, es wie alle anderen selbst zu tippen. Es war eine ermüdende Arbeit. Ich hockte vor der Schreibmaschine, spähte nach den Tasten und drückte schließlich eine nieder.

Ich tippte morgens und abends bis in die Nacht hinein. Sogar in der Mittagspause kam ich aus der Schule nach Hause, um manchmal nur einen einzigen Satz zu tippen. Immer wieder wurde ich von Frustration überwältigt und verfluchte die Schreibmaschine.

»Lass mich dir helfen«, schlug meine Mutter immer wieder vor.

»NEIN!«, rief ich.

»Dann lass es sein«, sagte sie und hob verzweifelt die Arme. »Warum tust du dir das an? Hör einfach auf.«

»Das geht nicht«, erwiderte ich stets.

Ich ruhte mich in meinem Zimmer eine Zeit lang aus,

aber schon eine Stunde später hörte meine Mutter wieder die quälend langsamen Tippgeräusche und vergrub das Gesicht in den Händen. Tack. Tack. Tack.

Später vertraute sie mir an, dass sie sogar erwogen hatte, heimlich ein paar Sätze zu tippen, während ich in der Schule war.

Nach vielen mühseligen Stunden wurde ich endlich fertig. Es war tausendmal schwieriger, das Referat zu tippen, als es in Langschrift zu Papier zu bringen. Aber es wäre eine Niederlage für mich gewesen, wenn ich Hilfe akzeptiert hätte.

Ich riss mich darum, Aufgaben zu übernehmen, die mir niemand zugetraut hätte. Zum Beispiel beschäftigte ich mich mit Fotografie. Ich war fasziniert von dem Gedanken, die Welt durch die Bilder sehen zu können, die ich aufnahm und entwickelte. Mit einer alten 35-mm-Kamera knipste ich eine Person, einen Gegenstand oder eine Szene und eilte dann zurück ins Klassenzimmer, um herauszufinden, was ich eingefangen hatte. Ich entwickelte den Film und vergrößerte die Fotos in der Dunkelkammer. In dem trüben roten Licht erschien ein klareres Abbild. *Oh, so sieht das also aus*, dachte ich.

Umgekehrt nutzte ich die Fotografie, um anderen zu zeigen, wie ich die Welt sah. Für ein Klassenprojekt stellte ich weichere, verschwommenere Fotos der Tafel und des Textes in meinen Büchern her, damit meine Lehrer begriffen, wie mir die Dinge erschienen. Ich liebte die Fotografie und gewann sogar den ersten Preis in einem Bezirkswettbewerb, für den ich meine Freundin Carla Myers aufgenommen hatte, während sie Blindenschrift las. Auf dem Foto sind nur ihre Hände abgebildet, und das Licht fällt so ein, dass man die erhöhten Pünktchen und ihre Fingerspitzen erkennen kann. Ich nannte es »Ein Quäntchen Sicht«.

Meine Eltern richteten im Bad hinter der Küche eine Dunkelkammer mit einem Ventilator zur Luftverbesserung ein. Ich benutzte die Dunkelkammer so oft, dass sich durch die austretende Feuchtigkeit und die Chemikalien die Farbe von den Wänden löste.

Meine Eltern und Lehrer lernten, mir keine Hilfe anzubieten und meine Resultate nicht zu beschönigen. Ich wollte die Wahrheit hören und sonst gar nichts.

Sogar als meine Lektüreliste immer länger wurde, lehnte ich jegliche Erleichterung ab. Ich las *Fiesta*, *Der Fänger im Roggen* und *Porträt des Künstlers als junger Mann* – ein anspruchsvoller Roman, der uns alle, ungeachtet unseres Sehvermögens, verwirrte. In meinem letzten Schuljahr mussten wir in einem einzigen Semester 14 Romane bewältigen.

Ich hätte diese Romane aus einer Reihe namens »Recordings for the Blind« als Bandaufnahmen bestellen können. Aber ich war entschlossen, genau das Gleiche zu tun wie meine Klassenkameraden, selbst wenn das fast unmöglich war. Bandaufnahmen von Büchern zu benutzen war für mich eine unzulässige Drückebergerei. Meine Mutter merkte, dass sich eine weitere »Qual« abzeichnete. »Das lohnt sich nicht, Marla, tu das nicht«, sagte sie.

Doch ich bestand darauf, dass mein Sb-Lehrer sämtliche Romane mit einem Kopierer vergrößerte, sodass ich sie mit einer Lupe lesen konnte. »Alles andere ist Betrug«, behauptete ich.

Wie ist meine Hartnäckigkeit im Rückblick zu erklären? Ich hatte Angst, meinen Sehverlust für Kleinigkeiten als Entschuldigung zu benutzen, weil ich argwöhnte, dass ich es dann auch für größere Dinge tun würde, und zwar für den Rest meines Lebens. Ich wollte mich nicht von meiner Blindheit besiegen lassen. Deshalb pflegte ich die Verdrängung als Schutz davor, zum Opfer zu werden.

Einerseits half mir meine Weigerung, meinen Sehverlust zu akzeptieren, denn es gab nichts, was ich nicht ehrgeizig in Angriff genommen hätte. Andererseits erwies sich meine Haltung auch als Nachteil. Wer seine Behinderung nicht akzeptiert, macht sich das Leben unweigerlich schwerer, als es sein müsste. Es ist ein Unterschied, ob man Grenzen einfach hinnimmt, was ich nie getan habe und bis heute nicht tue, oder ob man Grundtatsachen anerkennt und sich mit ihnen abfindet. Ich konnte auf der High-School nichts anerkennen, sondern wurde vom Neid auf die Sehfähigen geplagt.

Die Verdrängung war zumindest damals so nützlich für mich wie eine Sehhilfe: Ich konnte meine Sehschädigung nicht als Vorwand benutzen, weil ich nicht wirklich an ihre Existenz glaubte. Also vollbrachte ich zu ihrer Leugnung ein Kunststück geistiger Akrobatik nach dem anderen – eine Ironie, wenn man bedenkt, dass meine Sehschädigung zuvor als psychosomatisch diagnostiziert worden war.

Meine Mutter dagegen machte meinen Sehverlust für all meine Unzulänglichkeiten und Fehler verantwortlich. Sie schien zu glauben, dass sich damit alles erklären ließ. Wenn ich aus Frustration oder einfach, weil ich verwöhnt war, einen Wutanfall bekam, schob sie das sofort auf meine Augen. Tatsächlich verlor ich die Beherrschung bei Dingen, die anderen leichter fielen als mir – etwa beim Tippen oder Lesen. Da ich meine Wut nicht im Griff hatte, ließ ich ihr einfach freien Lauf. Ich hatte nicht gelernt, einen negativen Impuls in einen positiven umzuwandeln.

In der Regel können Eltern diese Fähigkeit am besten vermitteln, aber wenn ein Kind behindert ist, verändert dies die Eltern. Meine Eltern liebten mich und wollten auch da eine Entschuldigung für mich finden, wo ich überhaupt keine benötigte. Wie jeder andere Mensch auf diesem Planeten machte ich Fehler und verschätzte mich manchmal. Aber meine Eltern, die so stolz auf ihre Tochter und deren trotz ihrer Blindheit erbrachte Leistungen waren, mochten nicht zugeben, dass ihre kleine Überfliegerin auch Mängel hatte. Ich wurde ihrer, wie ich meinte, irrationalen Rechtfertigungen überdrüssig und schwor mir, nie irgendwelche Entschuldigungen für mich gelten zu lassen. Eine Entschuldigung hätte bedeutet, dass ich aufgab und wahrhaft blind wurde.

Auf der High-School hatte ich wenig Verständnis für müßiges Geplauder und noch weniger für Schüler, die sich keine Mühe gaben. Dadurch verbaute ich mir allerdings weitgehend den Kontakt zu anderen.

Mir war nicht klar, wie abschreckend mein Verhalten auf meine Mitschüler wirkte. Jeden Morgen traf ich im Klassenzimmer ein und ließ einen Stapel Bücher neben meinem Stuhl auf den Boden plumpsen. Ich wechselte mit niemandem ein Wort, sondern setzte mir nur ein Monokular vors Auge, betrachtete die Tafel und schrieb den Text so rasch wie möglich ab. Meine Klassenkameraden konnten nicht ahnen, dass ich mich jeden Morgen gezwungen fühlte, den Text an der Tafel zu verarbeiten. Ich war ungesellig, weil ich unbedingt mit den anderen Schritt halten wollte.

Man hielt mich für unnahbar. Mein Geheimnis wurde gleichzeitig zu einer Falle für mich, denn ich weigerte mich, meinen Sehverlust einzugestehen, war jedoch verletzt, wenn niemand Mitgefühl für meine Heimsuchungen zeigte. Ich mauerte mich ein und war von Groll erfüllt, wenn ich dann missverstanden wurde.

Eines Nachmittags lief ich auf der Bahn, als ein paar Footballspieler an mir vorbeijoggten. Plötzlich brachen sie in Gelächter aus. Aus irgendeinem Grund war ich überzeugt davon, dass sie über mich lachten, da ich wusste, dass sie mich für zumindest reserviert hielten. Nach der Schule ließ ich meine Bücher auf den Küchentisch fallen und teilte meiner Mutter mit: »Ich lasse mir ein T-Shirt mit der Aufschrift machen: ›Ich bin wirklich kein Snob, ich kann dich bloß nicht sehen‹.«

Im Englischunterricht verfasste ich ein Gedicht mit dem Titel »Hinter meinen grünen Augen«. Darin schilderte ich, wie ich in den Kopf eines anderen Menschen kroch und durch dessen Augen schaute. Ich beneidete meine Klassenkameraden um die Leichtigkeit, mit der sie sich durch den Tag bewegten, und fand es unerträglich, dass der Lehrer in jedem Klassenzimmer als Erstes etwas an die Tafel schrieb, das ich kaum entziffern konnte.

Sofort bemühte ich mich, es zu lesen. Wie wichtig war die Information? War es etwas, das ich unbedingt wissen musste? *Könnte es in einer Prüfung vorkommen?*, überlegte ich. *Wird es am Ende der Stunde noch da sein, wenn wir aufstehen dürfen und ich an die Tafel treten kann, um es abzuschreiben? Vielleicht nicht. Dann sollte ich vielleicht das Mädchen an meiner linken Seite fragen, was dort steht.*

Aber das hätte bedeutet, um Hilfe zu bitten, und ich wäre sofort von der übrigen Klasse isoliert gewesen. Ich konnte auch mein Monokular hervorholen und versuchen, den Text zu lesen. Also stöberte ich in meinem Rucksack herum. Bevor ich das Monokular herausgefischt hatte, schaute ich auf. Mittlerweile hatte der Lehrer drei weitere Sätze geschrieben. *Und ich habe alle Erläuterungen verpasst.*

Inzwischen war ich hoffnungslos hinter den anderen zurück, obwohl erst zehn Minuten der ersten Stunde vergangen waren. Das war mein Leben.

Meine Verdrängung ließ mich unvermeidlich zornig werden. Jeden Tag stieß ich auf Hindernisse, denen ich nicht gewachsen war. Ich hätte mir das Leben erheblich erleichtern können, wenn ich bereit gewesen wäre, mir Bandaufnahmen von Büchern anzuhören, oder wenn ich meine Lehrer gebeten hätte: »Würden Sie Dinge, die wirklich wichtig sind, im Voraus für mich aufschreiben?« Es gab tausend kleine Möglichkeiten, durch die ich mir hätte helfen können.

Stattdessen fühlte ich mich ständig müde und litt dauernd unter Kopfschmerzen. Und es war immer sonnig und verdammte 26 Grad heiß. Und alles war schwierig.

Ein Arzt verschrieb mir ein Paar Kontaktlinsen, da ich durch die Stargardt-Krankheit kurzsichtiger geworden war. Diese Linsen, die ich täglich tragen musste, wurden zum Fluch meines Lebens. Ständig klebten Fusseln oder Haare an ihnen. Zu den Linsen gehörten eine kleine Heizbox und ein Fläschchen Reinigungslösung. Ich sollte die Linsen in der Box erhitzen, um die in der Lösung enthaltenen Giftstoffe zu beseitigen. Aber manchmal setzte ich die Linsen ohne diese Prozedur ein. Das dauerte oft 40 mühselige Minuten. Eine Linse rutschte meine Wange hinunter, die andere verschwand in meinem Augenwinkel. Wenn ich sie endlich eingesetzt hatte, taten meine Augen nach der zweiten Unterrichtsstunde durch den falschen Gebrauch der Reinigungslösung so weh, dass ich die Linsen herausnehmen musste.

Der einzige Vorteil bestand darin, dass sie grün getönt waren, um meine Augen vor hellem Licht zu schützen. Dadurch glichen sie den Augen meiner Katze. Manchmal rief mir jemand auf dem Flur zu: »Wow, was für grüne Augen du hast!« Aber wenn mich die Schmerzen zwangen, eine der Linsen herauszunehmen, hatte ich plötzlich ein dunkelgrünes und ein hellgrünes Auge. Dies verstärkte die Meinung meiner Klassenkameraden, dass ich irgendwie eigenartig sei.

Wenig hilfreich war auch die Tatsache, dass ich in einer ausschließlich weißen, pseudoperfekten Oberschicht-Gemeinschaft lebte. Das Wetter – Tag um Tag ein wolkenloser Himmel – war typisch für die Konformität und Intoleranz, die ich in meiner Umgebung beobachten konnte. Jeder Tag des Jahres war schön, aber niemand fuhr mit dem Fahrrad oder machte Spaziergänge. Alle blieben zu Hause und sahen fern. Auch wenn ein Geschäft nur ein paar hundert Meter entfernt war, fuhr man mit dem Auto dorthin. Ich fing an, Camarillo zu hassen.

Meine einzige gute Freundin hieß Amber Reddin. Ich lernte sie kennen, als wir beide neu an der Schule waren. Sie stammte aus einer Soldatenfamilie und war gerade nach Camarillo gezogen. Da sie ebenfalls niemanden kannte, freuten wir uns, einander gefunden zu haben. Ambers Mutter wollte ihrer Tochter helfen, Freundschaften zu schließen, und meldete sie in der Jugendgruppe der Church of the Nazarene an. Daran hatte ich kein Interesse, da die organisierte Religion in meinem Leben keine große Rolle spielte, aber Amber knüpfte enge soziale und religiöse Beziehungen zu der Gruppe. Mir wurde klar, dass ich der Gruppe beitreten musste, wenn ich die Verbindung zu Amber nicht verlieren wollte. Also tat ich es.

Ich besuchte die Church of the Nazarene mehrere Male pro Woche – sonntagmorgens, sonntagabends und mittwochnachmittags nach der Schule. Den Religionsunterricht erteilte ein strenger junger Pastor, der uns Gebete beibrachte und behauptete, es sei eine Sünde, zu tanzen oder gar einen Bikini zu tragen. Ich riss verblüfft die Augen auf, ohne seine Worte zu begreifen. Doch allmählich hatten sie eine beunruhigende Wirkung auf mich.

Ein Mädchen in der Gruppe irritierte mich besonders. Noch heute denke ich nur ungern an sie, und ich möchte ihren Namen in diesem Buch nicht erwähnen. Deshalb nenne ich sie einfach Maggie. Sie erklärte uns, sie sei ein »Gottesgeschenk«, da ihre Mutter vor ihrer Empfängnis mehrere Fehlgeburten gehabt hatte. Mit 17 Jahren war sie älter als die meisten von uns, und wir neigten dazu, ihr zu glauben, wie weit hergeholt das, was sie sagte, auch sein mochte. Ich tat sie als Fanatikerin ab, hatte jedoch ein wenig Angst vor ihr. Leider kam es zwischen uns beiden zu einer Art Tauziehen um Ambers Freundschaft.

Eines Nachmittags ließ Maggie mich wissen, dass meine Blindheit das Resultat meiner Sünden sei. »Deine Augen sind schlecht, weil du vom Teufel bestraft wirst«, behauptete sie. »Du glaubst nicht stark genug an Gott. Wenn du Jesus in dein Leben einlässt und Christin wirst, kannst du mit einer wunderbaren Heilung rechnen.«

»Wie bitte?«, erwiderte ich.

»Das musst du sofort tun, damit deine Seele gerettet wird und du nicht in die Hölle kommst«, erklärte sie.

Ich hätte sie ignorieren sollen, aber ich war 14 Jahre alt, und ihre Worte peinigten mich. Tagelang war ich voll Angst, dass ich in die Hölle kommen würde und meine Behinderung durch meinen mangelnden Glauben selbst verschuldet hatte. Ich konnte nicht mehr zwischen Richtig und Falsch unterscheiden.

Maggie gab sich alle Mühe, meine Selbstzweifel zu verstärken. Sie lud Amber und mich zu Schlummerpartys in ihrem Haus ein und versuchte dort, uns beide zu bekehren. Dauernd redete sie von Hölle und Sünde, obwohl wir eigentlich nichts anderes taten, als ein paar Tanzschritte zu üben.

Es war 1984, und die Filme *Fame – der Weg zum Ruhm* und *Flashdance* wurden zu sensationellen Erfolgen. Jeder Top-40-Song im Radio war eine Tanzmelodie. Amber und ich übten die Tänze in ihrer Garage und machten dazu Spagat oder ein paar Rückwärtsüberschläge. Aber laut Maggie und der Church of the Nazarene war unsere Tanzerei sündhaft.

Eines Mittwochnachmittags kehrte ich in Tränen aufgelöst von unserem Religionsunterricht zurück. An jenem Tag war in unserer Jugendgruppe über die Behauptung des Pastors diskutiert worden, dass Mädchen, die sich im Badeanzug in die Sonne legten, Sünderinnen seien, weil sie die Männer in Versuchung führten. Und das sei böse. Im tiefsten Innern wusste ich, dass dies eine absurde Ansicht war, aber trotzdem fühlte ich mich schuldig. Ich hatte mir gerade meinen ersten Bikini gekauft und ihn getragen, während ich im Garten hinter unserem Haus am Swimmingpool lag. War ich eine Sünderin? War ich böse?

Bis dahin hatte sich meine Mutter gegenüber der Kirchengruppe zurückgehalten. Die wenigen Informationen, die sie erhielt, gefielen ihr nicht, aber sie wollte nicht einschreiten. Sie freute sich darüber, dass ich Freunde hatte, und zog es vor, dass ich mir meine eigene Meinung über die Gruppe bildete. Aber an jenem Nachmittag saß ich auf dem Küchentresen, während meine Mutter den Fußboden schrubbte, und erzählte ihr ausführlich, was der Pastor und Maggie gesagt hatten.

Meine Mutter schrubbte immer intensiver. »Weißt du was, Marla?«, meinte sie schließlich und bearbeitete den Fußboden noch heftiger. »Ich habe wirklich genug von der Kirchengruppe. Du bist ein so guter Mensch, wie du es sein kannst, und nur darauf kommt es an. Vergiss einfach alles, was sie dir dort gesagt haben.«

Am Ende des Jahres wurde meine Mutter noch wütender, als sie sah, was Maggie in mein Jahrbuch geschrieben hatte. Sie hatte Bibelpassagen darüber zitiert, dass Menschen durch den Teufel geblendet würden und nur Gott sie heilen könne. »Sie hat dein Jahrbuch verhunzt«, tobte meine Mutter. »Sie hat es völlig ruiniert.«

Keine Freunde zu haben war besser als solche, beschloss ich.

Ich begann darunter zu leiden, dass ich bestimmte Dinge nie würde tun können. Eines setzte mir besonders zu, weil es so wichtig für jeden Teenager war: Ich würde nie Auto fahren können.

Für die nichtbehinderten Teenager in meiner Umgebung war der Führerschein zum vorrangigen Ziel geworden. Er stand für Erwachsensein, für die Unabhängigkeit von der

Welt der Eltern, für das eigene Auto, die eigenen Schlüssel, den eigenen Weg und die eigenen Entscheidungsmöglichkeiten. Der Erwerb des Führerscheins war ein wesentlicher Initiationsritus, und als meine Klassenkameraden fahren lernten, war ich neidischer auf sie denn je.

Meine Eltern verstanden meine Gefühle und hatten sie vielleicht sogar erwartet. Als Kind hatte ich häufig verkündet: »Mom, wenn ich als Erwachsene nicht Auto fahren kann, dann besorge ich mir ein Pferd und reite am Straßenrand entlang.«

»Meinetwegen«, erwiderte meine Mutter immer.

Aber nun war ich 16 Jahre alt, und wir wohnten nicht auf »Unserer kleinen Farm«, sondern in einem Asphaltdschungel namens Camarillo. Und dort gab es niemanden, der sich auf ein Fahrrad oder ein Pferd setzte oder gar zu Fuß ging. Alle fuhren mit dem Auto.

An einem Sommernachmittag stiegen meine Mutter, Grady und ich nach der »Qual« des Kleidereinkaufs in einer nahe gelegenen Shopping-Mall in unseren blauen Ford-Kombi. Wir blieben einen Moment lang sitzen, um uns von der Hitze auf der Straße zu erholen.

»Also los«, forderte ich meine Mutter auf.

Aber sie saß erschöpft im Fond des Wagens und trank eine Pepsi.

»Gut, dann fahre ich eben«, sagte ich.

»Okay«, antwortete meine Mutter und gab mir Anweisungen: »Dreh den Zündschlüssel um, setz den Fuß auf die Bremse, und leg den Gang ein.«

Ungefähr 30 Minuten lang fuhr ich freudig im Kreis um den leeren Parkplatz. Aber es war nur eine vorübergehende Illusion. Wenn ich irgendwohin wollte, brauchte ich immer noch einen Chauffeur. Ich war 16 Jahre alt, und mein Bruder fuhr mich weiterhin zur Schule, und meine Mutter holte mich ab.

Eines Nachmittags hielt ich mich im Sb-Zimmer unserer Schule auf, als ich unsere Lehrerin, Cynthia Pontinen, davon sprechen hörte, dass einige Sehgeschädigte tatsächlich Auto fahren könnten. Es gebe da einen Dr. Gordon in Encino, der eine leistungsfähige Lupenbrille zum Ablegen eines Sonderführerscheins verschreiben könne. Mehr noch, Dr. Gordon habe sehgeschädigten Menschen mit seinen Vergrößerungsgläsern geholfen, alle möglichen überraschenden Dinge zu vollbringen.

Mir klappte der Mund auf, und ich rannte zu einem öffentlichen Telefon auf dem Flur und rief zu Hause an.

»Mom«, drängte ich, »Mrs Pontinen sagt, es gibt einen Arzt, der mir helfen kann, so gut zu sehen, dass ich einen Führerschein bekomme. Fährst du mich an meinem Geburtstag zu ihm?«

Meine Mutter war verblüfft. Ich konnte die Nervosität in ihrer Stimme hören. Der Gedanke gefiel ihr überhaupt nicht, und sie ärgerte sich über Mrs Pontinen, die mir diese Idee in den Kopf gesetzt hatte.

»Der Arzt kann mir etwas verschreiben, und dann darf ich fahren«, plapperte ich weiter. »Wirklich, ich könnte fahren, ich könnte fahren.«

Am anderen Ende der Leitung antwortete meine Mutter nur: »Wir reden darüber, wenn du zu Hause bist.«

An jenem Abend erklärte ich zu Hause: »Ich möchte Auto fahren.«

Mein Vater war entsetzt. Alle Eltern sind besorgt, wenn ihre Kinder mit dem Autofahren beginnen, ganz zu schweigen von denen eines sehbehinderten Teenagers. Es war ein erschreckender Gedanke für sie, und sie regten sich darüber auf, dass auch nur jemand solch eine Möglichkeit angedeutet hatte.

Zuerst versuchten sie zu mauern. »Schön und gut«, sagte mein Vater, »aber niemand gibt dir einen Führerschein.«

Ich ließ jedoch nicht locker. Bei jedem Abendessen setzte ich ihnen erneut zu. Ich warf ihnen vor, allzu fürsorglich zu sein. Normalerweise nahmen sie sich solch einen Vorwurf zu Herzen, aber dieses Mal ließ sich mein Vater nicht umstimmen. »Das kommt nicht infrage«, erklärte er. »Ich mache mir nicht nur Sorgen um deine Sicherheit, sondern auch um die aller anderen.« Trotzdem blieb ich hartnäckig. Meine Eltern hatten ihre Einstellung immer wieder geändert, wenn ich etwas Neues ausprobieren wollte, sei es Skilaufen oder Fotografie oder Leichtathletik. Mit der Zeit würden sie auch das Autofahren hinnehmen, dachte ich.

Schließlich erklärten sie sich wenigstens bereit, mich Dr. Gordon aufsuchen zu lassen – aber es geschah gegen ihre Überzeugung. Mein Vater weigerte sich noch immer rundweg, auch nur vom Autofahren zu sprechen, während meine Mutter den Vorschlag schroff ablehnte. Nur widerwillig fuhr sie mich zu Dr. Gordons Praxis in Encino. »Lass es uns rasch hinter uns bringen«, sagte sie.

Wir parkten den Wagen in einer Tiefgarage und wollten gerade aussteigen, als sich meine Mutter plötzlich auf dem Fahrersitz zu mir umwandte und sagte: »Marla, du musst dir klar machen, dass deine Chancen, einen Führerschein zu bekommen, nicht sehr gut sind. Wir wollen ruhig mit ihm reden, falls er dir auf einem anderen Gebiet helfen kann, aber die Sache mit dem Autofahren sollten wir besser vergessen. Versprich mir, dass du das Thema nicht anschneidest.«

Ihre Bitte schockierte mich, aber mittlerweile hatten mich die Auseinandersetzungen genauso ermüdet wie sie selbst. »In Ordnung«, sagte ich resigniert.

In Dr. Gordons Sprechzimmer kletterte ich wieder einmal auf einen Untersuchungsstuhl, während meine Mutter an der anderen Seite des Raumes Platz nahm und in einer Zeitschrift blätterte. Dr. Gordon war ein sehr nachdenklich wirkender Mann mit leiser Stimme. Er führte die übliche Augenuntersuchung durch, die ich Hunderte von Malen über mich hatte ergehen lassen. »Gibt es irgendetwas in deinem Leben, das du tun möchtest, aber wegen deiner Sehkraft nicht tun kannst?«, fragte er mich.

Ich biss mir auf die Zunge. Am liebsten hätte ich mit lauter Stimme gerufen: »Ich möchte Auto fahren können!« Aber meine Mutter hatte es mir verboten.

Obwohl ich lange nachdachte, fiel mir nichts ein. Schließlich sagte ich schüchtern: »Na ja, ich muss auf dem Fußboden sitzen, wenn ich fernsehe, weil ich von der Couch her nichts erkennen kann.« Bei diesen Worten kam ich mir albern vor. Auf dem Fußboden sitzen zu müssen war keine große Zumutung. Damit ließ sich nicht begründen, warum wir die Fahrt unternommen hatten und nun die Zeit des Arztes in Anspruch nahmen.

»Noch etwas?«

Ich grübelte noch einmal über die Frage nach. Bis dahin hatte ich alles geschafft, was ich mir vorgenommen hatte: von den Hausaufgaben über die Fotografie bis hin zum Hochsprung. Gab es etwas, das ich nicht tun konnte? Nein.

»Keine Ahnung«, sagte ich.

»Sieh an«, sagte er. »Du bist vermutlich die erste 16-Jährige, die keinen Führerschein haben möchte.«

Ich wand mich auf dem Stuhl. »Ja, das möchte ich schon, aber meine Mom hat mir gesagt, dass es unmöglich ist.«

»Oh, tatsächlich?«, fragte er.

»Ja.«

»Mal abwarten«, meinte Dr. Gordon.

Ich wäre fast vom Stuhl gesprungen. An der anderen Seite des Zimmers zuckte meine Mutter zusammen. »Aber ich möchte Auto fahren, auf jeden Fall.«

Dr. Gordon begann, eine Reihe von Linsen in ein Gestell zu schieben. In der nächsten halben Stunde maß er meine Sehkraft bei verschiedenen Vergrößerungsgraden. Schließlich steckte er eine behelfsmäßige Lupenbrille mit sechsfacher Vergrößerung zusammen und setzte mir das Gestell auf. Ich blinzelte durch das siebeneinhalb Zentimeter lange Okular.

Dann hielt ich den Atem an. »Mom, ich kann dein Gesicht sehen!«, rief ich.

Den Moment werde ich nie vergessen. Meine Mutter konnte vor Rührung kein Wort herausbringen. Aber eine Minute später stand sie auf, ging in die Toilette, zündete sich eine Zigarette an und brach in Tränen aus. Sie beschloss, keine Einwände zu erheben, wenn Dr. Gordon meinte, dass ich Auto fahren könne. Diesen Preis wollte sie dafür, dass ich ihr Gesicht sehen konnte, gern bezahlen.

Nachdem Dr. Gordon mit weiteren Linsen hantiert hatte, gelangte er zu dem Schluss, dass er mir für das rechte Auge mithilfe einer Lupenbrille eine Sehschärfe von 20/40 verschaffen könne. Es war im Wesentlichen so, als schaute ich durch ein Rohr – je stärker die Vergrößerung, desto begrenzter war das Sehfeld –, aber ich konnte plötzlich wieder mehr erkennen, als ich jemals für möglich gehalten hätte.

Dr. Gordon beendete seine Untersuchung und erklärte, Kalifornien sei einer der wenigen Bundesstaaten, in denen man mit einer Lupenbrille Auto fahren dürfe. Er wandte sich an meine Mutter. »Ihre Tochter hat eine gute periphere Sicht. Ich kann ihr eine Lupenbrille mit sechsfacher Vergrößerung verschreiben, und wenn Marla lernt, sie zu benutzen, müsste sie in der Lage sein, Auto zu fahren.« Ich verließ sein Sprechzimmer im Triumph. Meine Mutter gab eine Bestellung für die Lupenbrille auf. Sie würde 2500 Dollar kosten, aber Mom zuckte mit keiner Wimper.

Es sollte ein paar Wochen dauern, bis die Lupenbrille fertig war, aber am liebsten hätte ich mich sofort in der Fahrschule angemeldet. Einen Führerschein zu erhalten war jedoch schwerer als alles, was ich bis dahin unternommen hatte. Es dauerte fast ein Jahr, bis wir den Amtsschimmel endlich gezähmt hatten.

Was geschieht als Erstes, wenn man einen Lernführerschein beantragt? Natürlich wird ein Sehtest durchgeführt. Aber die meisten Vertreter des Department of Motor Vehicles (DMV), das heißt des Straßenverkehrsamts, wussten nicht das Geringste über die offiziellen Richtlinien für »Fahrer mit Lupenbrille«.

»Was ist eine Lupenbrille?«, war die übliche Reaktion.

Ich stand vor der Testtafel und erklärte, ich sei »amtlich blind« und könne nur das große »E« sehen.

»Was soll das heißen, nur das große ›E‹? He, George! Hör dir das an. Dieses Mädchen glaubt, sie kriegt 'nen Führerschein!«

Meine Mutter wurde erneut zu meiner Anwältin. Ich musste drei Gespräche beim DMV führen, und sie fuhr mich klaglos hin und zurück. Eine Beamtin versuchte vergeblich, den Begriff »maculare Degeneration« in ihrer Rechtssammlung zu finden. Dadurch entstand eine bürokratische Hürde. Zuerst mussten wir beweisen, dass die Krankheit existierte, als Nächstes, dass sie nicht progressiv war, und als Drittes, dass ich das Recht hatte, die Fahrprüfung mit einer Lupenbrille abzulegen.

Niemand in der Schule hörte von meinen Bemühungen um einen Führerschein. Ich wusste, dass meine Lehrer und meine Klassenkameraden bei dem Gedanken an ein »blindes Mädchen« am Lenkrad erschrecken würden. Deshalb bat ich meinen Sb-Lehrer nicht, das Fahrschullehrbuch mit dem Kopierer zu vergrößern. Stattdessen machte sich meine Mutter auf die Suche nach einem privaten Fahrlehrer, der wusste, was eine Lupenbrille war, und der mir beibringen konnte, sie im Auto einzusetzen. Schließlich fand sie einen Lehrer, der bereit war, mich auszubilden. Er tauchte eines Morgens in seinem mit zwei Bremspedalen ausgerüsteten Wagen vor unserem Haus auf und sagte: »Klar, ich bring's ihr bei – kein Problem.«

Meine Mutter hatte viel Zeit und Energie darauf verwandt, »genau die richtige Person« zu finden. Aber ich merkte schon bald, dass es diesem Mann nur ums Geld ging und dass er noch nie einen Fahrer mit einer Lupenbrille ausgebildet hatte.

Ich setzte mir das schwere schwarze Gestell auf. Es enthielt zwei durchsichtige Plastikscheiben, und über der rechten war das Teleskop angebracht. Diese Lupenbrille glich jener, die ich zum Geigenspiel benutzt hatte, aber die Linse war für größere Entfernungen ausgelegt. Ich hatte keine Mühe, durch die Brille zu spähen und von einem Auge zum anderen überzuwechseln.

Der Fahrlehrer warf nur einen Blick auf mich und zuckte die Achseln. Ich rollte langsam aus der Auffahrt und bewegte mich dann mit etwa acht Stundenkilometern auf das Ende unserer Wohnstraße zu. Im Grunde nahm ich nur den Fuß von der Bremse. Wir erreichten die Kreuzung, und ich hielt an.

Der Fahrlehrer sagte: »Und nun passen Sie bitte auf, denn wir biegen nach rechts ab.«

Ich schaute durch meine Lupenbrille nach rechts. Keine Autos. Dann blickte ich nach links.

Ein Auto näherte sich.

Ich saß still am Lenkrad.

Und saß. Und saß.

Vorsichtig schaute ich wieder nach links. Der Wagen näherte sich immer noch.

Wir warteten eine weitere lange Minute, dann fragte der Fahrlehrer: »Was ist denn los?«

»Na, da hinten ist ein Auto.«

»Aber es fährt doch in die andere Richtung.«

Das war das Problem mit einer Lupenbrille: Die starke Vergrößerung konnte meine Fernwahrnehmung verzerren, sodass ein drei Autolängen entfernter Gegenstand direkt vor mir zu sein schien, während ein Auto, das eine halbe Meile weit weg war, allem Anschein nach auf mich zukam.

Der Wagen, den ich zusammen mit dem Fahrlehrer gesehen hatte, war etliche Häuserblocks entfernt, doch ich hatte den Eindruck, dass er sich ganz in meiner Nähe befand. Dr. Gordon hatte mich gewarnt: »Du musst begreifen, dass dir auf der Straße etwas wie ein Elefant erscheinen mag, ohne dass du seinen Schwanz sehen kannst.«

Allmählich gewöhnte ich mich an die Lupenbrille und lernte, mich auf ihre Stärken und Schwächen einzustellen. Ich ging auf Nummer sicher, indem ich mir eine Route mit wenigen Autos aussuchte und sie nie änderte. Es wäre mir zu schwer gefallen, andere Routen zu finden, da ich so große Mühe hatte, Straßenschilder zu lesen. Meine Fernwahrnehmung verbesserte sich, und ich war bereit, am amtlichen Fahrunterricht teilzunehmen. Aber als Benutzerin einer Lupenbrille musste ich zuerst ein besonderes Formular von meinem Arzt ausfüllen lassen – und dann ging es beim Verkehrsamt verloren. Wir fuhren wieder nach Encino, wo Dr. Gordon ein neues Formular ausfüllte, und kehrten zum Verkehrsamt zurück. Wiederum chauffierte mich meine Mutter, ohne zu klagen.

Mittlerweile war sie entschlossen, mir bei der Überwindung aller Hindernisse zu helfen, obwohl sie in diesem Fall gleichzeitig Angst hatte. Sie glaubte nicht, dass ich je auf einer Autobahn fahren würde, aber sie wollte, dass ich mich im Rahmen des Möglichen wie alle anderen durch die Welt bewegte, indem ich zu McDonald's, zur Schule oder zu einem Kino fuhr.

Zur schriftlichen Prüfung trat ich beim DMV mit einer Handlupe an. Ich kauerte, den Rücken zum Empfangstisch, in einer Ecke und hakte die Kästchen ab. Das Ergebnis genügte für die Ausstellung eines Anfängerführerscheins.

Danach erweiterte ich meinen Horizont. Eines Morgens fuhr ich vorsichtig – mit meiner Mutter auf dem Beifahrersitz – zur Schule. Nichts war mir wichtiger, als dort am Lenkrad einzutreffen. Meine Mutter und ich hatten die vier

Kilometer lange Strecke mit allen Straßen, Kurven und Abzweigungen gründlich eingeübt.

Es war ein mühsamer Prozess gewesen. Wir fanden heraus, dass ich Linksabbiegungen aus zwei Gründen vermeiden sollte: Erstens musste ich dann in zwei Richtungen schauen, wobei ich einige Zeit brauchte, die Lupenbrille zu fokussieren. Und zweitens bedeutete eine Linksabbiegung, dass ich entgegenkommenden Autos die Vorfahrt lassen musste.

Meine Eltern beschlossen, mir ein Auto zu kaufen, was lange Diskussionen auslöste, denn wir besaßen bereits unseren Kombi, Gradys Firebird, die Limousine meines Vaters und den 1959er Triumph meiner Mutter, ein Sammlerstück, das in der Garage herumstand. Wir waren eine typisch südkalifornische Familie geworden.

Meine Eltern fanden, keines dieser Fahrzeuge sei sicher genug und für mich geeignet. Sie wollten mir ein Auto mit außergewöhnlich guter Sicht kaufen und dachten an ein Cabrio, aber ich war dagegen. »Dann sehen die Leute meine Lupenbrille«, wandte ich ein. »Das möchte ich auf keinen Fall.« Daraufhin bestellten sie einen Volkswagen Rabbit, weil er niedrig auf dem Boden lag und große Fenster hatte. Zwar wurde die Sicht des Fahrers durch nichts behindert, aber als sicheres Auto konnte es keineswegs bezeichnet werden, eher als Pepsi-Dose auf Rädern.

Jeden Morgen glitt ich hinter das Lenkrad meines Rabbit, und meine Mutter, eine Tasse Kaffee in der Hand, kletterte in ihrem Bademantel auf den Beifahrersitz. Ich war nicht begeistert darüber, von meiner Mutter im Bademantel und mit zerzaustem Haar begleitet zu werden, wenn ich vor der Camarillo High-School vorfuhr. Aber ich hatte keine Wahl und war dankbar, dass ich zur Schule fahren durfte. Dort reichte ich ihr die Schlüssel, und sie fuhr nach Hause. Nach der Schule wartete sie in dem Rabbit auf mich, und ich setzte mich ans Steuer und chauffierte uns heim.

Nach Monaten der Fahrschule und der Spezialausbildung mit der Lupenbrille war ich bereit, meine Prüfung abzulegen. Inzwischen schrieben wir Dezember, und ich war 17 Jahre alt. Ich bestand die Prüfung ohne Schwierigkeiten, ob es nun ums Einparken oder um andere Manöver ging. Danach setzte ich mich wieder zu meiner Mutter in den Wagen, und sie fragte stolz: »Möchtest du nach Hause fahren?«

Ich verneinte, weil ich mit den Straßen in Oxnard nicht vertraut war. Aber sobald wir Camarillo erreicht hatten, fühlte ich mich sicherer und übernahm das Lenkrad meines Rabbit.

An jenem Nachmittag fuhr ich zum Drive-in von McDonald's, was ich mir als Erstes gewünscht hatte, kurbelte die Fensterscheibe herunter und rief ins Mikrofon: »Eine große Coke, extra Eis und Chicken McNuggets mit Barbecue-Sauce!«

Nun war ich offiziell erwachsen und benutzte mein Auto, sooft ich konnte. Zur Schule waren es nur lächerliche vier Kilometer, aber sie bedeuteten mir viel mehr. Natürlich hätte ich auch dorthin gehen oder laufen oder mit dem Fahrrad fahren können, doch es ging nicht um die Entfernung, sondern allein darum, dass mir das Autofahren ein wichtiges Gefühl verschaffte: Ich war frei.

Da ich nun erwachsen war und ein Auto besaß, lautete die nächste Frage, was ich mit meinem übrigen Leben anfangen sollte. Ich glaubte, meinen Karriereplan schon vor dem Abschluss der High-School ganz genau entwickeln zu müssen. Die meisten meiner Klassenkameraden wollten einfach für vier Jahre ein College besuchen, aber ich fürchtete mich davor, kein konkretes Ziel zu haben. Deshalb erklärte ich meinen Eltern: »Schickt mich auf keinen Fall für ein vierjähriges Studium auf irgendeine Universität, ohne dass ein klares Programm dahinter steht.«

Ich hatte konstant gute Noten und erhielt sogar ein Rekrutierungsschreiben von Harvard, aber ich hatte die Unterrichtsqualen so satt, dass ich kein vierjähriges Studium absolvieren wollte. Damals hasste ich Bücher und alles, was mit ihnen zu tun hatte. Es schien, als hätte ich mich mein ganzes Leben lang nur von einer Klasse in die nächste gequält.

Für die Hausaufgaben brauchte ich doppelt so lange wie alle anderen. Nach sechs Stunden in der Schule ging ich zum Leichtathletiktraining – eine allzu kurze Erholungspause von zwei Stunden. Dann kehrte ich heim und beugte mich, ein Vergrößerungsglas in der Hand, für vier Stunden über meine Bücher.

Ich hatte genug: von der Schule, dem Ort und dem Haus, in dem wir wohnten. Alles, was geschah, erschien mir wie eine Wiederholung des vorangegangenen Tages. Die Monotonie brachte mich um den Verstand.

Meine Eltern waren hilfsbereit und interessiert, aber mir kam ihre Haltung aufdringlich vor. Alles, was ich unternahm, faszinierte sie. Ich fühlte mich beobachtet. Welches 18-jährige Mädchen zuckt nicht beim Klang der Stimme seiner Mutter zusammen? Ich entsinne mich, wie mir die Stimme meiner Mutter auf die Nerven ging. Am liebsten hätte ich geschrien: »Rede nicht mehr mit mir!«

Sogar wenn sie mir versicherte, wie wunderbar ich sei, verspürte ich Groll. Ich fühlte mich unterschätzt. Das Leben war zu einem Tauziehen mit meiner Mutter geworden. Sie hatte lange und intensiv für mich gekämpft und mir meinen Weg geebnet, wofür ich ihr dankbar war. Aber sie nahm noch immer dieselbe Rolle ein, die sie auf sich genommen hatte, als die Stargardt-Krankheit bei mir diagnostiziert worden war. Doch nun war ich 18 Jahre alt und wollte frei sein. Ich wollte telefonieren können, ohne das Gefühl zu haben, dass sie mir zuhörte, und eigene Entscheidungen treffen, ohne mich um ihre Ansichten kümmern zu müssen. Ich sehnte mich sogar nach der Möglichkeit, Fehler zu machen.

Also brauchte ich einen Plan. Vor allem wollte ich das College so schnell wie möglich hinter mich bringen. Deshalb dachte ich daran, mich in Mesa, einem südkalifornischen Junior College, einzuschreiben. Häufig scherzte ich mit meiner Mutter: »Was meinst du – soll ich nach Harvard oder ans Mesa Junior College gehen?« Ich legte den Eignungstest mit einem guten Ergebnis ab, da er in Großbuchstaben gedruckt war und ich unter Sonderaufsicht wegen meiner Sehschwäche zweimal so viel Zeit wie die anderen hatte. Die Mathematik- und die Englischprüfung dauerten zusammen etwa sechs Stunden.

Ich dachte wirklich ernsthaft an Mesa, denn es lag nur drei Stunden entfernt in San Diego und bot ein tierärztliches Studium an, das mich interessierte. Ich hatte in Camarillo einen großen Teil meines letzten Schuljahrs hindurch freiwillig für eine Tierärztin gearbeitet, was mir half, mein Selbstbewusstsein erheblich zu stärken und der Monotonie der Schule zu entkommen. Dann erfuhr ich, dass zu den Voraussetzungen ein weiteres Jahr mit allgemeinen Kursen gehörte. Noch mehr Lehrgänge? Dazu fehlte mir einfach die Ausdauer, und mein Mesa-Plan zerschlug sich.

Wieder war es der Sport, der mich rettete. Inzwischen war ich eine auf lokaler Ebene recht bekannte, wenn auch nicht erstklassige Leichtathletin. Ich hielt den Schulrekord im Hochsprung mit 1,71 Meter, und ich hatte in meinem vorletzten Schuljahr den Titel der Marmonte-Liga gewonnen. Außerdem bestritt ich die 400 Meter und war die Schlussläuferin der 4 x 400-Meter-Staffelmannschaft unserer High-School. Zwar kam ich nie in die Endkämpfe des Staates Kalifornien, aber vier Jahre hintereinander erreichte ich mit meinen Leistungen im Hochsprung die Ebene unterhalb des Finales, sodass ich nicht wenige Angebote von Colleges erhielt.

Meine Mutter rief einige der Colleges an, um sich nach ihrem Leichtathletikangebot und ihren Hilfestellungen für Sehbehinderte zu erkundigen. In den meisten Fällen gab es nicht die geringste Unterstützung. Der Trainer eines bekannten Leichtathletik-College fragte sie: »Machen Sie Witze? Großdruck-Bücher? Was ist das denn?« Meine Mutter legte auf.

Der Mai rückte näher, und ich hatte noch immer keine Ahnung, was ich mit meinem Leben anfangen wollte. Allmählich geriet ich in Panik. Dann wurde ich eines Nachmittags von Jim Cerveney, dem Leichtathletiktrainer der San Diego State University, angerufen. Er fragte mich, ob ich mir mal sein Programm anschauen wolle.

»Wir hoffen sehr, dass Sie als Hochspringerin in unser Team eintreten«, sagte er. »Wenn Sie nach San Diego kommen, werde ich Ihnen den Campus zeigen.«

Ich willigte ein – und verlor kein Wort über meine Sehschwäche. Aber meine Mutter rief ohne mein Wissen bei ihm an und erklärte: »Sie ist ein einzigartiges Mädchen.« Dann kam sie auf meine Behinderung zu sprechen. Cerveney sagte, er wolle ein paar Informationen einziehen und werde sich dann bei ihr melden.

Er rief zurück und beschrieb die Dienstleistungen für Behinderte an der Universität. »Es ist nicht perfekt, aber die Abteilung tut, was sie kann. Bitte besuchen Sie uns, und ich werde Ihnen zeigen, was wir haben.«

Mit diesem Vorschlag war meine Mutter zufrieden. Cerveney fügte noch hinzu: »Es wird auch für mich eine einzigartige Erfahrung sein.«

Meine Mutter und ich fuhren die drei Stunden nach San Diego, wo uns Cerveney auf einem Parkplatz begrüßte. Wir gingen über den Campus und betrachteten seine weiß verputzten Gebäude. Der Coach zeigte uns die Sportanlagen und die Wohnheime und begleitete uns dann zu einem Gespräch mit einer Behindertenberaterin. Sie war ebenfalls sehgeschädigt und saß in einem Rollstuhl.

Ich nahm Platz und begann, ein Anmeldeformular auszufüllen. Das fiel mir jedoch schwer, da ich meine Sehhilfen nicht mitgebracht hatte. Schließlich meinte die Frau: »Soll ich Ihnen dabei helfen?« Als Nächstes fragte sie mich nach meinem Notendurchschnitt.

Ich erwiderte: »3,98.« Die höchste Punktzahl ist vier, und Cerveney riss verblüfft die Augen auf. Er kannte meine Leistungen als Hochspringerin, nicht als Schülerin.

Schließlich legte die Frau ihren Stift nieder und erläuterte, welche Hilfestellungen zur Verfügung standen. Wenn ich Mitgefühl erwartet hatte, wurde ich rasch eines Besseren belehrt. Sie sprach ernst und freimütig: Großdruck-Bücher lägen aus praktischen Gründen nicht vor, da die Texte jedes Jahr überarbeitet würden. Stattdessen würde ich Tonbänder benutzen oder Leser engagieren müssen.

»Niemand wird Sie hier umsorgen«, sagte sie. »Sie müssen verantwortungsbewusst sein und alles selbst erledigen. Dies hier ist keine High-School. Es kommt darauf an, dass Sie völlig unabhängig sind.«

»Das bin ich schon«, erwiderte ich.

Wenn sie versucht hatte, mich zu entmutigen, so bewirkte sie genau das Gegenteil. Ich hatte bereits beschlossen, hier zu studieren.

Nun war ich wirklich frei.

5. Ich lerne, um Hilfe zu bitten

Mein ganzes Leben war etwas »Besonderes«. Ich fuhr mit einem »Sonderbus«, besuchte eine Schule mit einem »Sonderprogramm« und war laut meiner Mutter ein »besonderes« Mädchen mit »Sonderbedürfnissen« und einer »besonderen« Ausrüstung. Aber ich war nichts Besonderes, sondern bloß zornig. Inzwischen hatte ich keine Geduld mehr mit meiner Umgebung. Ich lehnte mich gegen ihre Absurdität und die Anstrengung auf, die mir abverlangt wurde, um ein Teil von ihr zu sein.

Wie jede Studienanfängerin machte ich mich voller Vorfreude auf ein unabhängigeres Leben zur San Diego State University auf. Aber ich hatte nur die eine sonnenüberflutete, asphaltierte Wohlstandsgegend durch eine andere ersetzt, und meine Probleme folgten mir in den Süden. Ich fühlte mich noch behinderter als zuvor. Das Gleißen der Sonne in San Diego war noch quälender als in Camarillo, die College-Lehrbücher waren dicker und die Wörter, die ich anstarrte, noch kleiner gedruckt.

Am ersten Unterrichtstag betrat ich einen Vorlesungssaal mit 250 Plätzen für Biologie 101. Man hätte glauben können, nicht am College, sondern am Strand zu sein. Alle Mädchen trugen Tank Tops, Shorts oder kurze Röcke und Sandalen. Sie schnalzten mit ihrem Kaugummi und warfen sich das Haar über die Schultern, während die Jungen mit schwellendem Bizeps und Gel im Stachelhaar herumstolzierten und einander Fragen stellten wie: »He, Mann, wassis los, gehst du am Wochenende auf die Party?« Die SDSU nahm 1987 den dritten Rang unter den »Party-Universitäten« des Landes ein und war schwerlich ein Magnet für gewissenhafte Studenten. Ich musterte die anderen neidisch durch das Monokular an meinem rechten Auge.

In den Gängen saßen ungefähr 50 »Crashers«. Das waren Studenten, die hofften, an einer bereits überfüllten Veranstaltung teilnehmen zu können. Der Professor trat ans Pult und ließ den Blick über die Massen gleiten. »Keine Crashers«, erklärte er. Die Leute in den Gängen stöhnten und marschierten wie eine Herde Schafe hinaus.

Der Professor fuhr fort: »Schauen Sie sich gut um, denn zwei von Ihnen in jeder Zehnerreihe werden in meinem Kurs durchfallen.«

Wir rückten nervös auf unseren Plätzen hin und her. Dann begann er eine Vorlesung über die Grundlagen der Eiweißsynthese. Hinter ihm waren fünf weiße Wandtafeln, und beim Sprechen kritzelte er etwas auf die erste. Er schrieb genauso schnell, wie er redete.

Ich griff nach einem Kugelschreiber und einem Notizblock und richtete mein Monokular auf die Tafel. Das Monokular war das lächerliche kleine Gerät, das mir meine Mutter im fünften Schuljahr gekauft hatte – und es taugte nichts. Alles, was der Professor auf dem fast 50 Meter entfernten Podium schrieb, ging im Glänzen der weißen Tafel unter.

Sobald er die erste Tafel mit seiner undeutlichen Schrift gefüllt hatte, wandte er sich der nächsten zu und bedeckte sie mit chemischen Formeln. Danach schob er sie an einem Schienensystem hoch, und sie blieb oben an der Wand hängen, während er sich der nächsten Tafel unter ihr widmete.

Dann zog er eine weitere herunter, schrieb und schrieb und schrieb und schob sie ebenfalls in die Höhe.

Nun war sie verschwunden.

Ich saß mit meinem Monokular am Auge wie erstarrt da. *Was war noch das erste Wort?*, dachte ich und schrieb »Synthese«.

Die Studenten um mich herum schauten hin und wieder auf und ließen ihre Stifte lässig über das Papier gleiten. Spärlich bekleidete Mädchen schlugen die Beine übereinander oder wippten mit den Füßen, während sie mühelos alles abschrieben, was der Professor an die Tafeln kritzelte. Die meisten wirkten gelangweilt. *Wenn ich eure Augen hätte, würde ich nicht nur wissen, was an der Tafel steht, sondern diesen Kurs mit einem A abschließen*, dachte ich. Jeder schien sein Sehvermögen von 20/20 zu verschwenden. *So möchte ich auch sein. Warum kann ich es nicht?*, grübelte ich. Alle sahen aus wie Genies.

Innerhalb einer einzigen Stunde zerbröckelte meine Eitelkeit. Meine Entschlossenheit, um jeden Preis vollsichtig zu *erscheinen*, und mein Beharren darauf, mich wie alle anderen zu verhalten, lösten sich auf. Diesen Luxus konnte ich mir nicht mehr leisten. Ich brauchte Hilfe, oder ich würde es nie schaffen.

Sofort nach der Vorlesung rannte ich zum Büro für Behindertenbetreuung und erklärte dem Mädchen am Empfang mein Problem. Diesmal wandte ich mich mit meinem Kummer nicht an einen Erwachsenen, sondern an jemanden in meinem Alter. »Du brauchst einen Mitschreiber«, sagte sie und zeigte auf ein Heft, in das Arbeit suchende Studenten ihre Namen und Telefonnummern eingetragen hatten. In kleiner Schrift. Absurderweise musste ich also kleine Buchstaben lesen, um einen Mitschreiber zu finden.

Zufällig war gerade ein Student namens Scott, der eine Teilzeitbeschäftigung suchte, im Büro. Er erklärte sich bereit, für vier Dollar pro Stunde Mitschriften anzufertigen.

Danach saß er in allen Veranstaltungen neben mir und schrieb die visuell übermittelten Einzelheiten nieder, während ich mich auf die hörbaren konzentrierte.

Mir schien, dass ich ein besonders gutes Los gezogen hatte, denn Scott bewahrte mich nicht nur vor der Gefahr, im Studium zurückzubleiben, sondern er sah auch noch gut aus und war ein netter Kerl. Nun zuckte ich nicht mehr zusammen, wenn der Professor mit der Kreide in der Hand zur Wandtafel eilte. Stattdessen brauchte ich Scott nur einen Blick zuzuwerfen, und er notierte alles mit einem großen schwarzen Stift.

»Sind die Buchstaben groß genug für dich?«, fragte er manchmal.

Jetzt hatte ich also jemanden, mit dem ich mich unterhalten konnte und der mich in die Veranstaltungen begleitete. Ich war keine Einzelgängerin mehr.

Aber meine Probleme hatten gerade erst begonnen. In jedem einzelnen Fach musste ich irgendeine Hilfe in Anspruch nehmen. Ich engagierte Leser, die mir helfen sollten, doch sie verloren bisweilen meine Bücher oder tauchten gar nicht auf.

»Recordings for the Blind« bot nur ein, zwei Lehrbücher auf Band an. Da die Lehrbücher in kurzen Abständen von den Professoren überarbeitet wurden, lohnte es sich nicht, sie aufzunehmen. Ich wollte die Klippe umschiffen, indem ich einen Leser beauftragte, mithilfe eines beim Behindertendienst entliehenen Bandgeräts zwei Bücher für mich aufzunehmen. Aber dann klingelte das Telefon.

»Marla, äh, mein Rucksack ist gestohlen worden, und da waren all die Bänder und die Bücher und das Bandgerät drin.«

Sosehr ich mich auch bemühte, meinen Sehverlust auszugleichen, ich schien immer hinter den anderen herzuhinken.

Wieder war der Sport meine Rettung. Kurz nach meiner Ankunft auf dem Campus meldete ich mich zur ärztlichen Untersuchung im Trainingsraum. Alle Mitglieder der Leichtathletikmannschaft mussten sich einer einfachen Gesundheitsprüfung unterziehen, bei der Größe, Gewicht und Blutdruck gemessen wurden. Ein Arzt schrieb meine Krankengeschichte nieder, und dann forderte mich eine Trainerin zu einem Sehtest auf.

»Tja, dabei werde ich nicht sehr gut abschneiden«, sagte ich. »Ich bin ›amtlich blind‹.«

Die Trainerin war verblüfft. »Dann weiß ich nicht, ob wir Sie in die Mannschaft aufnehmen können.«

»Wieso denn das? Ich bin doch von der Universität für das Team angeworben worden. Deshalb bin ich hier.«

»Einen Moment.« Die Frau verließ ihren Schreibtisch und kehrte kurz darauf zurück. »Wahrscheinlich ist das in Ordnung«, sagte sie. Danach schenkte niemand mehr meiner Behinderung die geringste Aufmerksamkeit. Man fragte mich nicht einmal danach; keiner wollte wissen: »Was kannst du sehen und was nicht?« Vermutlich lag es daran, dass ich den Eindruck erweckte, sehen zu können.

Das Leichtathletikprogramm der SDSU steckte in Schwierigkeiten. Die Trainer dürften nicht mehr als ein paar tausend Dollar im Jahr verdient haben, die Tartanbahn war von Löchern übersät, und in den alten, staubigen Hochsprunggruben nisteten Bakterienkolonien. Wir mussten den Belag umdrehen und landeten auf dem harten Plastikteil, denn auf dem unterfütterten Teil wären wir von Staub und Ungeziefer bedeckt worden. Was immer im Schaumstoff lebte, vermehrte und verteilte sich fleißig. Aber ich liebte die Anlage so sehr, dass ich mich lieber dort aufhielt, als in mein Wohnheim zurückzukehren.

Mein Wohnheim glich einem großen Mietshaus. Ich hatte drei Zimmernachbarinnen, die alle studentischen Verbindungen angehörten. Sie sangen ihre Verbindungslieder – »Wir ärgern alle Männer, als wär'n sie alte Penner!« (Ich rollte mit den Augen) –, stolzierten durch den Flur, sprachen von der Werbewoche und Männern und Fahrten nach Tijuana und anderen Dingen, die ich unter »Mädchenquatsch« abhakte. *Da werden noch mehr gute Augen verschwendet*, dachte ich verärgert.

Wir hatten ein Wohnzimmer, eine Küche und zwei Schlafzimmer, und es gab eine lange Warteliste für diese Unterkünfte. Ich war dank meiner Mutter hier, denn sie hatte immer wieder bei der Behindertenbetreuung vorgesprochen, damit ich einen Platz in diesem Wohnheim – dem modernsten und begehrtesten auf dem Campus – erhielt. Sie behauptete, dass ich wegen meiner Sehhilfen eine »Spezialunterkunft« benötigte. Meine Mutter war ohnehin sehr durchsetzungsfähig, und wenn es um mich ging, scheute sie auch vor Übertreibungen nicht zurück.

Ich hielt es vier Wochen bei den Mädchen aus den Verbindungen aus. Eines Abends luden sie eine Gruppe UCLA-Studenten zum Feiern ein. Sie waren bereits dabei, sich bewusstlos zu trinken, aber trotzdem planten sie, noch nach Mexiko zu fahren, um dort weiter zu tanzen und sich mit Alkohol voll zu schütten. Ich saß in meinem Zimmer und lauschte einem Band mit dem Titel *Grundlagen der Biologie* von »Recordings for the Blind«. Eine monotone Stimme leierte einen Text über Zellteilung herunter, während ich aus dem Wohnzimmer, wo das Gelage abgehalten wurde, Schreie, Gesänge und Gelächter hörte.

Am folgenden Nachmittag lag ich nach dem Training in der Hochsprunggrube. Zwei muskulöse Hammerwerfer wollten wissen, was mir fehle.

»Ich hasse meine Zimmernachbarinnen und will nicht mehr ins Wohnheim zurück«, sagte ich. »Sie sind alle in Verbindungen.«

Mehr brauchte ich nicht zu sagen. Die gesamte Mannschaft verachtete das griechische System. Es war eine traditionsreiche Auseinandersetzung auf dem Campus, und wir nannten uns zum Scherz »Alpha Zappa Tracka«.

Wie sich herausstellte, hatte der Freund eines Teamgefährten eine große Wohnung, und da seine beiden Zimmernachbarn gerade auszogen, brauchte er einen Ersatz. »Einverstanden«, sagte ich. Meine beiden Hammerwerfer-Kumpel wollten mir noch am selben Nachmittag beim Umzug helfen.

Sie platzten in mein Wohnheim herein, wir packten all meine Habseligkeiten und stopften sie in meinen kleinen Volkswagen Rabbit. Dann fuhr ich drei Blocks die Straße hinunter zu meiner neuen Wohnung. Es war eine von Küchenschaben wimmelnde, schäbige Behausung unweit der Interstate 8, meine Monatsmiete würde 375 Dollar betragen – und ich war begeistert. Ich hatte kein Bett, aber ich hängte ein Strand-Poster an die Wand, drehte meine Stereoanlage auf und ließ mich zufrieden auf dem Fußboden nieder. Ich konnte mir die Miete leisten, weil ich einen weiteren »besonderen« Vorteil genoss: Seit meinem 18. Geburtstag erhielt ich wegen meiner Blindheit eine Unterhaltsbeihilfe. Wenn man arbeitete, senkte die Regierung die Beihilfe, aber sonst bekam man den vollen Betrag von 618 Dollar pro Monat. Ich hatte die Zuschüsse in meinem letzten High-School-Jahr gespart und bezahlte nun mit diesem Geld meine Miete. Die Beihilfe gab mir Unabhängigkeit.

Ich brauchte ein paar Tage, bevor ich meinen Eltern mitteilte, dass ich umgezogen war und mit einem Jungen zusammenlebte. Es war eine harmlose Situation, da sich unsere Schlafzimmer an den entgegengesetzten Enden der Wohnung befanden, doch ich wusste, dass meine konservativen Eltern anderer Meinung sein würden. Aber da ich die Miete selbst bestritt, konnten sie mir schwerlich verbieten, hier zu wohnen.

Schließlich rief ich meine Mutter zu Hause an. »Ich bin in derselben Straße in eine Wohnung gezogen und teile sie mir mit einem Jungen namens Kevin. Hier ist meine neue Telefonnummer.«

»Okay«, sagte meine Mutter mit beherrschter Stimme, »ich muss jetzt auflegen.«

Innerhalb von zwei Tagen erschienen meine Eltern mit einem Lieferwagen vor meiner Tür. Sie hatten mir einen Schrank und ein Bett von zu Hause mitgebracht. Außerdem hatte mein Vater ein Schloss mit Riegel für meine Schlafzimmertür gekauft. Sie marschierten sofort in die Wohnung, und mein Vater holte als Erstes das Schloss hervor und setzte seine Bohrmaschine in Gang, um es an meiner Zimmertür zu befestigen. Der Lärm der Bohrmaschine hallte durch die Wohnung. Ich war beschämt wegen des armen, unschuldigen 17-jährigen Kevin.

Das Leichtathletikteam war meine stärkste Stütze. Es bildete meine Quelle für Freundschaften und für mein Freizeitleben auf dem Campus. Es gab nichts, wo ich lieber gewesen wäre als auf dem Sportplatz. Die meiste Zeit verbrachte ich mit einer Gruppe, die man »die Springer« nannte: ungefähr 30 männliche und weibliche Weit-, Hoch-, Drei- und Stabhochspringer.

So ernsthaft hatte ich nie zuvor trainiert. Wir rannten über Hügel, machten Sprungübungen im Gras und freitags ein Zirkeltraining von vier Meilen Länge. Außerdem hoben wir Gewichte, und ich stellte eine persönliche Beziehung zum Squat-Bar-Rack und der Bühne für olympisches Gewichtheben her, wo ich bis zu 130 Kilo auf den Schultern trug. Ich lernte auch, zweiarmig zu stoßen und zu reißen.

Außerdem lernte ich, was ein Bierfass ist. Ich hatte die dauernden Anstrengungen satt, und schließlich befand ich mich an der drittbesten Party-Universität der Nation. Zum ersten Mal zog ich mich nicht zurück, sondern schloss mich den anderen an.

In meiner ersten Leichtathletiksaison schaffte ich im Hochsprung 1,75 Meter, was an der Universität zu den fünf besten Leistungen aller Zeiten gehörte und mir in unserem Verband den zweiten Platz verschaffte. Man brachte sogar mein Bild in der College-Zeitschrift. Aber nach dem Training war ich bei den Verbandsmeisterschaften müde und erschöpft und belegte den letzten Platz. Ich war am Boden zerstört. All das Hügeltraining, die Gewichte und Sprünge schienen mir überhaupt nichts genützt zu haben.

Es war fast drei Uhr morgens, als ich von der Verbandsmeisterschaft heimkehrte und meinem neuen Zimmernachbarn erzählte, wie schlecht ich gewesen war. Dann luden wir ein paar Freunde ein, spielten die Rolling Stones und feierten bis zum Morgen. Die Party setzte sich noch mehrere Wochen lang fort. Zwar erzielte ich hervorragende Ergebnisse bei den Abschlussprüfungen, aber unmittelbar danach ging die Party den ganzen Sommer hindurch weiter. Ich neigte zu Extremen. *Wenn du schon etwas tust, dann geh ruhig an die Grenze,* dachte ich. Das war mein Motto.

Jeden Nachmittag beobachtete ich neugierig die Sprinter und die Hürdenläufer. Sie wurden von Rahn Sheffield trainiert, einem konzentrierten Mann, der früher selbst ein prominenter Sprinter gewesen war. Er hatte eine laute Stimme und trieb seine Schutzbefohlenen auf der Laufbahn dauernd durch mahnende oder ermunternde Schreie an.

Ich war fasziniert – und gleichzeitig eingeschüchtert. Immer wenn die Läufer vorbeikamen, blinzelte ich mit gemischten Gefühlen zu ihnen hinüber und fragte mich, wie sie zu solchen Leistungen imstande waren. Aber Rahn beobachtete mich ebenfalls. Hin und wieder bemerkte er mich in der Sprunganlage, und meine kraftvollen Schritte ließen ihn vermuten, dass ich genauso zum Laufen wie zum Springen taugte. Anfang 1989, als ich in meinem zweiten Studienjahr wieder zu dem Team stieß, trafen sich unsere Interessen.

Den Anlass bildete ein mannschaftsinterner Wettbewerb, genannt »Red and Black Meet«. Dafür teilten die

Trainer das Team. Sie legten seltsame Entfernungen für die Rennen fest, zum Beispiel 300 statt der üblichen 400 Meter. Rahn kam auf mich zu und fragte mich, ob ich beim 300-Meter-Lauf mitmachen wolle. Ich sagte: »Klar.«

Da ich nur Hochsprungspikes und keine Laufspikes hatte, borgte ich mir ein Paar von einer Mannschaftskameradin, band die Schnürsenkel zu und ging hinüber zur Startlinie. Die anderen Mädchen stellten ihre Startblöcke auf, aber ich war so unerfahren, dass ich nicht einmal wusste, wie man die Blöcke benutzt, und mich mit einem stehenden Start begnügte.

Ich hielt über 200 Meter mit den anderen mit und erhöhte das Tempo am Ende der Kurve. Niemand schloss zu mir auf, und ich überquerte die Ziellinie als Erste.

Danach sagte kaum jemand ein Wort, doch einige Sprinterinnen erklärten Rahn, ihre Muskeln hätten sich verhärtet, weil die Aufwärmübungen nicht lang genug gewesen seien. Rahn lächelte nur.

Als ich am nächsten Tag zum Training auftauchte, sagte er: »He, Runyan, jetzt arbeitest du drei Tage pro Woche mit mir.«

»In Ordnung«, erwiderte ich.

Eines stand fest, wenn man von Rahn betreut wurde: Es tat weh. Rahn legte schmerzlichen Nachdruck auf ein Intervalltraining mit begrenzter Erholungszeit. Er ließ mich eine Reihe von 200-Meter-Läufen machen, wobei ich jeweils eine gewisse Zeit erzielen musste, und gönnte mir nach jedem nur zwei Minuten Erholung. Manchmal forderte er mich auch auf, 500, 400, dann 300 Meter und schließlich vier 200-Meter-Sprints hintereinander zu laufen. Er stand gewöhnlich im Innenfeld mit drei oder vier Stoppuhren und trieb mich und meine Teamgefährtinnen an. Ängstlich versuchten wir, die Vorgaben zu erfüllen. »Lauft die Zeiten!«, schrie Rahn immer wieder.

Seine Stimme löste einen Adrenalinschub aus. Bis zum

Frühling war das Tempo der Workouts von 64 auf 60 Sekunden für 400 Meter gesenkt worden. Die qualvolle 5-4-3-2-2-2-2-Mischung wurde nun in 75, 60, 45 und 30 Sekunden gelaufen. Die Universität hatte endlich eine nagelneue, schöne Mondo-Bahn bauen lassen, und ich muss für Rahn Aberhunderte von Runden auf ihr bestritten haben.

Immer wenn ich mich entmutigt zeigte, brüllte Rahn mich an. Es hatte keinen Zweck, ihm zu entgegnen, dass man müde war oder Schmerzen hatte. Er ließ kein Mitgefühl erkennen, was angesichts seiner eigenen Geschichte verständlich war. 1984 war er ein 400-Meter-Hürdenläufer von Weltklasse gewesen und hatte sich auf die amerikanischen Olympiaausscheidungen vorbereitet. Er arbeitete für Chemtronics, ein Werk in San Diego, als Gabelstaplerfahrer, um sich zusätzlich etwas Geld zu verdienen. Eines Nachmittags beförderte er ein großes Aluminiumrad. Es rollte von der Gabel auf die Straße zu. Da Rahn fürchtete, es könne einige Fußgänger treffen, sprang er aus dem Fahrerhäuschen und warf sich vor das Rad. Es kippte um, und 370 Kilo Metall fielen auf sein Bein.

In der Notaufnahme fragte er den Dienst habenden Arzt: »Wie sind die Chancen, dass ich meinen Fuß behalte?«

»Fifty-fifty.«

Rahn entgegnete: »Dann schneiden Sie ihn ab, denn ich habe zu große Schmerzen.«

Aber dann kam ein Chirurg herein und sagte: »Rahn, wir werden Ihren Fuß retten.«

Als Rahn nach der Operation zu sich kam, hatte er Angst, unter die Decke zu schauen. Stundenlang saß er da und konnte sich nicht überwinden. Schließlich teilte der Chirurg ihm mit: »Wir haben ihn gerettet.«

Rahn brauchte drei Jahre, um sein Bein zu stärken, und begann allen Ratschlägen zum Trotz wieder zu laufen. 1986 kehrte er über 400 Meter Hürden sogar in die Weltrangliste zurück. Aber er wusste, dass es Zeit war, sich zurückzuziehen. Inzwischen trainierte er seine jüngere Schwester LaTanya sowie eine andere großartige junge Sprinterin aus San Diego namens Renee Ross. Da er meinte, dass die beiden bessere Olympiachancen hatten als er, arbeitete er freiwillig als Coach an der SDSU.

Als ich begann, zeitweilig mit Rahn zu trainieren, protestierte mein Hochsprung-Coach Gary Stathas. Er sagte: »Marla, du bist keine Sprinterin, sondern nur eine Hochspringerin, die ziemlich gut laufen kann.« Er hatte Recht. Meine Bewegungen waren unentwickelt und unkontrolliert: Ich lief so hoch auf den Zehenspitzen, dass meine natürliche Rückgratkurve ein umgekehrtes »C« beschrieb. Wenn ich erschöpft war und die Heimstrecke über 400 Meter hinter mich brachte, sah es aus, als würde mein Rücken in der Mitte durchbrechen. Bald ließ sich nicht mehr verhehlen, dass ich nie eine reine Sprinterin sein würde. Ich schaffte nur ungefähr zwölf Sekunden für die 100 Meter, 24 Sekunden für die 200 und 55 für die 400 Meter.

Aber Rahn beschloss, mich in der 4 x 400-Meter-Staffel zu testen. Er wusste, dass er etwas aus mir machen konnte.

Die Staffel war eine wichtige Lernerfahrung, und meine nachhaltigste Lektion erhielt ich im jährlichen Wettkampf gegen die Universitäten Irvine und Fresno State.

Es begann als Katastrophe. Vor der 4 x 400-Meter-Staffel – stets das letzte Ereignis – lagen wir abgeschlagen an dritter Stelle. Irvine und Fresno kämpften um den Sieg, und wer von den beiden die Staffel gewann, würde den ersten Platz erringen. Da wir keine Chance mehr hatten, hätten wir keine vier Mädchen aufzustellen brauchen, aber Rahn scheute nie vor einem Rennen zurück. Wir wussten, dass wir auf keinen Fall fragen durften: »Rahn, müssen wir die Staffel *wirklich* laufen?« Abgeschlagen oder nicht, wir würden antreten, und damit basta!

Ich meldete mich freiwillig für die letzte Runde. Obwohl wir kaum eine Siegeschance hatten, glaubte ich, dass es eine lohnende Erfahrung für mich sein würde. Ich würde meine übliche Zeit von 57 Sekunden laufen, und dann war alles vorbei. Kein Druck.

Wir stellten uns am Start auf. Der Schuss ging los. Meine Teamkameradin Jennifer Nanista stand als Erzählerin neben mir. Wenn ich in der Staffel lief, wusste ich nie, welche Position unsere Mannschaft einnahm. Ich konnte nicht sehen, wer führte oder was sich auf der anderen Seite der Bahn abspielte. Deshalb musste Jennifer mir das Rennen beschreiben.

»Darla macht sich gut«, berichtete Jennifer. »Sie führt mit großem Vorsprung.«

Huch, dachte ich. *Wir haben doch gar nicht mit einem Sieg gerechnet. Jetzt gibt's Druck.*

Darla übergab den Stab. Ich merkte, dass wir einen Vorsprung von etwa 15 Metern hatten.

»Okay, nun ist Erica dran«, sagte Jennifer. »Sie liegt immer noch in Führung, aber die wird kleiner. Jedenfalls schlägt sie sich tapfer.«

Ich beobachtete die nächste Stabübergabe aus dem Innenfeld. Unser Vorsprung war geschrumpft, aber wir waren weiterhin vorn. *Wahrscheinlich fallen wir jetzt zurück, und wenn ich den Stab kriege, ist's mit dem Druck vorbei*, dachte ich.

Aber wir hielten die Führung. Ich lauschte jedem von Jennifers Worten. »Was ist los?«, rief ich.

»Christine ist noch vorn, aber nur knapp.«

Alle drei Teams rannten über die Zielgerade auf ihre letzten Läuferinnen zu, und wir stellten uns je nach der Position unserer Mannschaft auf. Ich stand auf Bahn eins.

»Da kommt sie!«, schrie Jennifer. »Wir sind gerade noch vorn.«

Ich blickte über die Schulter. Als Hochspringerin würde ich also die letzte Runde in einem 4x400-Meter-Rennen gegen zwei Mädchen laufen, die auf diese Strecke spezialisiert waren. Sie würden mich in Grund und Boden laufen.

Christine sah schrecklich aus. Völlig erschöpft hielt sie mir den Stab hin. Der kalte Silberzylinder klatschte in meine Handfläche, und ich war an der Reihe. Kaum hatte ich drei Schritte gemacht, da waren die beiden anderen Mädchen schon hinter mir. Sie hatten unseren Vorsprung in Sekundenbruchteilen aufgeholt. Nach der ersten Kurve liefen wir drei Seite an Seite. Aber ich hatte den Vorteil der Innenbahn und würde ihn nicht aufgeben. *Ihr kriegt sie nicht. Ich gebe keinem meine Bahn.*

Ich hielt sie in Schach. Inzwischen standen alle drei Mannschaften an der Innenbahn und feuerten uns an. Als wir die letzte Kurve erreichten, liefen wir noch immer Schulter an Schulter. Die Hochspringerin auf Bahn eins, daneben Irvine und Fresno. Wir schienen uns in Zeitlupe zu bewegen. Ich biss die Zähne zusammen, meine Füße trommelten auf die Tartanbahn ein, und ich kam der Ziellinie immer näher. Wir drei erreichten sie fast exakt im selben Moment.

Irvine warf sich nach vorn und errang den ersten Platz. Ich war Zweite. Stolpernd überquerte ich die Ziellinie. Rahn rannte auf mich zu und hob mich in die Luft. Er lachte. Ich war eine schlaffe, keuchende Stoffpuppe.

»Aber wir haben nicht gewonnen«, japste ich.

»O doch«, rief er. Mein Einsatz war ihm wichtiger als der Sieg. So war Rahn.

Etwas später spazierte ich an Gary vorbei und sagte: »Nicht schlecht für eine *Hochspringerin.*«

In den folgenden beiden Wochen lief Rahn ständig mit einem Lächeln durch die Gegend. Zu schade, dass ich es nicht sehen konnte.

Mein Fortschritt als Läuferin erhöhte meinen Ehrgeiz. Im Sommer 1988 hatte ich während der Olympischen Spiele von Seoul unverwandt vor dem Fernsehschirm gesessen und miterlebt, wie Jackie Joyner-Kersee den Weltrekord im Siebenkampf brach. Es ist eine Disziplin, die höchste Vielseitigkeit verlangt, und die Gewinnerin gilt als größte Leichtathletin der Welt. Es gab nichts Schwierigeres, für das ich mich hätte begeistern können.

Während sich meine Zeiten unter Rahns Anleitung verbesserten, dachte ich: *Ich bin eine gute Hochspringerin und eine gute Läuferin; vielleicht könnte ich im Siebenkampf antreten*. Im Hochsprung schaffte ich nun 1,78 Meter. Eines Nachmittags erwähnte ich meine Idee Jim Cerveney und Gary Stathas gegenüber. Keiner der beiden schien zunächst sonderlich begeistert zu sein, und ich war enttäuscht. *Warum haben sie so reagiert?*, überlegte ich.

Was ich nicht wusste, war, dass sie wegen meines Sehvermögens Vorbehalte hatten. Im Siebenkampf würde ich 100 Meter Hürden laufen, kugelstoßen, speerwerfen, hochspringen, weitspringen sowie 200 und 800 Meter laufen müssen.

Meine Sehschwäche war kein offenkundiges Hindernis, aber es gab verräterische Anzeichen. Ich neigte dazu, außen zu laufen, um nicht von den anderen angerempelt zu werden. Da ich in der Staffel nie wusste, welchen Platz wir belegten, machte ich mir ständig Sorgen, dass ich für die Entgegennahme des Stabes nicht an der richtigen Stelle stand – oder dass ich ihn der falschen Läuferin übergab. Doch die Trainer ahnten nichts davon, da ich meine Teamgefährtinnen bat, mir zu helfen. Sie informierten mich, in welcher Bahn ich mit ausgestreckter Hand stehen musste, wenn sich die Läuferin mit dem Stab näherte.

In den meisten Rennen klappte es. Nur einmal liefen die Dinge nicht nach Plan. Ich beendete meine Runde auf der Zielgeraden und wusste nicht, wo meine Partnerin war. Sie stand auf der Außenbahn, und als ich die Wechselzone erreichte, konnte ich sie nicht entdecken. Ich hörte sie rufen:

»Hier bin ich« und musste den anderen Läuferinnen ausweichen, bevor ich ihr den Stab übergeben konnte. Wir verschwendeten über zwei Sekunden.

Später erfuhr ich, dass Gary, mein Hochsprung-Coach, aus Sorge darüber, dass ich den 100-Meter-Hürdenlauf erlernen wollte, sogar meine Eltern angerufen hatte. »Sie will im Siebenkampf antreten, und das bedeutet auch im Hürdenlauf«, teilte Gary ihnen mit. »Was meinen Sie?«

Meine Eltern schwiegen eine Weile, und dann antwortete mein Vater: »Sie muss es eben ausprobieren.«

Aber nachdem sie aufgelegt hatten, meinte mein Vater zu meiner Mutter: »Valerie, die Hürden können ihr zum Verhängnis werden. Vielleicht verliert sie ihre Zähne.«

Die Trainer gaben nach, und Rahn brachte mir allmählich das Hürdenlaufen bei. Er stellte einige Hürden auf und erklärte, dass alles auf den Rhythmus ankomme. Ich solle, mit dem Kopf nach unten, nach dem Start acht Schritte machen. Er wollte, dass ich während dieser ersten Schritte nur den Boden anschaute. Dann sollte ich den Kopf heben und die erste Hürde nach zwei weiteren Schritten überwinden, bum. Noch drei Schritte und bum, da war die nächste Hürde. Danach folgte ein Drei-Schritte-Rhythmus: eins, zwei, drei, Hürde. Das Geheimnis bestand darin, nicht jede Hürde einzeln zu betrachten, sondern mich auf die allerletzte zu konzentrieren, sodass ich weniger über sie hinwegspringen als über sie hinweglaufen würde. »Wenn du springst, bist du zu lange in der Luft«, erklärte Rahn.

Zuerst überwand ich die Hürden mit ruckhaften Bewegungen. Ich brauchte fast 17 Sekunden für die 100 Meter. Dabei achtete ich darauf, einen möglichst großen Zwischenraum zwischen mir und den Metallgestellen zu lassen. Aber Rahn meinte, ich würde mit der Zeit lernen, die Hürden mit zügigen und niedrigen Schritten zu nehmen. Zur Demonstration brachte er oben an jeder eine 7,5 mal 12,5 Zentimeter große Karte an. Ich würde wissen, dass meine Höhe genau richtig war, wenn ich jede Karte mit dem Fuß meines Führungsbeins antippte. Er nannte es die Tippübung.

Schließlich entwickelte ich das Gefühl für den Tipp-tipp-tipp-Rhythmus, den er sich wünschte. Aber es dauerte eine Weile, und bald hatte ich eine Menge schwarzer und blauer Flecken an den Beinen. Da ich die Hürden erst sehen konnte, wenn sie direkt vor mir aufragten, musste ich mich fast völlig auf meinen Rhythmus verlassen. Manchmal blieb mein Nachziehbein oben an der Hürde hängen, und ich stürzte. Alle ermahnten Rahn: »Das darf sie nicht, du wirst ihr wehtun.« Aber ich liebte die Hürden, das Tempo, den Rhythmus und das Gefühl, sie entgegen jeder Wahrscheinlichkeit zu überwinden.

Kurz vor meinem vorletzten Jahr wechselte Cerveney seine Stelle. Rahn wurde zum Cheftrainer befördert und spornte mich zu noch größeren Leistungen an. Dabei vergaß er völlig meine Sehschwäche.

Eines Tages rückte ich meine Startblöcke zurecht, wobei ich mich hinunterbeugen musste, bis mein Gesicht sie fast berührte. »Was zum Teufel macht sie denn da?«, fragte Rahn eine meiner Teamkameradinnen.

»Sie kann die Blöcke nicht sehen«, antwortete diese.

»Ach so«, meinte Rahn.

Sogar ich vergaß manchmal meine Sehschwäche. Zusammen mit mir trainierte Rahn auch Donna Waller, die stets zu den zehn besten Hürdenläuferinnen des Landes gehörte. Während Donna und ich uns aufwärmten, bereitete Rahn die Hürden vor. Aber ich wusste nie, wie viele; zuweilen waren es drei, dann vier oder fünf. Meistens musste ich die Bahn abschreiten und sie zählen. Aber eines Tages fragte ich Donna einfach: »Weißt du, wie viele Hürden er heute aufgestellt hat?«

Donna blickte von ihren Startblöcken auf und erwiderte: »Fünf.«

»Kannst du alle Hürden von hier aus erkennen?«

»Na klar«, erwiderte Donna.

»Wirklich? Wow.«

Ich konnte kaum die erste erkennen, die nur acht Schritte entfernt war. So seltsam es klingt, ich war nie auf den Gedanken gekommen, dass meine Rivalinnen die Hürden besser sehen konnten als ich.

Statt in knapp 17 Sekunden über die Hürden zu stolpern, glitt ich bald regelmäßig in weniger als 14 Sekunden über sie hinweg. Ich begann, mich für eine recht starke Hürdenläuferin zu halten, als ich beim Occidental Invitational an einer ungefähr eine Stunde entfernten Universität teilnahm. Ich hockte mich in die Startblöcke und bemerkte auf der Bahn neben mir ein Paar glänzende rote Nike-Spikes. Zwar konnte ich das Gesicht der Besitzerin nicht ausmachen, aber die Schuhe verrieten mir alles über sie, was ich wissen musste – das dachte ich jedenfalls. Die hält sich wohl für etwas ganz Besonderes, spottete ich im Stillen. Ich beschloss, kurzen Prozess mit ihr zu machen, nur weil sie diese protzigen Schuhe trug. Dann stellte der Ansager dem Publikum die Läuferinnen vor: »Und auf Bahn vier … die Goldmedaillengewinnerin der Olympischen Spiele von 1992 … Gail Devers!«

Der Startschuss ertönte, und sie ließ die erste Hürde hinter sich, bevor ich auch nur drei Schritte gemacht hatte. Ich sah die roten Schuhe nie wieder, so schnell bewegten sie sich.

6. Die Einzige im Rennen

Wenn du deine Behinderung nicht wirklich akzeptierst, machst du dir das Leben automatisch schwer. Und wenn du dich auf etwas einlässt, ohne dir vorher klar zu machen, dass du es vielleicht nicht zu Ende bringen wirst, dann stehen dir eine Menge Ärger und einige böse Überraschungen bevor. Wenn du deine Behinderung jedoch akzeptierst und dir ihrer möglichen Folgen bewusst bist, kannst du einen gewissen Frieden mit ihr schließen. Genau das habe ich im Sommer 1989 erfahren.

Nach dem Ende der damaligen Leichtathletiksaison rief mich ein Vertreter der California Association of Blind Athletes (CABA) an und lud mich zu einem nationalen Wettbewerb in St. Louis ein. Ich war neugierig, da ich noch nie an einer Veranstaltung für behinderte Leichtathleten teilgenommen hatte, und sagte zu. Am Flughafen begegnete ich meinem alten Freund Casey Cook, einem früheren Schulkameraden, der taub und blind war. Da ich mich an die Taubblindensprache erinnerte, schrieb ich mit dem Finger in seine Handfläche: »Kennst du mich noch? Ich heiße Marla, und wir sind zusammen auf die Williams Elementary gegangen.« Casey freute sich riesig. Wir saßen im Flugzeug nebeneinander und kommunizierten in der Taubblindensprache während der gesamten Reise nach St. Louis.

Die Wettkämpfe waren eine Offenbarung für mich. Wir waren auf einem kleinen College-Gelände untergebracht, und zum ersten Mal in meinem Erwachsenenleben befand ich mich in einer Umgebung, in der auch alle anderen sehbehindert oder blind waren. Das, was hier geschah, ging über die Teilnahme an Lauf- oder Sprungwettkämpfen hinaus. Hier war es völlig normal, blind zu sein. Doch nicht nur das! Wahrscheinlich konnte ich mehr sehen als die meisten anderen. Casey nahm an den Schwimmwettkämpfen teil, und nach meinen eigenen Rennen besuchte ich ihn am Pool und verständigte mich mit ihm in der Taubblindensprache. Er war ein aufgeweckter, lustiger Junge, und wir verbrachten den größten Teil der Woche miteinander.

Ich rief meine Mutter aus St. Louis an: »Mom, es ist wirklich seltsam: Keiner erwartet von mir, dass ich sehen kann.«

Am Ende der Woche war ich so begeistert über die neuen Freundschaften, die ich geschlossen hatte, und über meine Fähigkeit, mich mit Casey zu verständigen, dass ich mich auf ein College-Hauptfach festlegte: Kommunikationsprobleme mit dem Schwerpunkt bei der Ausbildung tauber und blinder Kinder.

Es gab jedoch ein Problem: Meine Wahl machte ein weiterführendes Studium erforderlich. Ich würde einen Master's Degree erwerben und mich zur Grundschullehrerin ausbilden lassen. Damit hatte ich mich zu weiteren vier Jahren Studienqual verurteilt. Außerdem musste ich neue Voraussetzungen erfüllen, bevor ich auch nur meinen Bachelor's Degree erhalten konnte: Im Herbst meines letzten Jahres hatte ich 18 und im Frühjahr 20 Kurse zu absolvieren. Zwölf gelten bereits als sehr viel.

Jedes Mal, wenn ich mit meiner College-Betreuerin sprach, schien sie mir ein Stück Papier mit weiteren Anforderungen zu überreichen. War es der Mühe wert? In jenem Frühling belegte ich bei den Verbandsmeisterschaften den vierten Platz im Siebenkampf und erhielt am Ende meines vorletzten Studienjahrs zwei Cs. So viel Arbeit für einen vierten Platz und mittelmäßige Noten?

Im Sommer 1990 nahm ich an der Weltmeisterschaft der Behinderten in Holland teil, was meinen Blickwinkel wieder zurechtrückte. Wir wohnten in einer alten Kaserne, das Essen war schrecklich, ich fror nachts auf meiner Pritsche und lief meine Rennen im Regen. Aber die Anstrengungen von Amputierten im Rollstuhl und anderen, die viel stärker beeinträchtigt waren als ich, brachten mich dazu, meine Weltanschauung und meine Ziele zu revidieren. Und wieder empfand ich es als Entlastung, dass niemand von mir erwartete, sehen zu können.

Ich kam mit einer neuen Einstellung aus Holland zurück. Lieber wollte ich unter Mühen nach hohen Zielen streben, als mich auf bequemere zu beschränken. Deshalb meldete ich mich für 18 Credit Points im Herbst und für 20 im Frühjahr meines letzten Studienjahrs an. Wenn alles nach Plan lief, würde ich rechtzeitig fertig werden und mir vielleicht sogar bei der Verbandsmeisterschaft eine Plakette für einen Platz unter den ersten drei im Siebenkampf verdienen – ein Ziel, das ich drei Jahre hintereinander nicht erreicht hatte.

Ich verbesserte mich im Siebenkampf erheblich. Früher hatte ich rund 4800 Punkte geschafft, aber zu Anfang meines letzten Studienjahrs brachte ich es auf fast 5200 Punkte. Um mich für die US-Olympiaausscheidungen zu qualifizieren, benötigte ich 5500. Wenn ich 1992 noch 300 Punkte zulegen konnte, würde ich für die Olympiateilnahme infrage kommen – wovon ich zuvor nie auch nur geträumt hatte.

Die Western Athletic Conference Championships wurden in unserem Heimatstadion in San Diego ausgetragen. Uns standen eine nagelneue Mondo-Laufbahn sowie moderne Hochsprung- und Stabhochsprunganlagen zur Verfügung. Keine Bakterien mehr. Unsere Mannschaft war klein, aber energiegeladen: Mit nur 14 traten wir gegen Favoriten wie die Brigham Young University mit 40 Sportlern an.

Ich war so aufgedreht, dass sich die Trainer Sorgen um mich machten. Beim Aufwärmen für den Hürdenlauf sprang ich wieder und wieder über das erste Hindernis. Rahn kam beunruhigt auf mich zu. »Wie fühlst du dich, Kleines?«, fragte er.

»Großartig.«

»Du musst dich entspannen«, sagte er.

»Entspannen? Rahn, dies ist die Verbandsmeisterschaft«, entgegnete ich und fuchtelte mit den Armen.

Rahn grinste nur und entfernte sich. »Sie ist völlig konzentriert«, erklärte er seinen Kollegen. »Lasst sie in Ruhe.«

Ich belegte den zweiten Platz im Siebenkampf und über 400 Meter. Auch in der 4 x 100-Meter-Staffel wurden wir mit mir als Schlussläuferin Zweite. Im Hochsprung belegte ich den dritten Rang, und in der 4 x 400-Meter-Staffel, in der ich ebenfalls als Schlussläuferin antrat, trugen wir den Sieg davon. Als Team wurden wir Zweite hinter der Brigham Young University, und ich erhielt fünf Plaketten.

In jenem Frühjahr erzielte ich in allen Fächern die Bestnote und machte meinen Abschluss mit magna cum laude.

Aber wenn ich gedacht hatte, die Dummheiten und Qualen des Anfangsstudiums nun hinter mir zu haben, war ich im Irrtum. Wie sich herausstellte, musste ich noch zwei weitere Lehrgänge absolvieren, um mich für die Grundschullehrer-Ausbildung zu qualifizieren. Ich hatte ein Hauptfach mit endlosem Studium gewählt.

Ich starrte auf das Blatt Papier mit den Anforderungen, das mir die Beamtin des Education Department gegeben hatte. Nun musste ich auch noch Ästhetik belegen. Ich wusste nicht, ob ich verzweifeln oder hysterisch lachen sollte. Jedenfalls suchte ich das nahe gelegene Grossmont Junior College auf und meldete mich für den dortigen Ästhetik-Kurs an.

Ich betrat einen verdunkelten Vorlesungssaal, in dem ein Professor Dias von Kunstwerken, die ich nicht sehen konnte, durch den Vorführapparat jagte. Der Lehrplan enthielt außerdem eine lange Lektüreliste mit kunsthistorischen Büchern. Als Erstes ging ich zur Behindertenbetreuung am Grossmont College. Dort fragte ich, ob man mir einen Vorleser zuteilen könne. Die Antwort lautete: »Unser Etat ist ziemlich knapp. Deshalb wäre es uns am liebsten, wenn Sie zunächst einmal in Ihrem Kurs fragen könnten, ob jemand bereit ist, Ihnen vorzulesen.«

Es widerstrebte mir, meine Behinderung im Kurs an die große Glocke zu hängen, aber ich hatte keine andere Wahl. Am nächsten Tag kehrte ich in den Vorlesungssaal zurück, trat während der Pause an den Professor heran und erklärte ihm verlegen mein Problem.

»Ich kann die Schrift in den Lehrbüchern nicht so gut entziffern, und die Behindertenbetreuung meint, Sie sollten im Kurs nachfragen, ob mir ein Freiwilliger die Texte vorlesen kann.«

Dann setzte ich mich in die erste Reihe, wo ich zu den Dias von den Kunstwerken hinaufschauen konnte.

Als die Studenten nach der Pause wieder in den Saal kamen, trat der Professor ans Pult und sprach dröhnend ins Mikrofon: »Wir haben eine junge Dame in der ersten Reihe, die nicht lesen kann.«

Mein schlimmster Albtraum wurde wahr. Ich krümmte mich mit gerötetem Gesicht auf meinem Platz.

Er fuhr fort: »Würden Sie bitte aufstehen, damit alle wissen, wer Sie sind?«

Stattdessen duckte ich mich auf meinem Stuhl und schüttelte heftig den Kopf. »Nein! Ich kann lesen, aber ich kann nicht sehen.«

Er sagte: »Wir wollen also wissen, ob es Freiwillige gibt, die bereit sind, ihr die Texte vorzulesen.«

Alle lachten und kicherten – und niemand meldete sich.

Nachdem der Professor seine reizende Anfrage beendet hatte, setzte er die Vorlesung fort. Ich saß wütend und eingeschüchtert da. Aber dann bemerkte ich ein paar Plätze neben mir in der ersten Reihe ein Mädchen, das meinen Blick zu erhaschen suchte. Sie flüsterte: »Pssst, ich lese dir vor, wenn du möchtest.« Ich nickte dankbar und wandte mich wieder den undeutlichen Bildern auf der Leinwand zu.

Die Betrachtung der Bilder konnte mir eine Vorleserin nicht abnehmen. Damit musste ich selbst fertig werden. Ich konnte die Farben sehen und erkennen, ob es sich bei einem Dia um eine Statue oder um ein Gemälde handelte. Aber die Details und die konkreten Formen entgingen mir. Die meisten Statuen kamen mir mehr oder weniger identisch vor. Alle stellten graue, nackte, armlose Frauen dar.

Ich musste die einzelnen Werke den jeweiligen Künstlern zuordnen. Aber wie? Ich beschloss, mir zu jedem Bild Notizen zu machen und möglichst viele Einzelheiten zu beschreiben. Zum Beispiel notierte ich: »Vorwiegend rötlich orange Farbe; linke Ecke blau, rechte Ecke grün; sieht wie eine Wiese aus.« Dann fügte ich den Titel des Gemäldes und den Namen des Künstlers hinzu.

Ich erinnere mich an *Der Schrei* von Edvard Munch. Während ich durch mein Monokular auf das Bild spähte, traten das Gesicht und der offene Mund allmählich hervor. *Ich weiß, wie du dich fühlst*, dachte ich.

Meine Note war mir gleichgültig. Ich war wütend und wollte den Kurs einfach nur hinter mich bringen. Im ersten Test erhielt ich ein A, stellte die Arbeit ein und bekam im zweiten ein D. Das lag allein daran, dass ich den Kurs nicht ausstehen konnte.

Ich hatte mir viel zu viel aufgehalst. Neben dem normalen Studium ließ ich mich als Sonderschulpädagogin für

Taubstumme ausbilden; außerdem arbeitete ich als Tutorin in einem regulären Erziehungsprogramm und in einer Kommunikationsklinik. Die Belastungen des Studiums zwangen mich schließlich, das Laufen vorübergehend aufzugeben. Mein Ehrgeiz, an den US-Olympiaausscheidungen im Siebenkampf für 1992 teilzunehmen, war unrealistisch, denn ich konnte einfach nicht oft genug trainieren.

Im Jahr zuvor hatte ich, wie erwähnt, meine persönliche Bestleistung im Siebenkampf um 500 Punkte verbessert. Aber 1992 konnte ich sie nur um 30 Punkte erhöhen. Das war entmutigend nach all dem Zeit- und Energieaufwand. Der einzige Trost bestand darin, dass ich mich über 800 Meter plötzlich stark verbesserte. Nach 2:17 Minuten brachte ich es nun auf 2:08 Minuten. Bis zu meinem Studienabschluss hatte ich meine Zeit um fast zehn Sekunden verringert.

Mein Trostpreis war die Teilnahme an den Paralympics von 1992 in Barcelona – und damit machte ich mir eines der wertvollsten Geschenke. Es war eine perfekte Nachbildung der eigentlichen Spiele. Wir wohnten im olympischen Dorf mit denselben Unterkünften und Freiwilligen, und über uns wehte die paralympische Fahne. Zwei Wochen lang befanden wir uns in einer Art Fantasiewelt.

Um mich herum vollbrachten Sportler Dinge, die meine eigene Behinderung relativ nebensächlich erscheinen ließen. Es gab Teilnehmer in Rollstühlen und mit Prothesen, und ich sah einen chinesischen Schwimmer ohne Arme, der im Brustschwimmen antrat.

Bei den paralympischen Wettkämpfen wird man in fünf Behinderungsgruppen eingestuft: blind und sehgeschädigt, amputiert, Rollstuhl, zerebrale Lähmung und Kleinwüchsigkeit. Jeder konkurriert innerhalb seiner eigenen Behinderungsgruppe, die in weitere Kategorien unterteilt ist, damit für alle Sportler die gleichen Voraussetzungen gelten. Für Blinde gibt es drei Unterkategorien von B1 bis B3. Wer völlig blind ist und überhaupt kein Licht wahrnimmt, wird als B1 eingestuft, während B2 bedeutet, dass man den Schatten einer Hand mit einer Sehschärfe bis 20/600 erkennt; B3 hat eine Sehschärfe zwischen 20/600 und 20/200. Ich wurde der B3, also der sehstärksten Kategorie, zugeordnet. Verglichen mit der Mühsal aller anderen, hatten die Angehörigen der B3 kaum Anlass zur Klage.

Wir verbrachten 17 Tage in Barcelona, und ich errang Goldmedaillen über 100, 200, 400 Meter und im Weitsprung.

Es war einer der seltenen Fälle, in denen ich mir gestattete, mir wegen meiner Sehschwäche helfen zu lassen. In jenen Wochen entspannte ich mich. Es war eine große Erleichterung, dass niemand von mir erwartete, so gut wie alle anderen sehen zu können. Nehmen wir beispielsweise die Anmeldung: Die Formulare, die ich ausfüllen musste, waren in Großschrift gedruckt. Schon solch einfache Dinge machten viel aus.

Ich erkannte, dass es in jeder Kultur und in jedem Land jemanden wie mich gab. Wir sprachen nicht dieselbe Sprache, doch alle verstanden einander. Ich hatte mich den größten Teil meines Lebens darauf versteift, nur den Regeln der Mehrheit zu folgen, und war nun, als ich endlich nicht mehr auf der Hut zu sein brauchte, zutiefst erleichtert.

Aber ich fühlte mich auch gespalten, denn ich lehnte die Trennung von Gesunden und Behinderten ab. Die Paralympics waren wunderbar, doch ich wusste, dass ich nicht dort hingehörte. Ich war entschlossen, bei den Olympischen Spielen anzutreten, denn ich wollte meine Behinderung nicht als Entschuldigung für sportliche Mängel vorschieben. Ich würde eine bessere Sportlerin sein, wenn ich mich am höchsten Niveau orientierte.

Dennoch stufte ich die Paralympics nicht niedriger ein als die Olympischen Spiele, sondern ich stellte beide auf eine Stufe. Die Sportler gehörten zu den Besten der Welt in ihren Disziplinen, und in Kategorien wie der Rollstuhlgruppe gibt es keine Entsprechung für Nichtbehinderte. Die Rollstuhlfahrer kämpften mit wahrhaft olympischem Geist um Medaillen. In Atlanta zum Beispiel teilte ich mir ein Zimmer mit Jean Driscoll, der damals siebenfachen Bostoner Meisterin im Rollstuhl-Marathon. Sie wog 50 Kilogramm und konnte das doppelte Gewicht in die Höhe wuchten.

Eines Nachmittags versagte der Lift in unserem Wohnheim. Ich fragte sie: »Jean, wie bist du in den dritten Stock gekommen?«

»Ich hab' mich einfach die Treppen hochgestemmt.«

Wir alle – blinde Läufer, Rollstuhlfahrer, kleinwüchsige Gewichtheber – wollten der Welt zeigen, dass wir vor allem Sportler und erst an zweiter Stelle Behinderte sind. Aber wie schnell wir auch liefen oder schwammen oder fuhren, die Medien verwechselten unsere Veranstaltung mit der Olympiade geistig Behinderter, was uns natürlich entmutigte. Ich begann, das Wort »behindert« zu hassen. In jedem Zeitungsartikel und in jeder Fernsehnachricht wurde es unweigerlich mit Adjektiven wie »tapfer« oder »inspirierend« verbunden. Unsere Leistungen wurden stets durch das Vorhandensein eines Rollstuhls, einer Prothese oder eines Führungsläufers überschattet. Es war ermüdend, der Presse immer wieder erklären zu müssen: »Ich bin eine Sportlerin mit einer Behinderung, keine ›behinderte Sportlerin‹.« Aber durch Worte konnte ich nichts verändern. Ich musste etwas tun.

Doch vorläufig hatte ich keine Möglichkeit dazu. Von den Paralympics heimgekehrt, setzte ich ein Jahr lang mit dem Training aus. Mir war endgültig klar geworden, dass ich nicht gleichzeitig studieren und ernsthaft trainieren konnte. Deshalb beschloss ich, zuerst mein Studium zu beenden.

Von all meinen Verpflichtungen war die Arbeit in der

Kommunikationsklinik die bei weitem zermürbendste, doch sie verschaffte mir große Befriedigung. Hierbei handelte es sich um eine praktische Tätigkeit, nicht nur darum, Erziehungstheorien in einem Seminarraum zu diskutieren. Meinen ersten Schutzbefohlenen in der Klinik übernahm ich im Herbst 1992. Er hieß Stuart, war zwei Jahre alt und nicht gerade vom Schicksal begünstigt. Seine Behinderungen ließen sich unter der Kategorie »taubblind« zusammenfassen, aber seine tatsächliche Situation erwies sich als komplizierter. Er war begrenzt seh- und hörfähig, doch er litt unter vielfachen körperlichen und seelischen Gebrechen. Durch Stuart verlagerte sich meine Leidenschaft vom Sport auf den Unterricht.

Zu Beginn jeder Sitzung begrüßte ich ihn im Aufenthaltsraum mit einem großen fröhlichen Pappgesicht. Oberflächlich betrachtet wirkte meine Arbeit mit ihm vielleicht wie ein Kinderspiel, aber jede Aktivität hatte einen Zweck. Das Entscheidende war die Kommunikation. Stuart konnte noch nicht sprechen, doch er brachte Geräusche zustande, die mir seine Gedanken deutlicher machten. Wir arbeiteten mit Zeichensprache als einer künftigen Verständigungsmethode für ihn, und es handelte sich um einen langsamen, mühevollen Prozess. Doch er war ein sehr lebhafter kleiner Kerl. Als fast die Hälfte des Semesters verstrichen war und meine Frustration zunahm, schaute Stuart mich plötzlich direkt an und schrieb das Zeichen für »Musik« in meine Hand.

»Musik!«, schrieb ich in seine Hand. »Du willst Musik? Okay!«

Ich spielte ihm all die Musik vor, die er sich wünschen konnte.

Durchbrüche wie dieser halfen mir, mit den Alltagsschwierigkeiten fertig zu werden. Mein größtes Problem bestand nicht in der Arbeitsbelastung oder in der Frage, was ich mit den Kindern anfangen sollte, sondern darin, wie ich physisch von einem Ort zum anderen gelangte. Ich versuchte, überall mit dem Auto hinzufahren.

Zum Glück war ich nicht völlig auf mich allein gestellt, sondern hatte eine gute Freundin namens Sisi, die das weiterführende Studium zusammen mit mir absolvierte. Wir besuchten die meisten unserer Lehrgänge gemeinsam, und sie wurde sogar zu meiner Vorleserin. Manchmal fuhr sie weit hinaus zu meiner Wohnung, um mir Piagets *Theorie der geistigen Entwicklung* und *Sprach- und Leseentwicklung bei tauben Kindern* vorzulesen. Eine bessere Freundin hätte ich mir kaum vorstellen können. Sie verdiente ein paar Dollar über die Behindertenbetreuung, aber es wurde nahezu eine Vollzeitbeschäftigung für sie, mich durch all die Projekte zu steuern. Sisi beschwerte sich nie, sondern wir lachten viel und halfen einander durch ein Studium hindurch, das wahrhaftig keine Ziellinie zu haben schien.

Irgendwann jedoch war sie der Arbeit nicht mehr gewachsen, und ich lernte eine wertvolle Lektion: Ich musste »Hilfe« von »Gefallen« trennen. Freunde tun einander einen Gefallen, doch »Hilfe« ist ein Job. Es war leicht für mich, die beiden Begriffe miteinander zu verwechseln, besonders da Sisi meine Helferin, meine Vorleserin und manchmal sogar meine Fahrerin war. Dadurch wurde sie als meine Freundin überfordert. Die Rollen und Zuständigkeiten gerieten in Konflikt miteinander, was ich stets bedauert habe. Ich brauchte eine Helferin nicht so dringend wie eine Freundin. Deshalb beschloss ich, ihr weniger abzuverlangen.

In der Regel fuhr ich mit meiner Lupenbrille nie auf der Autobahn, aber meine Unterrichtsstunden und meine Klinikarbeit ließen mir keine andere Wahl. Ich kurbelte alle Scheiben des Autos herunter, um so viel wie möglich vom Verkehr hören und sehen zu können.

Um mir das Leben zu erleichtern, hatte mein Vater eine Eigentumswohnung in San Diego County gekauft. Dies war teils eine Investition für ihn, aber für mich auch eine Möglichkeit, Miete zu sparen und in einer sicheren Umgebung zu wohnen. Leider war die schöne Wohnung zu weit vom Campus entfernt. Sie lag in einem Viertel namens Rancho San Diego im Südosten der Stadt. Ich brauchte mit dem Auto ganze 25 Minuten vom Campus nach Hause, und dadurch wurde mein Leben hektisch und gefährlich.

Nachts konnte ich eigentlich nicht fahren, aber eines Abends wurde ich dazu gezwungen. Ich war zu lange in der Klinik geblieben, und als ich hinausging, dämmerte es bereits. Nervös stieg ich in mein Auto und fuhr nach Hause. Ich versuchte, nur die Nebenstraßen zu benutzen, aber ich konnte die Autobahn nicht völlig umgehen. Immer wenn entgegenkommende Scheinwerfer auf meine Windschutzscheibe trafen, blendeten sie mich so sehr, dass ich nicht einmal meine eigene Spur erkennen konnte. Die Dunkelheit nahm zu, und es wurde noch gefährlicher, denn meine Lupenbrille erwies sich nun als untauglich. Das Licht reichte für das Teleskop nicht mehr aus. Es war etwa so, als versuchte ich, nachts durch ein Fernrohr zu schauen.

Fast wäre ich von der Straße abgekommen, und als ich schließlich zu Hause eintraf, brach ich in Tränen aus. Zufällig rief mein Vater an jenem Abend an. »Das kann ich nicht schaffen«, sagte ich. »Ich weiß, ihr habt's gut gemeint, aber es ist unsinnig. Ich werde umkommen.«

Am nächsten Tag hängte ich ans schwarze Brett der Universität einen Zettel und fand einen Fahrer, der mich an den Abenden, an denen ich länger arbeiten musste, nach Hause chauffierte. Widerwillig zahlte ich ihm 40 Dollar pro Woche. Ich wollte von niemandem abhängig sein, dazu schätzte ich meine Unabhängigkeit zu sehr. An vielen Abenden versuchte ich, vor Einbruch der Dunkelheit zu Hause zu sein und ein Rennen gegen die Sonne zu veranstalten.

Früher hatte ich Schlaf immer mit Faulheit gleichgesetzt. Ich blieb bis Mitternacht oder ein Uhr morgens auf und erledigte meine Studienaufgaben, da ich meinte, meinen Schlaf opfern zu können. War er etwa keine Zeitverschwendung? Niemand erklärte mir, dass man sich während des Schlafes regeneriert. Als ich mein Studium im Frühjahr 1994 abschloss, wog ich stattliche 64 Kilo und war völlig erschöpft.

Mein weiterführendes Studium war durch ein Hilton-Perkins-Stipendium finanziert worden, da es an Lehrern in meinem Spezialfach mangelte. Eines stand fest: Nach meinem Abschluss war mir fast überall im Land eine Stelle sicher.

Statt diese Möglichkeit zu nutzen, machte ich mich umgehend daran, wieder vollzeitig mit Rahn zu trainieren. Aber ich fühlte mich ständig ausgelaugt und schlapp und wurde sehr häufig von meinen Emotionen übermannt. Ich kannte die Gründe nicht, denn niemand hatte mir beigebracht, wie man sich richtig erholt und ernährt.

Mein Ziel waren die Teilnahme an den US-Olympiaausscheidungen von 1996 und vielleicht die Olympischen Spiele in Atlanta. Ich trainierte unablässig und begriff nicht, weshalb ich ermattete und meine Leistungen nachließen. Mir war nicht klar, dass Ruhepausen für die Entwicklung eines kräftigen, leistungsfähigen Körpers notwendig sind. Wer nur trainiert, baut seinen Körper nicht auf, sondern zerstört ihn.

Schule und Studium hatten mich bisher daran gehindert, meine sportlichen Möglichkeiten ganz und gar auszuschöpfen. Aber nach meinem Universitätsabschluss machte ich den Sport zum ersten Mal in meinem Leben zu meinem Hauptberuf. Ich widmete den Disziplinen des Siebenkampfs jetzt die gleiche Konzentration und den gleichen fanatischen Arbeitseifer, mit denen ich studiert hatte.

Mit Rahn arbeitete ich an den Laufwettbewerben, mit

Gary Stathas an den Sprungdisziplinen, und bald hatte ich auch zwei neue Trainer, die sich mit meinen Schwächen, den Wurfwettbewerben, befassten. Rahn sagte: »Durch das Werfen und Stoßen gerätst du ins Hintertreffen. Versuch doch, mit den Pagels zu trainieren.«

Ramona und Kent Pagel waren ein Sportlerehepaar am Mesa Junior College. Ramona stand kurz davor, zum vierten Mal in die Olympiamannschaft berufen zu werden. Sie hielt den amerikanischen Rekord im Kugelstoßen, war 1,78 Meter groß, wog 98 Kilo und konnte 136 Kilo in die Höhe wuchten. Aber sie hatte eine so sanfte Stimme und eine so freundliche Persönlichkeit, dass ihr Spitzname Minnie – nach Minnie Mouse – lautete. Sie unterwies mich im Speerwerfen und Kent im Kugelstoßen. Beide hatten sehr viel Geduld mit mir.

Ich hatte einen farbigen Terminplaner für sämtliche Tage der Woche mit Zeitblöcken für die einzelnen Disziplinen. Um von einem Ort zum anderen zu gelangen, verbrachte ich genauso viele Stunden im Auto wie während des Studiums – und war häufig genauso müde.

Da mir die Wurfdisziplinen den größten Kummer bereiteten, brach ich am Ende des Trainings häufig in Tränen aus. Manchmal startete ich mit dem Gelöbnis: »Heute werde ich den Speer 43 Meter weit werfen.« Aber dann warf ich ihn nur 21 Meter weit und schluchzte los.

Als mir eines Tages Tränen über das Gesicht liefen, trat Ramona auf mich zu und machte mir behutsam Vorwürfe. »Wenn irgendjemand Geduld aufbringen kann, dann doch bestimmt du. Schließlich hast du einen Master's Degree geschafft, ohne sehen zu können.« Ich hörte auf zu weinen.

Ramona nahm mich, wie ich war, weil sie wusste, dass meine Wutanfälle meinem Ehrgeiz entsprangen. Von ihr lernte ich, dass Ehrgeiz von Gelassenheit und Geduld begleitet sein muss. Ramona und Kent trainierten mich das Jahr 1995 hindurch, bis Kent im Herbst einen Posten an der Kent State University erhielt und sie nach Ohio zogen.

1995 gewann ich, was großenteils den Pagels zu verdanken war, beim Olympic Festival die Bronzemedaille im Siebenkampf. Ich sprang 1,80 Meter hoch und erzielte insgesamt 5741 Punkte, wodurch ich für die Olympiaausscheidung qualifiziert war.

Die Medaille bestand nur aus billigem Metall, aber es war meine erste, und sie bekräftigte meinen Status als erstklassige Siebenkämpferin. Das Olympic Festival hatte den Zweck, künftige Olympiateilnehmer zu erkennen, und deshalb bedeutete mir die Medaille sehr viel.

Am Ende der Saison wurde ich von *Track & Field News* als neuntbeste Siebenkämpferin des Landes eingestuft, und man nominierte mich für den Sullivan Award, der alljährlich einem herausragenden Amateursportler verliehen wird. Trotzdem war ich selbst in Leichtathletikkreisen noch ziemlich unbekannt. Ich hatte keine Sponsoren, sondern nur eine mündliche Vereinbarung mit einer Nike-Vertreterin, die mir hin und wieder ein Paar Schuhe zukommen ließ. Eines Tages schickte ich eine Bestellung ab, doch die Schuhe blieben aus. Ich lebte von der Hand in den Mund, war auf meine Beihilfe angewiesen und konnte mir keine neuen Schuhe leisten. Also rief ich bei Nike an, und wie sich herausstellte, war meine Lieferantin entlassen worden. Der neue Vertreter erklärte mir: »Wir haben keine Unterlagen über Sie. Wir kennen Sie nicht und können unsere Produkte nicht einfach verschenken.«

Ich erwiderte: »Aber ich bin Siebenkämpferin, und die US-Ausscheidungen stehen bevor. Was soll ich denn tun?«

»Ich werde Ihnen noch mal ein Paar schicken«, sagte er.

Meine Chancen, ins Olympiateam aufgenommen zu werden, waren gering, aber mein Training mit Rahn zeitigte interessante Ergebnisse: Ich wurde sehr schnell über 800

Meter, den vielleicht schwersten Teil des Siebenkampfs. Da die 800 Meter stets am Ende des Wettkampfs stattfinden, sind alle Teilnehmerinnen bereits erschöpft. Es sind zwei quälend lange Runden auf bleiernen Beinen, aber ich wurde so stark, dass ich mir ein neues Ziel setzte. Ich wollte den amerikanischen Rekord für die Siebenkampf-800-Meter brechen. Er lag bei 2:06,97 Minuten und wurde von meiner Freundin und Konkurrentin Kym Carter gehalten. Ich lief regelmäßig 2:08 Minuten und glaubte, den Rekord unterbieten zu können.

Obwohl ich einen amerikanischen Rekord und die Mitwirkung im Olympiateam von 1996 anstrebte, fühlte ich mich verpflichtet, noch einmal bei den Paralympics anzutreten. Doch meine zwiespältige Haltung gegenüber den Paralympics verstärkte sich, und diesmal kam es zu einem Vorfall, der mich überzeugte, dass ich hier fehl am Platze war.

Es begann mit einem bürokratischen Durcheinander, wie ich es so sehr liebe. Ein Trainer der U.S. Association of Blind Athletes hatte mir erklärt, dass ich auf die Paralympic-Qualifikationen verzichten könne, da ich mich für die Olympiaausscheidungen qualifiziert hätte. Das kam mir überaus vernünftig vor.

Aber eines Morgens erhielt ich einen Brief, in dem mir mitgeteilt wurde, dass ich an den Ausscheidungen für die Paralympics in Atlanta teilnehmen müsse, wenn ich in die Mannschaft berufen werden wolle. Es gebe keine Ausnahmen. Der Haken bestand darin, dass die Ausscheidungen genau in die Mitte meiner Trainingssaison fielen und nur fünf Wochen vor den eigentlichen Olympiaausscheidungen, ebenfalls in Atlanta, stattfinden sollten. Und am Tag vor den Ausscheidungen für die Paralympics wurde ich in Santa Barbara, Kalifornien, zu einem wichtigen Siebenkampf erwartet.

In meiner Panik führte ich acht hektische Telefonate.

»Wollen Sie mich auf den Arm nehmen?«, fragte ich. »Ich soll mich mit der langen Reise nach Atlanta belasten?« Man mache keine Ausnahmen, hieß es.

Aber ich hatte einen Einfall: Die Vorschriften lauteten nicht, dass ich mich in derselben Disziplin profilieren musste, in der ich bei den Paralympics an den Start gehen würde. Der 100-Meter-Lauf sollte an einem Donnerstag stattfinden. Das gab mir genug Zeit, zum Siebenkampf nach Santa Barbara zu fliegen.

Die Paralympics lagen mir immer noch am Herzen. Deshalb bezahlte ich 2000 Dollar für den Flug und das Hotel, um in Atlanta den 100-Meter-Lauf zu absolvieren. Dort angekommen, stellte ich fest, dass niemand außer mir für die 100 Meter gemeldet war. Ich würde allein auf einer leeren Bahn laufen müssen. Es war der nicht zu übertreffende Verwaltungstrick: Es gab kein Rennen, weil ich als Einzige in meiner Kategorie und meiner Disziplin antrat. Aber die Regeln verlangten, dass ich trotzdem startete, weil ich mich nur so für die Paralympics qualifizieren konnte.

An jenem Abend im Hotel tobte und lachte ich abwechselnd über meine Situation. Am folgenden Tag nahm ich den Pendelbus vom Hotel zum Stadion. Mein Rennen war für 11.55 Uhr angesetzt. Ich ließ mir einen schmerzenden Knöchel verbinden, wärmte mich auf und wartete auf mein Rennen. Und wartete und wartete. Um 11.45 Uhr ging ich schließlich zur Startlinie und teilte einem Funktionär mit: »Auf meinem Terminplan steht, dass die B3-100-Meter in ungefähr zehn Minuten stattfinden sollen.«

Der Mann im Blazer betrachtete mich und antwortete: »O nein. Wir haben beschlossen, das Rennen auf Sonntag zu verlegen. Jetzt ist Mittagspause.«

Ich erstarrte. »Nein, völlig ausgeschlossen. Ich bin die einzige Läuferin, und heute Abend muss ich zu einer Veranstaltung nach Kalifornien fliegen.«

Der Mann im Blazer zuckte die Achseln. Das lasse sich

nicht ändern, sagte er und verschwand, um sich den anderen Blazerträgern zum Mittagessen anzuschließen.

Ich verlor die Beherrschung, ging zu den Organisatoren und brüllte, das Ganze sei wohl ein Witz. »Ich habe einen Flug gebucht. Sie müssen meinen Lauf stattfinden lassen, er steht auf dem Terminplan. Es dauert nur elf oder zwölf Sekunden!«

Schließlich kapitulierten die Organisatoren. Sie trieben ein paar Funktionäre auf, die das Rennen abhalten sollten, und schickten mich zur Startlinie. Während ich dort stand und Lockerungsübungen machte, ertönte eine Stimme aus dem Lautsprecher: »Wir müssen den Terminplan ändern, weil eine Sportlerin zu einer anderen Veranstaltung nach Kalifornien fliegen will. Um ihr entgegenzukommen, halten wir nun den B3-100-Meter-Lauf für Frauen ab.«

Dann gab mir ein Funktionär zwei große Nummern, die ich vorn und hinten an meinem Trikot anbrachte. Außerdem reichte er mir Hüftnummern. Ich schaute ihn fassungslos an. »Das ist doch wohl ein Scherz. Ich bin die einzige Läuferin.«

Er erwiderte: »Nein, das ist eine gute Übung für Spitzenwettkämpfe.«

Ich entgegnete: »Meine Übung für Spitzenwettkämpfe findet nicht hier, sondern in Santa Barbara statt.« Aber ich brachte die Nummern und Sticker an meiner Kleidung an. »Schön, ich nehme Bahn 4.«

Das ist eine gute Bahn.

Niemand außer mir schien die Situation lächerlich zu finden. Im Gegenteil, Mark Lucas vom USABA-Personal feuerte mich aus drei Meter Entfernung an: »Los, Marla, du kannst es schaffen.«

Ich sagte: »Aber ich bin doch die einzige Läuferin.«

Hier wurde meine Frustration über die Paralympics auf den Punkt gebracht. Sie können wunderbar sein, aber an jenem Tag gehörte ich nach Santa Barbara.

Als ich mich in die Startblöcke hockte, war ich immer noch wütend: über die Absurdität der Umstände und darüber, dass ich mein Training hatte unterbrechen müssen. Der Schuss ertönte, und ich rannte zur Ziellinie. Dann rannte ich weiter zu meiner Tasche, riss mir die Spikes von den Füßen, warf die Schuhe hinein und zog mir Turnschuhe an. Ich lief zum Bus und fuhr zum Flughafen. Als ich in Kalifornien landete, hatte ich noch einen Tag Zeit, um mich zu erholen, bevor der Siebenkampf begann.

Kym Carter trat in Santa Barbara ebenfalls in einigen Disziplinen an, wenn auch nicht im Siebenkampf. Ein Jahr zuvor hatte ich Kym bei den US-Meisterschaften wissen lassen, dass ich plante, ihren amerikanischen Rekord im 800-Meter-Lauf des Siebenkampfs zu brechen. Und sie hatte mich angefeuert: »Nur zu, Mädchen!«

Als ich mich am Ende des Siebenkampfs mit den anderen Läuferinnen zum 800-Meter-Rennen aufstellte, kam Kym in den Startbereich herüber. Sie schleppte einen Stuhl hinter sich her und hatte eine Stoppuhr in der Hand.

Kym setzte ihren Stuhl auf Bahn 9 ab, ließ sich nieder, lehnte sich zurück und hob die Stoppuhr. »Okay, Runyan, ich nehme deine Zeit«, sagte sie. Ich amüsierte mich köstlich. Zwar brach ich ihren 800-Meter-Rekord nicht, aber die erzielten 2:10 Minuten waren meine persönliche Bestleistung im Siebenkampf – trotz meines Jetlags und meiner Enttäuschung über das Fiasko in Atlanta.

Nach der Veranstaltung flog ich am Montagmorgen nach San Diego zurück und traf mich schon am nächsten Tag mit Rahn im Stadion, da ich keinen einzigen Trainingstag verpassen wollte. Außerdem war ein Interview mit ESPN angesetzt, und deren Crew wollte mich bei meinen Übungen filmen. Seit ich auf dem Olympic Festival die Bronzemedaille gewonnen hatte, wusste man, dass eine »amtlich blinde« Sportlerin für einen der ersten Plätze im Siebenkampf infrage kam.

Aber ich wusste noch immer nichts über den Sinn des Erholungsprozesses, sondern hielt mich weiterhin an mein Prinzip aus dem Studium, dass Schlaf und Ruhe mit Faulheit gleichzusetzen seien. Seit zwei Wochen hatte ich unablässig trainiert oder an Wettkämpfen teilgenommen, und nun konnte ich meine Erschöpfung nicht mehr überspielen. Beim Kugelstoßen war ich kaum in der Lage, den Arm zu heben. Wir wandten uns den Hürden zu. Die ESPN-Crew wollte mich in allen Disziplinen filmen und hatte sich einen Golf-Buggy gemietet, um mir auf der Bahn zu jeder Hürde folgen zu können.

Aber ich war noch nicht einmal fähig, über die erste Hürde zu springen. Ich stand mit gesenktem Kopf auf der Bahn, rang nach Atem und überlegte, was mir fehlen konnte. Irgendjemand hätte mir sagen müssen: »Marla, du bist erschöpft. Du bist gerade quer durch das Land geflogen und hast dann einen Siebenkampf hinter dich gebracht. Fahr nach Hause und ruh dich aus.«

Stattdessen ermahnte mich Rahn: »Reiß dich zusammen!«

Ich verzog mich in eine Ecke und weinte. Alles schien auf meinen Zusammenbruch hinzuarbeiten: die geistige Erschöpfung nach so vielen Studienjahren; der ständige, entnervende Kampf darum, Dinge zu sehen, deren Wahrnehmung für andere selbstverständlich war; die unnötigen Hindernisse; die Bürokraten; die Aberhunderte von Sprints und Hürdenläufen, die ich ohne ausreichende Ruhepausen absolviert hatte.

Von jenem Tag an war ich mit meinen Kräften am Ende – und die Olympiaausscheidungen würden bereits in fünf Wochen stattfinden. Meine Trainingsleistungen verschlechterten sich von Tag zu Tag. Normalerweise konnte ich dreimal 200 Meter in jeweils 24 Sekunden laufen. Nun brauchte ich jeweils 25 Sekunden. Ich wurde immer langsamer. Rahn spürte meinen Kummer und meine Depression, doch er deutete sie als Kritik an seiner Arbeit als Trainer.

Eines Nachmittags, als ich wieder einmal in Tränen aufgelöst war, verlor Rahn schließlich die Geduld. Er schrie: »Beweg deinen Hintern von der Bahn und komm erst zurück, wenn du eine echte Sportlerin bist.« Rahn war jähzornig und verstand es, diese Eigenschaft zu nutzen, um seine Schützlinge zur Ordnung zu rufen. Aber ich war zu zermürbt. Wieder einmal hatte ich vergeblich versucht, die 200 Meter in einer akzeptablen Zeit zu laufen. Ich stolzierte von der Bahn und ging auf eine schwarze Pforte zum Umkleideraum zu, wo ich ein wenig Wasser trinken und mich beruhigen wollte. Als ich durch die Pforte gegangen war, schlug ich sie heftig hinter mir zu.

»Was fällt dir denn ein?«, fragte Rahn empört.

»Das habe ich von dir gelernt«, entgegnete ich.

Rahn schrie erneut los, meine Tränen flossen weiter, und dann ging ich einfach davon. In all den Jahren von 1987 bis 1996 hatten wir nie einen solchen Konflikt erlebt. Doch nun zerbrach unser harmonisches Verhältnis, und wir konnten es nie wiederherstellen.

In den nächsten fünf Wochen durchlebten Rahn und ich einen Zustand verhaltener Spannung. Meine Mutter flog nach San Diego, um mir zu helfen. Sie kaufte Lebensmittel für mich ein, kochte Mahlzeiten und verstaute sie im Gefrierschrank. Aber je näher die Ausscheidungen kamen, desto nervöser wurde ich. All die Arbeit der letzten Jahre schien vergeblich gewesen zu sein.

Dann wurde es Zeit, nach Atlanta zu reisen. Eine Gruppe aus unserem Trainingsteam von San Diego nahm gemeinsam an den Ausscheidungen teil: Rahns Schwester LaTanya Sheffield würde über 400 Meter Hürden antreten, und die großartige Renee Ross beabsichtigte, nachdem sie zwei Kinder bekommen hatte, ein Comeback über 800 Meter; sie war für die Teilnahme an den Ausscheidungen

2:03 Minuten gelaufen. Auch Jennifer Nanista, Rahns Chefassistentin und meine gute Freundin, begleitete uns.

Jennifer half mir bei Veranstaltungen immer, indem sie Formulare für mich ausfüllte, mir den Meldebereich zeigte und dafür sorgte, dass ich in der richtigen Position stand. Manchmal verschaffte sie mir ein Gefühl für die Bahn – hatte sie breite Kurven oder lange Geraden? Je besser ich orientiert war, desto mehr konnte ich leisten.

Aber bei den Ausscheidungen wurden die Sportler erst knapp vor dem Start jeder Disziplin ins Olympiastadion gelassen. Ich würde die Bahn erst zu Gesicht bekommen, wenn ich sie betrat.

Die Ausscheidungen entsprachen nicht meinen Erwartungen. Es war mein erster Start in einem so angesehenen und bedeutenden Wettkampf, und die schiere Größe überwältigte mich. Überall musste man sich durch ein Menschengewühl drängen.

Der Siebenkampf begann schon am ersten Morgen. Das kam mir sehr abrupt vor, nachdem ich mich jahrelang auf diesen großen Tag vorbereitet hatte. Zuerst wurden alle Sportler mit dem Bus vom Hotel zur Aufwärmbahn gebracht. Ich war nervös und sah Jackie Joyner-Kersee, die Weltmeisterin und Olympiasiegerin, in meiner Nähe.

Erst kurz vor dem Hürdenlauf durften wir das Olympiastadion betreten. Ich war daran gewöhnt, mich mit den Hürden vertraut zu machen, bevor der Startschuss ertönte, und konnte mich nicht orientieren. Ich brauchte ein Gefühl für die Position der einzelnen Hürden, um einen günstigen Rhythmus zu finden. Aber nachdem ich sie nur ungefähr 30 Sekunden gemustert hatte, führte man uns bereits zum Start. Wir streiften unsere Trainingsanzüge ab und stellten die Startblöcke auf. Danach hatten wir die Zeit, zur Übung über eine einzige Hürde zu springen. Dann knieten wir uns nieder.

Jackie Joyner-Kersee befand sich in der Bahn neben mir.

Schwüle lag in der Luft, und es nieselte. Das Stadion war gespenstisch leer. Da die attraktiveren Disziplinen erst viel später begannen, herrschte ein allgemeines Gefühl der Trostlosigkeit. Der Schuss ertönte, ich startete zögernd – und schon war es vorbei. Es war ein relativ langsamer Lauf, und ich belegte den dritten Platz.

Als Nächstes war der Hochsprung an der Reihe. Während ich am Außengeländer des Stadions entlangging, kamen Rahn, Gary und Jennifer die Stufen herunter. Sie eilten auf mich zu. Rahn wollte mir mitteilen, dass mein Lauf langsam gewesen sei und ich etwa 60 Punkte in der Disziplin verloren hätte. Ihre Hektik irritierte mich. Sie schienen alle gleichzeitig zu reden.

Rahn lehnte sich über das Geländer und packte meinen Arm. Ich riss ihn reflexartig zurück. Er starrte mich beleidigt an. Das hatte ich nicht beabsichtigt. Ich war einfach nur in meiner Wettkampfstimmung, was er jedoch nicht wissen konnte – schon gar nicht nach der Szene fünf Wochen zuvor. Rahn wich wortlos zurück.

Inzwischen hatte ich die Fassung verloren. Beim Aufwärmen verpatzte ich alle drei Übungssprünge. Da ich mich immer noch nicht im Stadion orientieren konnte, merkte ich nicht, dass mein Anlauf zu kurz war. Ich hätte weiter hinten auf der Bahn starten müssen, aber mir fehlte die Zeit, den Fehler festzustellen.

Ich sprang nur 1,68 Meter hoch. Mein Anlauf war so kurz und langsam, dass ich bei meinem einzigen Versuch über 1,73 Meter, der nicht sehr schwierig hätte sein sollen, viel zu früh absprang und auf der Latte landete. Das war's.

Nun hatte ich weitere 150 Punkte verloren. Und die Wurfdisziplinen, meine schwächsten, standen mir noch bevor.

Das Wetter schlug um. Der Himmel klarte auf, und es wurde heiß – fast 44 Grad unten auf der Laufbahn. Ein paar von uns drängelten sich unter einem Regenschirm zusammen, um Schutz vor der Sonne zu finden. Mein Kugelstoßergebnis war fürchterlich. Ich schaffte gerade mal zehn Meter, während alle anderen über 13,70 Meter kamen.

Zum Glück hatten wir jetzt nur noch die letzte Disziplin des ersten Tages zu absolvieren. Es waren die 200 Meter, und wiederum startete Jackie Joyner-Kersee in meinem Lauf. Ich konnte meine Trainingsleistung kaum verbessern und brachte es auf 24,6 Sekunden. Damit war ich in der Rangliste nicht weit vom letzten Platz entfernt. Mit meiner Teilnahme an den Olympischen Spielen war nicht mehr zu rechnen, obwohl wir lediglich die erste Hälfte des Wettbewerbs hinter uns gebracht hatten.

Ins Hotel zurückgekehrt, war ich wie versteinert über meine schlechten Leistungen. Ich dachte an meine Eltern und daran, welche Enttäuschung ich ihnen bereitet haben musste. Deshalb rief ich in ihrem Hotel an und hinterließ ihnen eine Nachricht: »Es tut mir Leid, dass ihr so weit gereist seid und euer Geld verschwendet habt, um dann dieses jämmerliche Schauspiel mitzuerleben.«

Bekümmert blieb ich eine Weile allein in meinem Zimmer sitzen, bevor ich zum Hörer griff und meine Freundin Renee Ross anrief. Renee kam in mein Zimmer herüber, um mich zu trösten. Aber dann riet sie mir, meine ganze Kraft zusammenzunehmen.

»O Marla«, sagte sie, »du musst einfach an morgen denken. Welche Disziplinen sind noch übrig?«

»Weitsprung, Speerwurf und 800 Meter«, antwortete ich.

»Also gut. Du gehst morgen da raus und bringst den Speerwurf und den Weitsprung hinter dich. Und dann läufst du die 800 Meter und brichst den amerikanischen Rekord. Na, wär das nichts?«

Ihre Worte rüttelten mich auf und ließen mich einen Moment lang meine eigenen Sorgen vergessen. Renee hatte an jenem Tag an den 800-Meter-Vorläufen teilgenommen, und ich wusste nicht einmal, wie es ausgegangen war.

»Renee – wie hast du abgeschnitten?«, fragte ich.

»Nicht allzu gut«, erwiderte Renee. »In der zweiten Runde gab es ein Gedränge im Feld, und ich habe versehentlich ein Mädchen angerempelt, sodass sie stürzte. Ich war so betroffen, dass ich abgebremst habe.«

Renee war 2:13 Minuten gelaufen, nachdem sie in der Qualifikation für die Ausscheidungen 2:03 geschafft hatte. Es war eine schreckliche Enttäuschung für sie, aber das hinderte sie nicht daran, sich meinen und nicht ihren eigenen Gefühlen zu widmen.

Am nächsten Morgen nahm ich den Speer zu meinem ersten Übungswurf auf. Ich konnte ihn nie sehen, wenn er meine Hand verlassen hatte. Deshalb wusste ich nie, ob er bei 58 oder nur bei 28 Metern gelandet war.

Ich schleuderte den Speer, und kurz darauf rief neben mir eine meiner Konkurrentinnen: »Herrje, Marla, du hast gerade 41 Meter geworfen!«

»Tatsächlich?«, fragte ich.

Um mein Glück nicht auf die Probe zu stellen, beschloss ich, keine weiteren Übungswürfe zu machen. Dann begann der Wettbewerb, und ich erreichte kümmerliche 36 Meter, aber es war trotzdem eine der besten Leistungen meiner Karriere.

Danach folgte der Weitsprung, und ich erzielte ein mittelmäßiges Resultat. Das Einzige, was mir durch den Kopf ging, waren die 800 Meter.

Endlich kam die letzte Disziplin an die Reihe. Ich ging in einen Waschraum unterhalb des Stadions und übergoss mich mit Wasser. Als ich mich abgetrocknet hatte, sagte ich mir: *Okay, tu einfach so, als hätte es keine anderen Disziplinen gegeben.*

Ich setzte mir meine Kopfhörer auf, hörte mir Musik an und ignorierte die anderen Sportlerinnen, die sich im Innern des Stadions drängten. Alle ließen mich in Ruhe, denn sie ahnten, dass ich den Rekord anstrebte. Ich lag auf dem

17. Platz und kam für die Olympiamannschaft nicht mehr infrage. Deshalb hatte ich nichts zu verlieren. Ich würde mich völlig verausgaben, und meine Konkurrentinnen wussten es.

Schließlich wurden wir wieder ins Olympiastadion gerufen. Diesmal herrschte eine völlig andere Atmosphäre, denn alle Plätze waren besetzt. An diesem Abend fand auch der 100-Meter-Endlauf statt, und die Menge fieberte dem Duell zwischen Gail Devers und Gwen Torrence entgegen. Wir stellten uns zum 800-Meter-Lauf auf, während die meisten Zuschauer Hotdogs aßen oder Bier tranken. Niemand schenkte uns besondere Aufmerksamkeit. Wir waren nur eine Ablenkung zwischen den Glanzdisziplinen. Lediglich ein paar Fans beobachteten uns am Start. Einer war ein Mann namens Dick Brown, ein legendärer Coach, der unter anderem Mary Decker Slaney trainiert hatte.

Ich stand in der warmen Abendluft in dem herrlich erleuchteten Stadion auf meiner Bahn und hatte nur einen einzigen Gedanken: *Bedaure nichts, renn dir das Herz aus dem Leibe.*

Der Startschuss ertönte.

Wir näherten uns der ersten Kurve. Ich sprintete sofort auf die Innenbahn und übernahm die Führung. Bis zur 200-Meter-Marke hielt ich das Tempo aufrecht. Ich dachte: *Marla, Vorsicht, das sind keine 400 Meter. Ganz ruhig.* Meine ersten 200 Meter hatte ich in 26 Sekunden zurückgelegt. Viel zu schnell.

Vorsicht, du musst dich entspannen. Es warten noch 600 Meter auf dich.

Dick Brown dachte genau das Gleiche. Von seinem Sitz auf der Tribüne schaute er zu, während ich um die Tartanbahn rannte, und sinnierte: *Das Mädchen ist nicht clever. Sie hat ein zu hohes Tempo vorgelegt.*

Ich lief immer noch allein, als ich die 400-Meter-Marke passierte. Eine riesige Digitaluhr war im Innenfeld, nicht weit von Bahn 1, angebracht, und ich konnte die beiden letzten Ziffern lesen: »9,8«. Mehr brauchte ich nicht zu wissen, denn die erste Ziffer konnte nur eine 5 gewesen sein.

Noch nie war ich die ersten 400 Meter in 59 Sekunden gelaufen. Einen Moment lang war ich mir nicht sicher, ob ich das Tempo aufrechterhalten konnte. Es würde wehtun. Aber dann merkte ich, dass ich mich seltsam gut fühlte. Meine Bewegungen waren fließend, nichts verhärtete sich. Ich konnte es nicht begreifen, aber ich hatte keine Mühe – noch nicht.

Nun hatte ich die dritten 200 Meter zurückgelegt, und ich konnte Rahn brüllen hören: »1:30!« Das war meine 600-Meter-Zeit. Er schrie: »Du schaffst es!« In der Menge von 33 000 Menschen konnte ich Rahns Stimme deutlich heraushören. Nach so vielen Jahren war ich darauf konditioniert.

Ich lief die letzten 200 Meter unter Aufbietung aller Kräfte. *Verkrampf dich nicht, verkrampf dich nicht, verkrampf dich nicht.* In der Zielkurve wusste ich, dass ich einen neuen Rekord aufstellen würde, wenn mich mein Körper nicht im Stich ließ. *Verkrampf dich nicht, verkrampf dich nicht.*

Auf den letzten 100 Metern schwoll der Lärm der Zuschauer an, die vorher so unbeteiligt gewesen waren. Allmählich hatten sie bemerkt, dass diese Siebenkämpferin recht gute 800 Meter lief. Es war das erste Mal, dass ich die Menge während eines Rennens hörte, und als ich die Ziellinie überquerte, brach Jubel aus. Ich sah auf die Uhr: 2:04,70 Minuten. Ich hatte den bisherigen Rekord um fast zwei Sekunden unterboten. Unglaublich. Ich hob den Arm, legte dann die Hände auf die Knie und versuchte, nicht zu taumeln.

Eine lange Minute hindurch schritt ich um die Bahn und rang nach Atem. Ob man den Rekord über Lautsprecher bekannt geben würde? Aber der Ansager blieb stumm. Schließlich trat ein Funktionär auf mich zu.

»Sie müssen jetzt die Bahn verlassen«, sagte er. »Das nächste Rennen wird gleich gestartet.« Er meinte die 100 Meter der Frauen.

»Aber es war ein Rekord«, erwiderte ich.

Er hatte keine Ahnung, wovon ich sprach, sondern zeigte nur in die Richtung, die ich einschlagen sollte.

So erfuhr ich, wie unbedeutend ein derartiger Rekord ist. Ein Weltrekord, schön, der ist unvergleichlich. Aber wie lässt sich erklären, dass du gerade die schnellste amerikanische Zeit über 800 Meter *in einem Siebenkampf* gelaufen bist, wenn die meisten Menschen nicht einmal wissen, was ein Siebenkampf ist? Die Worte »ein amerikanischer Rekord im 800-Meter-Lauf des Siebenkampfs« waren für fast alle außer mir nebensächlich. In jenen wenigen Minuten begriff ich, dass man ein Rennen für sich selbst und zu seiner eigenen Genugtuung laufen muss, denn es handelt sich nicht um eine besonders populäre Aktion. Hauptsächlich ist es ein Kampf mit dem eigenen Willen, und wenn du allerlei Glückwünsche von anderen erwartest, wirst du enttäuscht. Ich wusste, dass es ein Rekord war, und nur darauf kam es an.

Aber auf der Tribüne gab es immerhin noch einen Menschen, der begriff, dass ich einen neuen Rekord aufgestellt hatte, und beeindruckt war: Dick Brown. Er hatte mein Potenzial auf einem anderen Gebiet erkannt. Als ich die Ziellinie überquerte, dachte er: *Sie ist in der falschen Sportart.* Seiner Meinung nach war ich keine Siebenkämpferin, sondern eine Läuferin.

Inzwischen befand ich mich im Medientunnel, wo uns Presseleute, die durch mehrere Seile von uns getrennt waren, interviewen konnten. Aus Freude über den Rekord hüpfte ich auf und ab wie ein Kind, aber auch bei der Presse schien niemand zu registrieren, was vorgefallen war. Die

Einzigen, die Bescheid wussten, waren die anderen Siebenkämpferinnen. Einige traten auf mich zu, um mir zu gratulieren.

Plötzlich rief jemand: »Marla!«, und ich drehte mich um. Es war Renee. Sie streckte weinend die Arme über die Seile aus, drückte mich an sich und jubelte: »Du hast es geschafft, du hast es geschafft!« Meine Enttäuschung über den Mangel an Anerkennung durch die Presse verflog rasch. Ich umarmte Renee und dankte ihr für ihre Hilfe.

Als Nächstes bahnte sich Jennifer Nanista einen Weg durch die Menge und beglückwünschte mich. Ich blickte über ihre Schulter und fragte: »Wo ist Rahn?«

Sie antwortete: »Äh, oben auf der Tribüne.« Anscheinend war Rahn immer noch verärgert über mich, weil ich mich von ihm losgerissen hatte.

Ich zog meinen Trainingsanzug wieder an, um mit dem Bus zurück ins Hotel zu fahren. Gwen Torrence hatte Gail Devers über 100 Meter knapp geschlagen, und alle anderen Wettkämpfe waren vorbei. Ich ging durch den Tunnel, als Rahn und Gary endlich auftauchten.

Rahn klopfte mir auf die Schulter und sagte: »Gut gelaufen.«

Das war alles. Gary gönnte mir kein Wort. Ich war fassungslos über ihre Reaktion. Auf der Fahrt zum Hotel saßen wir verlegen schweigend im Bus, und dann verschwand ich sofort in mein Zimmer. Meiner Meinung nach hatte ich Glückwünsche verdient, denn durch die 800 Meter war ich unter 26 Teilnehmerinnen vom 17. auf den zehnten Platz vorgerückt.

Ich rief Ramona Pagel an. »Weißt du was? Ich habe den Rekord über 800 Meter gebrochen. Ich bin eine amerikanische Rekordhalterin – mehr oder weniger. Natürlich nicht so wie du.«

»JAAA!«, schrie Ramona. »Das ist toll!«

Ich klammerte mich an den Rekord als einzigen Lohn

für meine jahrelangen Anstrengungen. Nach den sechs kläglichen Leistungen in den anderen Disziplinen war er das Einzige, was ich vorzuweisen hatte. Und nur er sollte mich daran hindern, den Sport ganz aufzugeben.

Ich schlief bis Mittag und begriff beim Erwachen, dass meine Arbeit mit Rahn und Gary ihr Ende erreicht hatte. Obwohl sie mir viel hatten beibringen können, wurde es nun wahrscheinlich Zeit, andere Methoden auszuprobieren. Im letzten Trainingsjahr hatte ich mich im Siebenkampf nicht nennenswert verbessert. Vielleicht trat ich sogar in der falschen Disziplin an.

Jennifer teilte das Zimmer mit mir, und als sie sich im Nachbarbett rührte, sagte ich: »Ich glaube, nächstes Jahr sollte ich die 1500 Meter laufen.«

Sie setzte eine skeptische Miene auf. »Nein, du bist keine 1500-Meter-Läuferin. Du eignest dich für Kurzstrecken.« Aber davon war ich nicht überzeugt.

Da man mich zu einer Einlage im 400-Meter-Staffellauf für blinde Sportlerinnen am Ende der Ausscheidungen eingeladen hatte, blieb ich während der gesamten Veranstaltung in Atlanta – genau wie Rahn. Es kam zu keinem Zusammenstoß mehr.

Dieser Lauf sagte mir überhaupt nicht zu, da ich nun eine weitere Woche in Atlanta verbringen musste, aber ich fühlte mich dazu verpflichtet, weil ich mich stärker innerhalb der USABA engagieren wollte. Das Rennen konnte mir als Test dienen und mir bei der Entscheidung helfen, ob ich auf die 800 Meter umsatteln sollte. Wäre es nicht besser, den Siebenkampf mit seinem mühsamen, vielschichtigen Training aufzugeben und mich auf das Laufen zu konzentrieren?

Ich brachte für meine Staffelstrecke genauso viel Einsatz auf wie für die 800 Meter bei den Ausscheidungen. Nach der einwöchigen Ruhepause war ich frisch und hatte eine günstige Gelegenheit, herauszufinden, wozu ich auf »neuen« Beinen fähig war. Beim Überschreiten der Ziellinie hatte ich das Gefühl, eine gute Leistung vollbracht zu haben. Aber dann wurde meine Zeit über den Lautsprecher bekannt gegeben: 58,6 Sekunden. Das war viel langsamer, als ich mir erhofft hatte.

Niedergeschlagen setzte ich mich in einen Tunnel unter dem Stadion. Ich konnte nicht glauben, dass ich nur 58,6 Sekunden über 400 Meter geschafft hatte. Bei einer solchen Zeit würde ich niemals eine gute 800-Meter-Läuferin werden können. Ein Glück, dass ich meine Lehrbefähigung hatte.

Ich stieg in den Bus und fuhr zurück zum Hotel. Im Foyer rannte Jennifer, mit Rahns Stoppuhr in der Hand, auf mich zu. Sie hielt mir die Uhr vors Gesicht. »Guck dir das an«, rief sie aufgeregt.

»Jennifer, ich kann nichts erkennen«, erwiderte ich.

»Es sind 52,6 Sekunden. Du bist 52,6 Sekunden auf der Staffelstrecke gelaufen.«

»Und warum zum Teufel war von ›58‹ die Rede?«

»Keine Ahnung. Aber wir haben dich mit drei Uhren gestoppt, und du bist 52,6 gelaufen.«

Es waren die schnellsten 400 Meter meines Lebens, und sie lieferten mir die Bestätigung, die ich gebraucht hatte. Dieser eine Staffelabschnitt bewog mich, vier weitere Trainingsjahre auf mich zu nehmen, diesmal als Läuferin. Ich wusste, dass ich weiterhin von der Hand in den Mund leben würde und nur stundenweise arbeiten konnte. Aber meine plötzliche Temposteigerung war so faszinierend, dass ich sie nicht ignorieren wollte.

Ich suchte das Nike-Empfangszimmer auf dem Olympiagelände auf, um eine finanzielle Unterstützung oder wenigstens die Lieferung von Schuhen zu erhalten. Doch alles, was ich vorweisen konnte, war mein zehnter Platz im Siebenkampf. Ich setzte mich mit dem Vertreter zusammen, mit dem ich bereits telefoniert hatte. Er hielt sofort

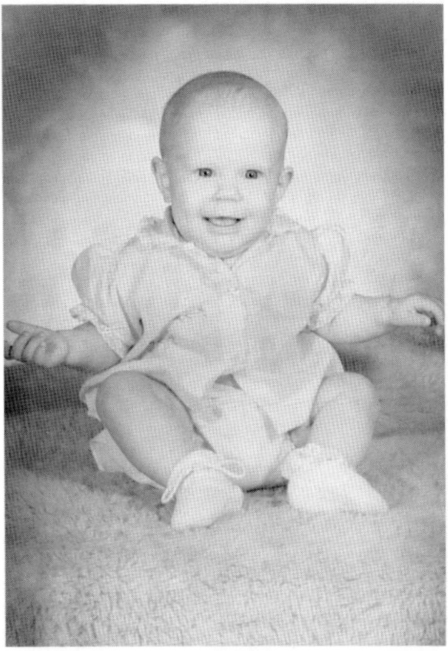

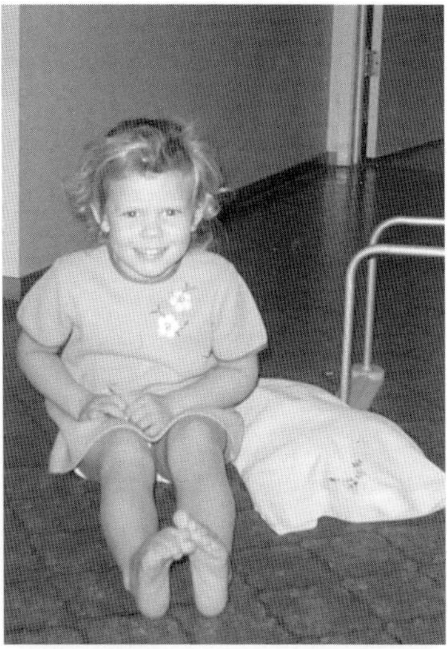

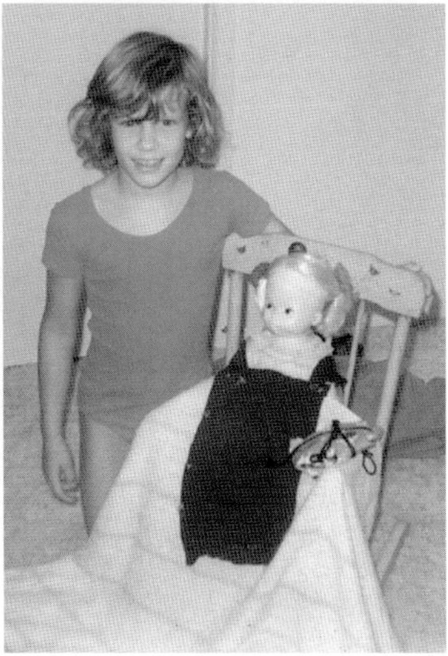

1 *(oben links)* Schon als Baby konnte ich Einschränkungen nicht leiden. Wahrscheinlich gefiel mir auch dieses Kleid nicht.
2 *(oben rechts)* Schuhe? Was ist das denn? Lieber wollte ich den Boden unter den Füßen spüren.

3 *(unten links)* Mit meinem Bruder Grady in Salinas, Kalifornien.
4 *(unten rechts)* Immer noch im Turntrikot. Ich konnte es nicht erwarten, zum Spielen nach Hause zurückzukehren.

5 *(oben)* »Spring in die Luft und wölbe den Rücken«, hieß es im Gymnastikunterricht – und das tat ich auch.
6 *(rechts)* Mit vollem Sehvermögen und sehr selbstbewusst – wenn man diesem Foto aus der zweiten Klasse glauben darf.

7 Mit Grady und dessen bestem Freund Glen nach dem Fischfang auf dem Lake Mead – ein Jahr nachdem die Stargardt-Krankheit bei mir diagnostiziert worden war.

8 Mit meiner Mutter Valerie Runyan, meiner Verbündeten und engagierten Anwältin, die nie aufhörte, nach Lösungen zu suchen.

9 *(rechts)* Auf der hinteren Veranda mit meinem Vater Gary Runyan. In der Hand habe ich den »Golden Tenny« für die sechste Klasse; es war eine sportliche Auszeichnung, die ich noch zweimal erhalten sollte.
10 *(unten)* Mit meinem sb-Lieblingslehrer John O'Looney, der mich immer zum Lachen bringen konnte.

11 *(oben)* Ich spiele das Menuett Nr. 3 von Johann Sebastian Bach auf einem Fischerboot vor Hawaii.
12 *(rechts)* Als ich in der sechsten Klasse war, hielt meine Mutter eine Dauerwelle für angebracht. Ich hatte da so meine Zweifel.

13 *(rechts)* Beim Laufen fühlte ich mich im Vollbesitz meines Sehvermögens, denn auf der Bahn oder im Gelände schien es auf die Sehfähigkeit nicht anzukommen.
14 *(unten)* Mit meiner Hochsprungkameradin Kelly Maloney an der High School.

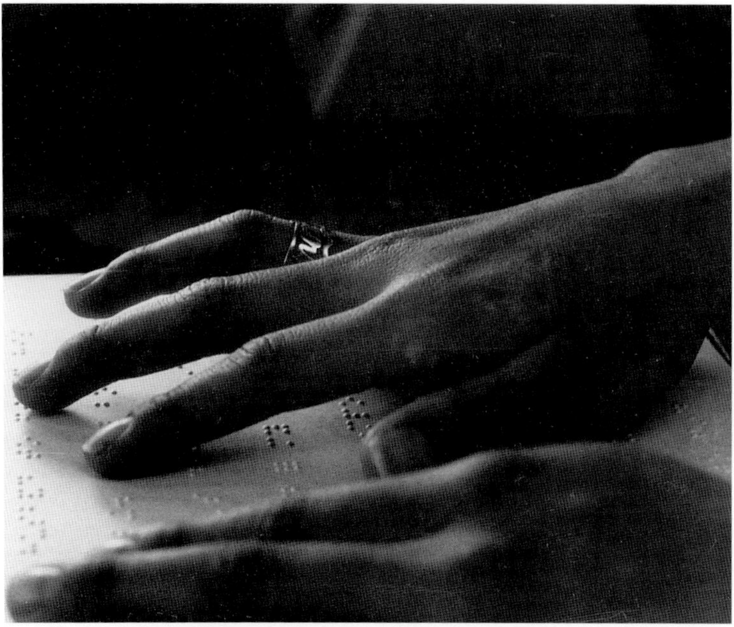

15 Diese Aufnahme nannte ich »Ein Quäntchen Sicht« und gewann damit den ersten Preis im Bezirkswettbewerb für Fotografie.

16 *(oben)* Ich begann als Hochspringerin in einer selbst angelegten Grube im Garten hinter unserem Haus; an der San Diego State University brachte ich es schließlich auf 1,78 Meter.
17 *(rechts)* Ich lief die letzte Runde der 4x400-Meter-Staffel bei den Western Athletic Conference Championships, nachdem ich im Siebenkampf Zweite geworden war.
18 *(folgende Seite)* Das Wichtigste beim 100-Meter-Hürdenlauf ist der Rhythmus. Ich konnte die Hürden zwar nicht sehen, aber ich war in der Lage, sie zu überwinden.

19 Bei meinem Sieg über 400 Meter bei den Paralympics von 1992 trug ich zum ersten Mal das US-Trikot… (Foto: William Sallaz)

20 …und schwenkte die amerikanische Flagge bei meiner Ehrenrunde. (Foto: William Sallaz)

21 Mit meinem früheren Trainer Dick Brown (Mitte) und meiner Freundin Jennifer (links) am Amazon Trail. Ich musste noch viel über das Laufen lernen.

22 Mein Hund Summer und ich auf einer Wanderung in Bend, Oregon. (Foto: Bruce Jackson)

23 Mit Matt (links) und meinem ehemaligen Trainer Mike Manley (rechts), der mir half, mich für die Olympiaausscheidungen von 2000 zu qualifizieren. (Foto: Michael Kevin Daley)

24 *(rechts)* Leah Pells (rechts) und ich vor unserem Fotofinish bei den Panamerikanischen Spielen. »Wer hat gewonnen?«, fragte ich sie. »Du«, antwortete sie. (Foto AP/ Kevin Djansezian)
25 *(unten)* Matt und ich nach seinem Halbmarathon in Coburg, Oregon. Er war »The Rock« und gab meinem Leben Stabilität.

26 *(links)* »Danke«, sagte ich zu dem blauen Himmel über mir. Ich überquerte die Ziellinie und wurde Olympiateilnehmerin – aber ich war Marla geblieben. (Foto: Brian J. Meyers@PhotoRun)
27 *(unten)* Zieleinlauf beim 1500-Meter-Lauf der Frauen anlässlich der US-Olympiaausscheidungen von 2000. (Foto: FinishLynx)

11/30/00 1:13:26 PM

2000 U.S. Olympic Trials - 1500 Meter Run Women (25-2-1)

Finish - Outside

Start: 7/16/00 14:05:36.33

Place	Id	Lane	First Name	Last Name	Affiliation	Time	ReacTime
1	456	6	Regina	Jacobs	NIKE - Nike	4:01.01	
2	292	11	Suzy	Favor-Hamilton	NIKE - Nike	4:01.81	
3	796	12	Marla	Runyan	ASIC - Asics	4:06.44	

28 *(rechts)* »Batgirl.«
29 *(unten)* Matt und ich nach einem Training in Sydney. Die Haupttribünen des Olympiastadions im Hintergrund boten einen herrlichen Anblick, sogar für meine Augen.

30 *(links)* Das Tempo verringerte sich, und ich übernahm im Olympiafinale die Führung. Es war ein gewaltiges Risiko, aber ich musste es eingehen. (Foto: Victah@PhotoRun)
31 *(unten)* Nach dem 1500-Meter-Olympiafinale herrschte Chaos. Ich versuchte, meine US-Teamgefährtin Suzy Favor Hamilton zu trösten. (Foto: AP/Michael Probst)

32 *(oben)* Die Uhr im New Yorker Armory Center zeigt meine Zeit von 15:07,33 Minuten an: neuer amerikanischer Hallenrekord über 5000 Meter! (Foto: Stacy Creamer)
33 *(unten links)* Auch Olympiateilnehmer müssen Büroarbeit erledigen. Hier lese ich gerade mit meinem CCTV. Ich bin zwar nicht besonders schnell, aber ich schaffe es.
34 *(unten rechts)* Summer und ich voller Besitzerstolz vor unserem neuen Haus in Eugene, Oregon.

eine entmutigende Rede. »Nike hat es nicht nötig, Top-Ten-Sportler zu sponsern. Wir möchten nur die drei Weltbesten fördern. Im nächsten Jahr werden wir die Zahl der Sportler verringern, die den Swoosh [ihr Logo] tragen, und wir halten nicht mehr nach neuen Ausschau.«

Ich hatte nur noch einen Trumpf und spielte ihn jetzt aus. »Gerade bin ich von ABC-TV angerufen worden. Sie wollen mich am nächsten Wochenende interviewen.«

Noch bevor ich den Satz beendet hatte, warf er ein: »Wissen Sie was? Vielleicht sollten wir Sie doch auf die Liste derjenigen setzen, die nächstes Jahr von uns ausgerüstet werden. Am besten gebe ich Ihnen gleich ein paar Sachen für das Interview. Und wenn ich aus Europa zurückkehre, schicke ich Ihnen einen offiziellen Vertrag.«

Er reichte mir ein Nike-Backpack und warf mir T-Shirts und Mützen zu.

Ich war erleichtert darüber, dass mir Nike ein weiteres Jahr helfen würde. Aber ich musste ein noch größeres Problem lösen: Wer sollte mich trainieren? Ich brauchte einen neuen Coach, der mir beibrachte, längere Strecken zu laufen. Ich musste eine grundlegende Veränderung vornehmen.

Die Erkundigungen, die ich über Trainer in anderen Stadien und an anderen Universitäten einzog, führten zu keinem Ergebnis. Dann rief mich meine Mutter eines Nachmittags an und fragte: »Hast du dir die 1500 Meter der Frauen bei den Olympiaausscheidungen angesehen?«

Nein. Ich hatte im Tunnel gesessen und über meine, wie ich glaubte, lausige 400-Meter-Zeit gebrütet.

Meine Mutter fuhr fort: »Also, an dem Rennen nahm ein Mädchen namens Vicki Huber teil; sie belegte den dritten Platz. Als sie danach interviewt wurde, dankte sie ihrer Trainingspartnerin Suzy Favor Hamilton und ihrem Coach Dick Brown. Alle wohnen in Eugene, Oregon, und sind wie eine große Familie. Vielleicht könntest du umziehen und dort trainieren.«

»Mom, Dick Brown würde mich nicht trainieren«, sagte ich. »Er ist für Olympiateilnehmerinnen zuständig. Die beiden Mädchen haben sich qualifiziert.« Außerdem ließ ich sie wissen, dass er Mary Decker Slaney zu ihrer Weltmeisterschaftsmedaille verholfen hatte.

»Ich fand nur, dass sie sich sehr sympathisch angehört haben«, beharrte meine Mutter. »Vielleicht lohnt es sich, der Sache nachzugehen.«

Zuerst ignorierte ich den Vorschlag. Aber als die Tage verstrichen und ich keinen Trainer finden konnte, beschloss ich, einen Versuch zu wagen. Ich erhielt Dick Browns Telefonnummer von einem Coach an der University of Oregon und rief ihn an. Er war nicht zu Hause, und ich hinterließ eine gestammelte Nachricht auf seinem Anrufbeantworter.

»Äh, hallo. Sie kennen mich nicht, aber ich heiße Marla Runyan, und ich, äh, bin bei den Ausscheidungen angetreten. Im, äh, Siebenkampf, und ich bin die 800 Meter in 2:04 Minuten gelaufen. Ich dachte, dass ich nächstes Jahr vielleicht auf 800 Meter umsatteln sollte, und, äh, ich suche einen … einen neuen Coach. Und ich würde gern mit Ihnen sprechen, um meine Möglichkeiten beurteilen zu können. Ich, äh, wäre Ihnen sehr dankbar, wenn Sie sich melden würden.«

Ich hinterließ meine Telefonnummer, legte auf und dachte sofort: *O mein Gott, war das unbeholfen.*

Am Nachmittag klingelte das Telefon. Die Stimme am anderen Ende der Leitung sagte: »Hallo, Marla, hier spricht Dick Brown.«

»Oh, hallo«, erwiderte ich und umklammerte den Hörer.

»Ich habe Sie bei den 800 Metern in Atlanta gesehen«, sagte er. »Und bei den Ausscheidungen gab es nur zwei neue Sportlerinnen, die ich nächstes Jahr trainieren würde … Sie sind eine davon.«

Mir wurden die Knie weich, und ich ließ mich auf einen Stuhl sinken. Dick Brown, der legendäre Dick Brown, hatte

Interesse daran, mich zu trainieren. Wir plauderten noch ein paar Minuten lang, und am Ende des kurzen Gesprächs war ich bereit, auf der Stelle nach Eugene umzuziehen. Basta. Ich fragte ihn nicht einmal nach seinen Trainingsmethoden oder nach seiner Einstellung. Für mich zählte nur, dass er Leute trainierte, die sich für das Olympiateam qualifiziert hatten.

Ein paar Tage später hatte Dick aus anderen Gründen in San Diego zu tun, und wir lernten einander kennen. Er war ein geschmeidiger, äußerst nachdenklicher Mann, mit dem man sich mühelos unterhalten konnte. Dick teilte mir mit, was ihn an mir besonders beeindruckt habe, seien meine Verbindung aus Kraft und Tempo sowie meine Fähigkeit, mich am Ende des Rennens aller Müdigkeit zum Trotz zu konzentrieren. Er fragte mich nach meinem Trainingsprogramm, und ich beschrieb es in kurzen Zügen. Dick lauschte mir nickend und ging dann auf seine Philosophie ein.

»Ich bin sehr geduldig«, sagte er. »Das ist der Schlüssel, denn über Nacht lässt sich nichts aufbauen. Wenn Sie mit mir zusammenarbeiten, müssen Sie Ihre Ausdauer langsam erhöhen. Sie haben den Übergang von einer College-Sportlerin zur Weltklasse noch nicht ganz vollzogen, aber Sie könnten eine großartige Läuferin werden.«

Nach dem Lunch wusste ich, dass meine Entscheidung, nach Eugene zu ziehen, richtig war. Aber zuerst musste ich Rahn Bescheid sagen. Ich fürchtete mich vor dem Treffen, doch es ließ sich nicht vermeiden. Ich ging hinüber zu seinem Büro, steckte zögernd den Kopf hinein und sagte, dass wir miteinander reden müssten. Dann erzählte ich ihm, dass sich Dick Brown die 800 Meter angeschaut hätte. Ich hätte mich endgültig entschlossen, den Siebenkampf aufzugeben und für den 800-Meter-Lauf zu trainieren. Danach wartete ich nervös auf seine Reaktion.

Er stand auf, kam um seinen Schreibtisch herum und umarmte mich kräftig. »Ich freue mich wirklich für dich. Wenn du etwas brauchst, weißt du, wo du mich findest.«

Ich erwiderte seine Umarmung. Dann fuhr ich nach Hause und begann zu packen.

7. Eugene

An einem frischen Septembermorgen kam ich in Eugene, Oregon, an. Als ich aus dem Minibus stieg und tief einatmete, war es eine ganz neue Empfindung für mich. Die Luft erschien meiner Lunge kühl und leicht, und der Anblick der Stadt hatte eine ähnliche Wirkung auf meine Augen. Etwas Weiches und Nachgiebiges kennzeichnete das Licht, das mich nicht halb so stark blendete wie die kalifornische Sonne, die von den Straßen und Gebäuden und Beton-Malls zurückgeworfen wurde. Hier brach sich das Sonnenlicht durch die Umgebung mit ihren kiefernbestandenen grünen Hügeln und durch weite, wogende Grasflächen. Und es war still. Anstelle von Bürgersteigen schien es überall mit Holzspänen bedeckte Fußwege zu geben, und der allgemeine Eindruck war der einer gedämpften Sanftheit. Sogar die Verkehrsgeräusche wurden durch das beruhigende Rauschen des Willamette River gemildert.

Ich hatte keine bestimmten Erwartungen gehabt, denn es war mir gleichgültig, wo ich wohnte. Eugene war ein Mittel zum Zweck, ein Ort, an dem ich trainieren und von einem erstklassigen Coach, Dick Brown, unterwiesen werden konnte. Aber ich merkte sogleich, dass ich mich hier wohl fühlen würde. Die ganze Stadt schien für Menschen in Laufschuhen geplant worden zu sein. Überall gab es Reformkostläden, Fahrradwege und Holzspanpfade. Eugene ist die Welthauptstadt für Läufer, und nun begriff ich, weshalb. Seine reine Luft lud die Füße geradezu ein, sich zu bewegen, und das konzentrierte Grün schien die Zielstrebigkeit zu fördern, die für kraftvolle Läufe benötigt wird.

Eugene war seit langem Heimat und Trainingsstrecke für Langstreckenlegenden wie Steve Prefontaine, Mary Decker Slaney, Alberto Salazar oder Bill McChesney. Außerdem war es der Wohnort des weniger berühmten, aber nicht weniger einflussreichen Bill Bowerman, der die modernen Laufschuhe erfunden und vielleicht ganz allein den Laufboom in den Vereinigten Staaten ausgelöst hatte. Es heißt, Bowerman, der als Cheftrainer an der University of Oregon gearbeitet hatte, habe sich mit Arthur Lydiard aus Neuseeland getroffen, der als Begründer der modernen Langstreckentheorie gilt. Bowerman habe Lydiards Methoden und seine Ansichten über die Physiologie des Laufens in die Vereinigten Staaten gebracht und dadurch die Joggingmode in Amerika eingeleitet. Zudem erfand Bowerman einen neuen Turnschuh, den er mithilfe eines Waffeleisens in seiner Garage entwickelte und Nike nannte.

Aus diesen Gründen erhielt Eugene den Spitznamen »Track Town USA«, und an der Ecke Franklin Boulevard und Agate Street gab es sogar eine Track Town Pizza. Gepflegte Laufpfade winden sich parallel zum Willamette River durch die Stadt, und Kenner debattieren ausgiebig über die Vorzüge der einzelnen Pfade. Die meisten Einwohner sind eingefleischte Leichtathletikfans und würden sich ohne Zögern in den Regen stellen, um einen 5000-Meter-Lauf mitzuerleben. Und sie haben ein ausgeprägtes Geschichtsbewusstsein. Ein Gespräch mit einem Bürger von Eugene enthält aller Wahrscheinlichkeit nach die Wendung: »Ich erinnere mich an …«

Ich hatte mich bereits seit fast zehn Jahren mit Sprints, Sprüngen und Wurfdisziplinen befasst, als ich den Boden von Oregon betrat. Aber erst als ich mit 28 Jahren in Eugene eintraf, lernte ich endlich, *wie* man laufen sollte.

Bei meiner Ankunft wusste ich noch nicht, was es bedeutet, eine Spitzenläuferin zu sein. Aber ich hatte große Pläne: In vier Jahren wollte ich als 800-Meter-Läuferin an den Olympischen Spielen teilnehmen. Aber um mich für das US-Team zu qualifizieren, musste ich etwas leisten, das ich noch nie auch nur annähernd geschafft hatte: die Strecke in weniger als zwei Minuten laufen. Meine persönliche Bestleistung von 2:04 Minuten war mittelmäßig im Vergleich zu dem, was jene Frauen vollbrachten, die sich auf die Disziplin spezialisiert hatten. Ich würde mich als Sportlerin grundlegend verändern müssen. Es galt, nicht nur meine stämmige Gestalt einer Siebenkämpferin, sondern auch meinen Geist umzumodeln.

Ich war auf der Suche nach einer neuen Mentalität und kämpfte noch immer gegen die nachklingende Erschöpfung aus meinen Jahren in San Diego. Eines Abends, kurz vor meiner Abreise nach Eugene, saß ich auf der Veranda vor dem Haus meiner Eltern und sagte: »Ich möchte einfach dorthin umziehen und wieder Spaß am Laufen haben. Es kommt nicht darauf an, ob ich nächstes Jahr 2:01 oder 2:02 Minuten schaffe.« Das war eine neue Einstellung für mich, da Rahn immer auf genau definierten Zeiten bestanden hatte. Aber 1996 hatte mich gelehrt, dass es unsinnig war, mein Selbstwertgefühl und mein Glück vom Ergebnis eines einzigen Wettkampfs bestimmen zu lassen.

Meine Eltern beschlossen, mir beim Umzug nach Eugene zu helfen, und ich saß zusammen mit Summer, meinem Golden Retriever, auf dem Rücksitz im Minibus meines Vaters. Aber ich sollte bedauern, das Hilfsangebot meiner Eltern angenommen zu haben. Mittlerweile lebte ich seit zehn Jahren allein, aber innerhalb weniger Tage fühlte ich mich wieder wie ein Kind, als hätte es das letzte

Jahrzehnt der Unabhängigkeit gar nicht gegeben. Mein Vater war ein nervöser und ungeduldiger Fahrer, und meine Mutter saß neben ihm, fuhr sich mit den Fingern durch die Locken und sagte Dinge wie: »Also, wenn ich dafür kritisiert werde, dass ich eine Meinung habe, dann schweige ich lieber.«

Zudem wollte mein Vater herausfinden, wie schnell er die Strecke nach Eugene zurücklegen konnte. Was ich mir als gemütliche Fahrt nach Norden vorgestellt hatte, war nun zu einem Rekordversuch geworden.

Und wir wurden von Lisa, einer früheren Kommilitonin von mir, und ihrem Mann begleitet, deren Auto einen bis zur Decke beladenen Anhänger zog.

In den beiden nächsten Wochen wohnte ich gemeinsam mit meinen Eltern in einem Motel in Eugene, während wir nach einer Mietwohnung Ausschau hielten. Mein Vater fuhr hektisch durch die Gegend um den Campus der University of Oregon und suchte nach einem Haus, in dem man Hunde duldete. Ich fühlte mich durchaus in der Lage, eine Wohnung zu finden, aber mein Vater wollte seine Hilfsbereitschaft und sein Einverständnis mit meinem Schritt unter Beweis stellen. Er durchforstete zahllose Wohnungsanzeigen, aber nicht einmal in seiner Eigenschaft als führender Manager einer südkalifornischen Sparkasse konnte er die Agenturen bewegen, ihr Haustierverbot zu missachten und Summer zu akzeptieren.

In jedem Apartmentblock versuchte er, meinem potenziellen Hauswirt zu erklären, dass Summer ein »ganz besonderer« Hund sei. »Er ist fast ein Mensch«, beteuerte mein Vater immer wieder.

Dann machten wir an einem viel versprechenden Doppelhaus Halt, das aus den 1940ern stammte und nun renoviert und zu Apartments umgebaut wurde. Das Ehepaar, dem das Haus gehörte, kam auf die Veranda heraus, und mein Vater fragte: »Wie stehen Sie zu Hunden?«

»Er ist nicht bloß ein Hund«, unterbrach ich, »sondern ein Blindenhund.«

Aber der Mann hörte mich nicht und antwortete rasch: »Keine Haustiere.«

Am folgenden Nachmittag fuhren wir an demselben alten Haus vorbei. Die Tür war geöffnet. »Halt an«, bat ich meinen Vater. Er stoppte widerwillig.

Meine Eltern saßen erschöpft im Auto. Es wurde Zeit, dass ich selbst die Sache in die Hand nahm. Ich sprang aus dem Wagen, legte Summer das Geschirr an, und wir überquerten die Straße zum Haus. Während ich langsam die Verandastufen hinaufstieg, hörte ich eine Stimme aus dem Innern: »Hallo?«

»Hallo«, erwiderte ich und wusste nicht genau, wohin ich blicken sollte.

Eine Frau erschien. »Sie waren gestern schon einmal da, stimmt's?«

Ich bejahte.

»Darf ich mich bei Ihnen entschuldigen? Wir wussten nicht …«

Sie hielt inne, aber mir war klar, was sie meinte: Die beiden hatten nicht bemerkt, dass ich blind bin.

»Macht nichts«, sagte ich. »Das ist Summer. Er ist ein Blindenhund.«

In Wirklichkeit wäre Summer längst vor einen Bus gelaufen, wenn ich ihn nicht dauernd daran gehindert hätte. Und er hatte sogar Angst vor dem Toaster. Aber ich war entschlossen, mir eine Wohnung zu besorgen und meine Eltern wieder nach Camarillo zu schicken.

Die Hauswirtin bat mich einzutreten und warnte mich vor all den Hindernissen im Zimmer, zum Beispiel vor den Farbdosen und den zur Renovierung benutzten Werkzeugen. Ich ging mit Summer durch das alte Haus, und er führte mich wie ein Profi, als wäre er sein ganzes Leben lang ein Blindenhund gewesen.

»Sie dürfen gern ein Antragsformular ausfüllen«, sagte sie freundlich.

»Vielen Dank.« Als ich fertig war, überquerte ich die Straße und stieg ins Auto. »Ich hab' sie gekriegt.«

Zwei Tage später zog ich ein. Ich war froh, eine Bleibe gefunden zu haben – und auch darüber, dass meine wohlmeinenden Eltern nun die Heimfahrt angetreten hatten. Wie meine Mutter gesagt hätte: »Was für eine Qual!«

Ich rief Dick Brown an, um mein erstes Workout mit ihm zu verabreden. »Was soll ich tragen?«

»Jeans«, meinte er.

»Jeans?«

»Einfach nur Jeans«, bestätigte er. »Ich hole dich ab.«

Wie sich herausstellte, war es kein gewöhnliches »Workout«, denn es fand im Arbeitszimmer seines Hauses in Coburg, Oregon, statt. Im Grunde war es überhaupt kein Training, aber es sollte in den folgenden Jahren einen erheblichen Einfluss auf mein Laufen ausüben.

Dick war ein hoch gewachsener, lässiger Mann mit leiser Stimme und einer philosophischen Geisteshaltung. Für ihn glich der Trainerberuf einem nie enden wollenden Puzzle. »Wie lange du die Arbeit auch gemacht hast, du findest immer wieder ein fehlendes Stück«, sagte er gern. Er suchte stets nach neuen Informationen, nach den modernsten Theorien über die optimale körperliche Leistungsfähigkeit.

In erster Linie stützte er sich auf den Neuseeländer Arthur Lydiard, der glaubte, dass die aerobische Kapazität eines Menschen durch Langstreckenläufe stark erhöht werden könne. Durch wirkliche Langstreckenläufe. Lydiard selbst hatte auf dem Höhepunkt seiner Leistungsfähigkeit die Marathondistanz von 42,2 Kilometern zweimal pro Tag zurückgelegt – einmal vor der Arbeit und einmal danach. Aber Dick benutzte Lydiards Methoden nur als Grundlage und entwickelte seine eigenen Vorstellungen darüber, wie Läufer der Spitzenklasse zu trainieren seien, ständig weiter. Dick hatte in Sportphysiologie promoviert und unterrichtete an der Universität.

Wir saßen im Obergeschoss von Dicks Haus, einem großen, luftigen Zimmer mit einem neuen Holzfußboden, breiten Fenstern und umlaufenden Einbauschränken, die mit Büchern voll gestopft waren. Als ich durch die Fenster schaute, konnte ich nur einen farbigen Nebel erkennen: die verwaschenen Grau- und Grüntöne von Eugene, grüne Hügel und darum herum weiße Wolkenfäden, die wie eine Berieselungsanlage wirkten. In Eugene schien die Sonne selten einen ganzen Tag lang, aber das vermisste ich nicht.

In einem der Bücherschränke stand ein gerahmtes Foto einer Läuferin. Ich nahm es in die Hand und kniff die Augen zusammen. »Wer ist das?«

»Mary Decker Slaney«, antwortete er.

Ich kam mir wie ein Dummkopf vor, weil ich das Gesicht nicht hatte erkennen können. Andere Fotos zeigten Suzy Favor Hamilton und Shelly Steely, die ebenfalls von Dick trainiert worden waren und an den Olympischen Spielen teilgenommen hatten. Die Bilder schüchterten mich ein. Das waren hochklassige Sportler. Was hatte ich hier zu suchen? War ich talentiert genug?

Dick holte ein Lehrbuch aus einem Regal und bat mich, Platz zu nehmen. Ich setzte mich neben ihn auf ein Sofa. Er öffnete das Buch, blätterte einige Seiten um und zeigte auf mehrere Tabellen und Diagramme.

Ich hörte ihm aufmerksam zu, aber die Diagramme blieben undeutlich. »Kannst du das sehen?«, fragte er plötzlich besorgt.

Dick wusste von meiner Behinderung, denn er hatte einiges darüber gelesen und sich die wichtigsten Einzelheiten von mir erklären lassen. Aber ich hatte wenig Aufhebens davon gemacht, sodass er meinen läuferischen Leistungen viel mehr Beachtung schenkte. Und genau das gefiel mir. »Mehr oder weniger«, erwiderte ich, um die Lektion nicht hinauszuzögern.

In Wirklichkeit hätte ich mein CCTV-Gerät und ungefähr drei Stunden gebraucht, um auch nur ein paar Seiten des komplizierten Lehrbuchs zu lesen. Ein beträchtlicher Aufwand. Aber ich nickte nur und versuchte, mithilfe seiner Worte ein geistiges Bild herzustellen.

Dick legte einen Notizblock auf das Buch und zeichnete etwas. »Im Wesentlichen läuft man mit zwei Körpern. Körper Nummer eins funktioniert aerobisch. Das bedeutet, dass man Energie aus Sauerstoff bezieht. Aber wenn der Sauerstoff, den man einatmet, nicht mehr in Energie umgewandelt werden kann, wechselt man zu Körper Nummer zwei über, der anaerobisch funktioniert.«

Er zeichnete weiter auf seinem Notizblock, während ich darauf wartete, etwas zu hören, das ich unmittelbar begrifflich fassen konnte.

»Die Benutzung des anaerobischen Systems hat einen hohen Preis. Das Pyruvat, das während der Glykolyse gebildet wird, sammelt sich an. Und wenn das geschieht, kann man nicht in den Krebs-Zyklus eintreten.«

»Ach so«, sagte ich.

»Pyruvat wird in Laktat umgewandelt.«

»Also in Milchsäure?« Endlich hatte ich etwas verstanden.

»Ja«, sagte Dick.

Milchsäure war, wie ich wusste, die Substanz, welche die Beine am Ende eines Rennens abzutöten scheint. Sie fließt wie kochend heißer Alkohol in deine Muskeln und paralysiert dich, sodass die Zielgerade unüberwindlich erscheint. Wer jemals ein Rennen über 400 oder 800 Meter gelaufen ist, weiß genau, was ich meine.

»Also besteht das Ziel darin«, fuhr Dick fort, »so lange wie möglich in Körper Nummer eins zu bleiben. Halte dich von dem kostspieligen anaerobischen Energiesystem fern, solange du kannst.«

»Und wie?«, fragte ich.

»Indem du deine VO^2-max erhöhst«, sagte er entschieden.

»Ach so.«

Wieder einmal hatte ich nicht die geringste Ahnung, wovon er redete.

»Hör zu«, erklärte er, »deine VO^2-max ist die maximale Menge Sauerstoff, die du pro Kilo Körpergewicht pro Minute aufnehmen kannst.«

Inzwischen hatte Dick gemerkt, dass ich ihn noch immer nicht ganz verstanden hatte. Er beschloss, die Begriffe durch für mich nachvollziehbare Beispiele zu veranschaulichen.

»In einem Weltklasse-1500-Meter-Rennen kommen fast alle ungefähr zur selben Zeit an der 1200-Meter-Marke an«, sagte er. »Die Frage ist: Wie sehen ihre Körper im Innern aus? Wer ist zunehmend anaerobisch? Und wer nicht?« Dieses Bild weckte meine Aufmerksamkeit. »Es geht nicht bloß um Geschwindigkeit.« Seine Stimme wurde drängender. »Zweihundert Meter vor dem Ziel kommt es nicht darauf an, wer am schnellsten ist. Alle sind schnell. Es geht darum, wer am wenigsten anaerobisch ist und seine Geschwindigkeit *nutzen* kann.«

Nun konnte ich ihm folgen.

Dick schaute auf seinen Notizblock. »Wenn du hier bist« – er zeigte auf ein Diagramm – »und die andere Läuferin dort ist, dann wird sie gewinnen. Unter den gleichen Voraussetzungen siegt die Läuferin mit der höheren VO^2-max.«

Diese Idee von den gleichen Voraussetzungen war mir fremd. Ich hatte immer gedacht, dass es beim Laufen auf Anstrengung, Siegeswillen, Mumm und Schmerztoleranz ankam. Es war ein Zeichen von Schwäche, langsamer zu werden. Wenn ich über 800 Meter (gewöhnlich auf der Zielgeraden) geschlagen wurde, glaubte ich, dass die anderen Läuferinnen eben zäher als ich seien. Ich war so konditioniert, dass ich einen Mangel meines Charakters, nicht meiner Physiologie für meine Niederlagen verantwortlich machte.

»Was passiert, wenn die Läuferin mit einer niedrigeren VO^2-max ehrgeiziger ist und sich mehr Mühe gibt?«, fragte ich.

»Sie wird langsamer werden, gleichgültig, wie sehr sie sich anstrengt«, antwortete Dick. »Sie wird verkrampfen. Glaub mir. Wenn du anaerobisch läufst – das heißt, wenn Milchsäure deine Muskeln füllt –, wirst du, unabhängig von deiner geistigen Zähigkeit, zurückfallen, weil dein Körper deine mentale Stärke nicht unterstützen kann.«

Das war faszinierend – und eine Erleichterung. Eine riesige Last schien von meinen Schultern und meinem Gewissen gewälzt worden zu sein. Dick verdeutlichte mir, dass meine bisherigen Misserfolge erklärbar waren. Laufen hat mit Wissenschaft zu tun, und was ich für einen Kampf des Willens mit dem Körper gehalten hatte, war in Wirklichkeit eine Frage der Ausbildung verschiedener Energiesysteme, sodass der Körper die mentale Kraft unterstützen konnte, die mir zu meinem damaligen Niveau verholfen hatte.

Gerade als mir ein Licht aufging, sagte Dick etwas, das mich erneut verwirrte. »Wenn du lernst, richtig zu trainieren, kannst du ein Rennen schneller beenden, als du es begonnen hast.«

»Wie bitte?« Es war ein unfassbarer Gedanke.

»Die besten Läufer haben ein starkes Finish, weil sie ihre Geschwindigkeit noch am Ende eines 1500- oder 5000-Meter-Rennens mobilisieren können«, fuhr er fort.

Das schien völlig realitätsfern zu sein. Meine Erfahrung mit den letzten 200 Metern eines Rennens wurde von einem heftigen Schmerz dominiert. Die Zielgerade schien eine Meile lang zu sein, und ich brauchte jedes Quäntchen Kraft, um mich bis zum Ende vorzuarbeiten. Auf den letzten Metern war es für mich immer nur darum gegangen, »durchzuhalten«. Aber laut Dick sollte ein Läufer auf den letzten 200 Metern noch »beschleunigen« können.

Am Ende eines Rennens schneller statt langsamer laufen? Es war eine Glück verheißende Vorstellung. Ich wollte alles tun, um eine solche Erfahrung machen zu können. Und vor allem wollte ich an diese Möglichkeit glauben.

Dick reichte mir ein schmales Päckchen. Es enthielt Tabellen und Diagramme sowie einen Vier-Jahres-Trainingsplan, in den er eine stetige Erhöhung der von mir zurückgelegten Strecke eingetragen hatte. Es war ein Programm, das Geduld und Vertrauen erforderte.

Vertrauen hatte ich, aber Geduld aufzubringen würde mir schwer fallen. Es drängte mich anzufangen, aber mein linkes Knie spielte nicht mit. Ich litt an einer chronischen Kniescheibenentzündung und hatte mir sogar zweimal Kortison spritzen lassen müssen, um die Olympiaausscheidungen und die Paralympics von 1996 durchzuhalten.

Ich listete Dick auf, womit ich in den vergangenen zwei Jahren behandelt worden war. Keine der Therapien hatte das Problem kuriert. »Das sind olle Kamellen«, sagte er. Plötzlich hatte ich das Gefühl, seit sehr langer Zeit das Falsche am falschen Ort getan zu haben.

Dick brachte mich ins Sacred Heart Hospital, wo ich von Dr. Stanley James und Dr. Ken Singer untersucht wurde, die zu den bekanntesten orthopädischen Chirurgen des Landes gehörten.

Eine Kernspintomographie zeigte etwas Narbengewebe in der Sehne, und Dr. Singer riet mir zu einer Operation. Allerdings sei die Prozedur nicht immer erfolgreich, da sie ihrerseits Narbengewebe hervorbringe.

»Wenn es klappt, müssten Sie in drei bis sechs Monaten wieder laufen können«, sagte Dr. Singer.

Dick und ich sahen einander an und hoben die Schultern. Das würde mir immer noch genug Zeit lassen, für die Freiluftsaison zu trainieren. Meine Aussichten, 800 Meter unter zwei Minuten laufen zu können, hatten sich für dieses Jahr vermutlich zerschlagen.

Ich sagte zu Dick: »Vielleicht muss ich mich nächstes Jahr mit 2:03 Minuten begnügen.«

»Schon möglich«, erwiderte er.

Am 10. Oktober 1996 wurde mein linkes Knie operiert. Ich verbrachte die Nacht im Krankenhaus, und als ich am folgenden Nachmittag zu mir kam, erblickte ich Dick mit seinen Läuferinnen Vicki Huber und Jennifer Bravard. Auf meine Bitte hin hatten sie mir einen Dairy Queen Blizzard mitgebracht. Als sie mein Zimmer verlassen hatten, erbrach ich mich, aber ihr Besuch überzeugte mich davon, dass mein Umzug nach Eugene richtig gewesen war.

Beim nächsten Erwachen bemerkte ich eine Schiene an meinem Bein, die von der Hüfte bis zum Knöchel reichte. Ich hatte keine Schmerzen und wollte nach Hause, aber Dick hielt es für besser, dass ich zunächst bei ihm und seiner Lebensgefährtin Marlene wohnte. Er fuhr Summer und mich nach Coburg, wo er uns in seinem Gästezimmer unterbrachte. Während meiner Genesung verbrachte ich viel Zeit damit, mithilfe eines Vergrößerungsglases die physiologischen Notizen und Artikel zu lesen, die Dick mir gegeben hatte.

Ein Artikel trug die Überschrift »Hans Selyes Allgemeines Adaptationssyndrom«. Ich spähte durch das Vergrößerungsglas auf ein Diagramm mit der y-Achse »Reserven« und der x-Achse »Zeit in Monaten«. Bis dahin hatte ich die Bedeutung des Schaubilds nicht begriffen.

»Training ist Stress für deinen Körper«, erklärte Dick. »Es ist eine Herausforderung für deinen Organismus. Dein Körper braucht seine Reserven auf, um den Stress zu bewältigen.« Er deutete auf einen niedrigeren Punkt der Kurve. »Aber wenn du dich ausruhst und erholst, passt sich dein Körper den gestellten Herausforderungen an. *Und zwar auf einem höheren Niveau als vorher*. Es ist ein Balanceakt zwischen Herausforderung und Erholung.«

Wer sich keine ausreichenden Erholungspausen nach dem Training einräumte, dessen Fitness – Reserven – und Leistungsfähigkeit würden nachlassen. Dick reichte mir eine Liste mit den entsprechenden Symptomen:

1. Herausforderungen scheinen schwerer zu bewältigen zu sein;
2. Motivation sinkt;
3. hohe Reizbarkeit;
4. Desinteresse an der Umgebung;
5. abnormer Gewichtsverlust;
6. erhöhter Trainingspuls;
7. erhöhter Morgenpuls.

»All das trifft auf mich zu«, sagte ich.

Vor den Olympiaausscheidungen von 1996 hatte ich jedes einzelne Symptom auf der Liste an mir beobachtet. Ich hatte mich für schwach gehalten, während ich in Wirklichkeit einfach übertrainiert war und mir keine Ruhepausen gönnte. Monatelang hatte ich mich abgerackert, und nun gab mir dieser kluge Mann ein Stück Papier mit einer Erklärung meiner Probleme.

»Du warst erschöpft«, kommentierte er.

In all meinen Jahren als Sportlerin hatte ich die simple Erkenntnis missachtet, dass Training durch Ruhepausen ausgeglichen werden muss. Ich hatte Schlaf als Zeitverschwendung betrachtet und gedacht, ein »gutes« Workout müsse anstrengend, schnell und schmerzhaft sein.

»Ohne Schmerz kein Gewinn«, lautet das Klischee. Aber es ist nicht nur ein Klischee, sondern auch eine untaugliche Trainingseinstellung. Ich hatte fast zehn Jahre – und einen Umzug nach Eugene – benötigt, um das herauszufinden. Nun lag ich mit einem geschienten Bein im Bett, doch vielleicht war dies das Beste, was mir hatte passieren können. Vielleicht hatte die Operation den Sinn gehabt, dass ich gezwungen wurde, mich auszuruhen und in Geduld zu üben.

Nach Hause zurückgekehrt, war ich gesund genug, mich nach einem Job umzuschauen, und fand einen beim CVJM. Jeden Tag humpelte ich auf Krücken die Straße hinunter und arbeitete für 5,18 Dollar Stundenlohn an der Rezeption.

Ich hätte erneut unterrichten können, aber dazu hätte ich eine zeitweilige Lehrbefugnis für Oregon beantragen müssen, und all die Formulare und die ganze Bürokratie waren mir zuwider. Ich brauchte etwas Einfaches, weniger Stressiges, das sich mit meiner sportlichen Karriere vereinbaren ließ. Außerdem konnte ich mich im CVJM-Gebäude vor und nach meiner Schicht dem Cross-Training widmen. Sobald ich dazu in der Lage war, stieg ich auf ein Standfahrrad und trat mit einem Bein in die Pedale. Offensichtlich fiel es mir nicht leicht, Geduld zu erlernen.

Meine Entscheidung, nach Eugene zu ziehen und beim CVJM zu arbeiten, hatte finanzielle Folgen für mich. Die Sozialbeihilfe, von der ich in Kalifornien gelebt hatte, betrug in Oregon 200 Dollar weniger. Zudem waren die Bestimmungen im Staat Oregon für Fahrer mit Lupenbrille nicht eindeutig. Meistens benutzte ich den Bus oder ein Fahrrad.

Ich lebte von dem Minimallohn, den mir der CVJM zahlte, sowie von meiner Beihilfe und von Lebensmittelmarken. Insgesamt erhielt ich pro Monat ungefähr 800 Dollar, und ich war entschlossen, damit auszukommen. Aber wenn ich gedacht hatte, dass die Arbeit beim CVJM stressfrei sein würde, so war ich im Irrtum. Als Erstes musste ich die Mitgliedskarten derjenigen einsammeln, die das Gebäude benutzten, und sie ihnen zurückgeben, wenn sie hinausgingen. Die Karten waren laminiert, und man hatte die Namen mit einer gewöhnlichen Schreibmaschine getippt. Ich sollte sie in einem blauen Karteikasten verwahren.

Aber ich konnte die Namen auf den Karten nicht erkennen. Sogar mit meiner achtfach vergrößernden Lupe musste ich jedes Mal den ganzen Stapel durchgehen und eine nach der anderen an die Linse vor meinem rechten Auge halten, bevor ich fand, was ich suchte.

Zuerst brachte es mich in Verlegenheit, meine Behinderung so offen zur Schau stellen zu müssen, aber schon bald kümmerte ich mich nicht mehr darum. Ich saß einfach da und ließ die Kommentare über mich hinwegrauschen.

»Die Brille funktioniert wohl nicht sonderlich gut.«

»Du solltest deine Augen mal untersuchen lassen.«

»Du brauchst einen neuen Augenarzt.«

In Eugene wurde ich rasch zu einem Niemand. Ich war bloß die Frau beim CVJM, die endlos lange brauchte, eine Mitgliedskarte zu finden, und die mit einer Schiene am linken Bein herumhumpelte. Ich hatte geglaubt, dort weitermachen zu können, wo ich nach meinem amerikanischen Rekord bei den US-Ausscheidungen angelangt war. Doch stattdessen hatte ich das Gefühl, meine gesamte Identität eingebüßt zu haben. Ich musste wieder ganz von vorn beginnen.

Sechs Wochen nach der Operation ging Dick mit mir zum CVJM-Swimmingpool und ließ mich mit einer kleineren Schiene am Bein aquajoggen. Als ich die größere Schiene abgenommen hatte und meine Oberschenkelmuskeln sah, traute ich meinen Augen nicht. Sie waren auf die Hälfte zusammengeschrumpft, und was blieb, war ein kleiner wackelnder Gewebeklumpen, der hauptsächlich aus Fett bestand.

Während Dick und ich ungefähr 30 Minuten im Pool herumhüpften, merkte ich, wie schwach ich geworden war.

Ich hatte den größten Teil meiner Beinmuskeln verloren, und auch alles Übrige an mir begann zu wackeln. Mein Stoffwechsel hatte sich verlangsamt, sodass ich rasch zunahm. Die Waage war mein Feind. Ja, mein Körper wurde zu meinem Feind.

In den nächsten Wochen konnte ich nur ein Cross-Training auf einem Aerodyne-Standfahrrad durchführen. Die Pedale boten einen starken Widerstand, und auf diesem Fahrrad konnte ich meinen Puls in respektable Höhen klettern lassen. Mein Cross-Training bedeutete, dass ich morgens das Fahrrad benutzte, nachmittags schwamm und abends Gewichte hob, wobei ich allerdings mein linkes Knie nicht einsetzen konnte. Trotz des Trainings schwoll ich auf fast 68 Kilo an. Ich fühlte mich elend.

Nach drei Monaten entschieden die Ärzte endlich, dass ich wieder mit dem Laufen beginnen konnte. Dick holte mich mit seinem Auto ab und fuhr mich zum Amazon Trail, einem weichen Holzspanpfad im Süden von Eugene. Wir gingen zum unteren Ende des Pfades, wo sich eine von Laternenpfählen umgebene 600-Meter-Schleife befand. Dick konnte sich an einem Ende auf eine Bank setzen und die gesamte Schleife im Auge behalten.

»Schön«, sagte er. »Ich möchte, dass du bis zum ersten Laternenpfahl gehst. Kannst du ihn sehen?«

»Nein«, antwortete ich, aber es spielte keine Rolle. Er würde allmählich in mein Blickfeld rücken.

»Geh bis dorthin und jogge dann bis zum nächsten Pfahl«, fuhr Dick fort. »Dann bleib stehen und geh wieder eine Strecke zwischen den Pfählen. Mach so weiter, bis du die ganze Schleife hinter dir hast.«

»Okay«, erwiderte ich ungeduldig.

Ich hatte diesem Tag entgegengefiebert und konnte es kaum erwarten, endlich wieder zu laufen. Aber ich folgte Dicks Anweisungen und ging widerwillig zu dem Laternenpfahl. Danach schlug ich eine bequeme Gangart ein, die man kaum als Joggen, sondern eher als Schlurfen bezeichnen konnte. Alles an meinem Körper wackelte wie Gelee, und ich war so langsam, dass ich von einer Frau, die ihren Hund spazieren führte, überholt wurde.

Schließlich hatte ich die Schleife in einem Langsamkeitsweltrekord umrundet. »Und nun?«

»Jetzt bist du fertig«, sagte Dick.

»Das war's?«

»Richtig. Im Moment müssen wir Anforderungen an dein Knie, nicht an deinen ganzen Körper stellen. Da liegt die Priorität.«

Mir wurde also nicht nur Geduld, sondern auch ein geradezu religiöser Glaube abverlangt. Denn wie sollte ich bei diesem Tempo je auf die Laufbahn zurückkehren? Alle Erwartungen, die ich bei meinem eiligen Umzug nach Eugene in Dick gesetzt hatte, die Hoffnung, nach vier Jahren an den Olympischen Spielen teilzunehmen – all das schien nun weiter denn je entfernt zu sein.

Alles änderte sich – aber keineswegs so, wie ich es mir gewünscht hatte. Wenige Tage nach meiner Ankunft in Eugene verkündete Suzy Favor Hamilton, dass sie in ihren Heimatort in Wisconsin zurückkehren werde. Als Nächstes verabschiedete sich Michelle Ave aus der Trainingsgruppe, weil sie in Portland wohnte und des zweistündigen Hin-und-her-Pendelns nach Eugene überdrüssig war. Auch sie gehörte zu Dicks führenden 800-Meter-Läuferinnen und hatte die Zwei-Minuten-Barriere bei den US-Ausscheidungen durchbrochen. Damit waren noch vier von Dicks Schutzbefohlenen übrig: Vicki Huber, die zweimalige Olympiateilnehmerin; Claire Taylor, eine amerikanische Meisterin; meine gute Freundin Jennifer Bravard, die sich über 1500 Meter für die Olympischen Spiele qualifiziert hatte; und ich.

Ich hatte davon geträumt, Seite an Seite mit den besten Läuferinnen des Landes in Hayward Field zu trainieren, dem stimmungsvollen Leichtathletikstadion der University of Oregon. Dort hatte Bill Bowerman als Trainer gearbeitet, Prefontaine triumphiert und Mary Decker Slaney Rekorde aufgestellt. Es war ein eindrucksvolles altes Stadion mit Holzbänken unter eleganten Schindeltraufen. Wenn man zum hinteren Teil der Zuschauertribüne hinaufkletterte, fand man ein Bronzetäfelchen zu Ehren Bowermans vor, das eines Nachts überraschend an die Mauer geschraubt worden war. Ich hatte mir vorgestellt, an einem Frühlingstag auf dieser Bahn zu traben und beim Training Freundschaften zu schließen. Aber damit brauchte ich nun wohl nicht mehr zu rechnen.

Als ich Hayward Field zum ersten Mal aufsuchte, kam ich mir wie ein Eindringling vor. Auf der Suche nach Dick spazierte ich, mit Summer neben mir, durch das Tor und musterte die Zuschauerbänke. Ein Läufer verließ gerade das Stadion.

»Ist Dick Brown hier?«, fragte ich ihn.

»Er ist nicht hier, und Sie müssen verschwinden«, sagte er brüsk. »Hunde sind verboten.«

Statt mich den Hayward-Field-Legenden anzuschließen, verbrachte ich all meine Zeit auf einem Standfahrrad oder im Swimmingpool, wo ich auf der Stelle trat, oder am CVJM-Empfang, wo ich gefragt wurde: »Warum besorgst du dir keine bessere Brille?«

Oder, und das war das Schlimmste, ich quälte mich in einem Wechsel aus Joggen und Gehen über die Holzspanwege. Zuerst hasste ich diese Pfade, weil sie für mich eine Welt der Ungewissheit darstellten. Sie schlängelten sich endlos dahin, und ihre Beschaffenheit unter meinen Füßen war neu und seltsam für mich. Nachdem ich jahrelang gefahrlos auf dem Oval einer eingezäunten Tartanbahn gelaufen war, machten die Pfade von Eugene mich nervös. Ich lief unsicher wie auf Eierschalen, denn ich wusste nicht, wohin ich die Füße setzen sollte und wo die nächste Kurve war. Mit der Zeit sollte ich Gefallen an den Pfaden finden und sie so gut kennen lernen wie den Teppich in meiner Wohnung, aber bis dahin sollten noch Monate, wenn nicht gar Jahre vergehen. Jetzt war Januar, ich musste mich an die Pfade gewöhnen und konnte nur darüber spekulieren, ob die Operation erfolgreich gewesen war. Mein Knie schmerzte noch, und ich konnte nicht länger als 20 Minuten am Stück joggen.

Der Fortschritt vollzog sich so langsam, dass ich es kaum ertragen konnte. Ich schleppte meinen übergewichtigen, untrainierten Körper die Pfade entlang und trampelte wie ein Elefant auf die Holzspäne. Und im Swimmingpool kam ich mir vor wie eine Seekuh, verriet ich Dick.

»Du meinst eine Manatis?«, fragte er.

»Ja, genau.«

Auch als Dick die Kilometerzahl und den Umfang meines Trainings erhöhte, fühlte ich mich noch unwohl. Mein an den Siebenkampf gewöhnter Körper ächzte und beschwerte sich über die neuen Strecken und Herausforderungen. Ich besaß keine passenden Schuhe, und meine Füße schmerzten unaufhörlich. Nachdem ich bei Nike vergeblich ein Paar Trainingsschuhe bestellt hatte, rief ich die Nummer an, die der Mann in Atlanta mir gegeben hatte.

Eine Frau meldete sich. »Wie war noch Ihr Name?«

»Runyan«, sagte ich. »R-U-N-Y-A-N.«

»Sie stehen nicht auf der Liste. Wir wissen nicht, wer Sie sind.« Diese Worte schienen für meine Situation typisch zu sein.

Also ging ich in ein Sportgeschäft und erstand im Ausverkauf ein Paar Asics-Schuhe.

Normalerweise trug ich Trainingsschuhe, die ein bisschen zu klein für mich waren, weil ich versuchte, die knappe Passform von Spikes nachzuahmen. Ich wusste nicht, dass kleine Schuhe für Langstrecken ungeeignet sind. Kurz nachdem ich wieder begonnen hatte zu joggen, bemerkte ich einen stechenden Schmerz in meinem linken Fuß. Wieder einmal saßen Dick und ich im Wartezimmer des orthopädischen Chirurgen.

»Es ist ein Neurom«, sagte der Arzt, nachdem er meinen Fuß untersucht hatte. »Ein entzündeter Nerv zwischen dem dritten und vierten Mittelfußknochen. Im schlimmsten Fall werden wir operieren müssen, um den Nerv zu entfernen.«

Genau dieser Fall trat ein. Im März 1997 wurde mein linker Fuß operiert, und damit kam eine aktive Saison nicht mehr infrage. Wieder musste ich mich mit dem Fahrrad und dem Swimmingpool begnügen. Mittlerweile hätte ich bis nach China aquajoggen können.

Die Operationswunde machte mir noch lange zu schaffen. Jedes Mal, wenn mein Fuß auf den Boden traf, spürte ich Stromstöße. Ich versuchte, Abhilfe zu schaffen, indem ich einen Küchenschwamm als Schuheinlage benutzte. Vergeblich.

Nichts entwickelte sich wie erhofft. Meine Gesundheit war zu einem ständigen Gesprächsthema geworden, und ich hatte es satt. Schließlich konnte ich meine Ungeduld und Frustration nicht mehr zügeln. Ich saß mit Dick in dem kleinen Café des CVJM und erläuterte ihm meine Gefühle.

»Das hat einfach keinen Sinn«, sagte ich. »Ich kann nur mit Unterbrechungen joggen, und dann gehe ich hier in den Pool oder setze mich aufs Fahrrad.«

»Du musst dich völlig entspannen, damit sich dein Körper erholen und ausheilen kann.«

»Wovon erholen?«, fragte ich. Ich war zu schwer und außer Form. Wieso brauchte ich Erholung?

»Möchtest du ins Kino gehen?«, erkundigte er sich.

Ich versuchte zu lachen. Für mich war Dicks Ruhe ein Zeichen dafür, dass er meine Krise nicht ernst nahm. Ich war kurz davor, den Gedanken an eine Olympiateilnahme für immer aufzugeben.

Dick hingegen glaubte weiterhin an meine Fähigkeiten.

Er hatte Verständnis für meinen Kummer und meine Frustration, doch er konnte mir keine einfache Lösung anbieten. Er wusste im Gegensatz zu mir, dass die Operationen und die langwierigen Beschwerden der Preis für mein übertriebenes Training und nun für die Umkonditionierung meines Körpers waren. Es gab keine Abkürzung.

Dick schlug mir vor, mich ganz auf das Laufen zu konzentrieren. Kein Swimmingpool und kein Fahrrad mehr. Wir würden stattdessen versuchen, meinen Körper auf das Laufen einzustellen.

Dank seiner Geduld und seiner unaufhörlichen Ermutigung überstand ich die nächsten Monate erzwungener Passivität. Schließlich, nach zehn Monaten und zwei Operationen, verringerten sich die Schmerzen. Dick hatte Recht gehabt: Ich war wieder in der Lage zu laufen, und ich fühlte mich kräftiger. Im Sommer konnte ich fast 50 Minuten durchhalten, und bald lief ich über eine Stunde den Fahrradweg am Willamette River entlang. Ich nahm ab, und mein Wohlbefinden wuchs.

Aber ich war noch immer langsam. Meine jetzige Aktivität hatte keine Ähnlichkeit mit einem schnellen 800-Meter-Rennen. Doch ich beklagte mich nicht, sondern freute mich allmählich auf jene langen Läufe. Da ich die Ziffern einer gewöhnlichen Stoppuhr nicht erkennen konnte, kaufte ich mir eine Taschenuhr mit sehr großen Zahlen und band eine Schnur daran fest. Jeden Morgen wickelte ich mir die Schnur um die linke Hand und hielt die Uhr in meiner Handfläche. Sie schien dort geradezu anzuwachsen. Ich lief allein auf asphaltierten Fahrradwegen, auf denen ich einen besseren Halt fand, und nicht auf den Holzspanpfaden, die mich unsicher machten. Jedes Mal, wenn ich eine kleine Fußgängerbrücke über das rasch dahinfließende Wasser des Willamette River überquerte, war ich zutiefst dankbar dafür, in Eugene zu sein und wieder laufen zu können – wenn auch nur gemächlich.

Eines Nachmittags im Spätsommer lud Dick mich zu einem Workout mit Vicki und Claire in Hayward Field ein. »Nichts allzu Anstrengendes«, sagte er.

Ich war begeistert, fuhr mit dem Rad zum Stadion hinüber und hörte gespannt zu, während Dick das Training beschrieb.

»Jeder von euch läuft 100 Meter wie in einer Staffel und ruht sich dann aus, solange die beiden anderen die Strecke zurücklegen. Als Nächstes machen wir das Gleiche mit 200 und dann mit 400 Metern.«

Den ganzen Sommer über hatte ich mich an Dicks Langstreckenprogramm gehalten, um meine anaerobische Schwelle heraufzusetzen. Die in den Diagrammen der Lehrbücher zusammengefasste Theorie besagte, dass es zunehmend leichter werde, ein höheres Tempo aufrechtzuerhalten. Nun wollte ich einige konkrete Ergebnisse sehen. *Das dürfte etwas anderes sein*, dachte ich.

Es war tatsächlich etwas anderes, denn ich fühlte mich schrecklich. Der Wechsel zur Bahnarbeit war nach den Monaten gemächlicher Langstreckenläufe zu drastisch. Als wir die 400 Meter begannen, hatte ich so viel Milchsäure in den Muskeln, dass ich kaum noch imstande war, meine Beine zu bewegen. Mein Körper fühlte sich schwerfällig an, und das Laufen war mühsam – so viel Anstrengung für so schlechte Zeiten. Aber Dick war zufrieden, denn ich hatte seine Erwartungen genau erfüllt. Dies war kein Rennen, und er wollte auf keinen Fall, dass ich ein hohes Tempo vorlegte. Aber das wusste ich nicht. 400 Meter in 80 Sekunden zu laufen war für mich kein Training. Ich musste noch viel lernen.

Langsam bewegte ich mich auf die Zielgerade zu, schluckte schwer und unterdrückte Tränen der Frustration. Dick kam auf mich zu, und ich klagte: »Du hast mir alles weggenommen, was ich früher konnte, und es durch nichts ersetzt.«

Es war ein verletzendes Statement, aber genauso fühlte ich mich damals. Ich war langsam und schwach. Mein Stehvermögen war immer meine Schwäche gewesen, aber wenigstens hatte ich über Tempo verfügt. Nun schien ich weder das eine noch das andere zu besitzen.

Dick blieb ruhig. Dieser stille Riese, der meine Ungeduld länger als ein Jahr hingenommen hatte, sprach unverändert in einem positiven, zuversichtlichen Tonfall. Wir lehnten uns an die Maschendrahtpforte der Laufbahnumgrenzung, und er erklärte: »Mein Ziel für dich hat nichts mit diesem oder dem nächsten Jahr zu tun. Die US-Meisterschaften und alle anderen Veranstaltungen sind mir egal. Aber ich möchte dir zusehen, wie du auf der Zielgeraden der Olympischen Spiele von 2000 auf einen amerikanischen Rekord zusteuerst. Und ich glaube, dass es dazu kommen wird.«

Ich versuchte, mir dies bildlich vorzustellen, aber es war zu fern. In jenem Moment hasste ich meinen eigenen Körper, doch Dicks Ruhe war ansteckend. Wenigstens für eine Weile würde ich noch an meinem Glauben festhalten.

Im Herbst lief ich bereits 110 bis 120 Kilometer pro Woche. Jeden Morgen rannte ich in die kalte, feuchte Luft hinaus und durch die High Street bis zu einem vertrauten gepflasterten Fahrradweg. Ich lief immer noch auf Asphalt, weil ich mich einfach nicht an die Pfade gewöhnen konnte. Die weiche Oberfläche schien meine Energie aufzusaugen und machte das Laufen mühsamer. Aber die harte Oberfläche forderte einen Preis.

Im November spürte ich einen Schmerz in meiner linken Ferse. Ich schenkte ihm kaum Beachtung und nahm an, dass er beim Aufwärmen verschwinden würde. Aber bald wurde es schwierig, den Spann aufzusetzen, und die letzten paar Kilometer lief ich auf dem Rand meines linken Fußes. Ich erzählte Dick nichts davon, da ich wusste, dass es eine

Unterbrechung bedeuten würde – und eine Rückkehr zum Aquajoggen im Swimmingpool oder, schlimmer noch, zu der 600-Meter-Schleife mit dem Wechsel aus Gehen und Joggen. Das wollte ich auf keinen Fall. Ich würde es nicht aushalten.

Also behielt ich die Sache für mich. Ein schwerer Fehler. Im Januar war ich kaum noch fähig, mich auf die Zehenspitzen zu stellen. Trotzdem hielt ich die Schmerzen weiterhin geheim, denn im März stand mir mein erstes Rennen seit zwei Jahren bevor: ein 800-Meter-Lauf hauptsächlich gegen Studentinnen. Ich sehnte mich danach, endlich wieder in einem Wettkampf anzutreten.

Mein 800-Meter-Lauf gegen die College-Mädchen gab mir den Rest. Auf der Zielgeraden riss etwas in meinem Fußgewölbe, und ich spürte ein Brennen, das geradezu eine Erleichterung war. Ich belegte den dritten Platz. Aber sobald ich stehen geblieben war, konnte ich kaum noch gehen. Damit war das Ende einer weiteren Saison eingeläutet.

Am nächsten Morgen konnte ich *überhaupt nicht mehr* auftreten. Diesmal musste ich Dick informieren, und kurz darauf hockten wir wieder im Wartezimmer des Chirurgen. Mittlerweile waren Dick und ich häufiger zu Arztterminen als zu Sportveranstaltungen angetreten.

Die Diagnose lautete dieses Mal »plantare Fasziitis«, womit eine Verkürzung und ein Riss der Muskelscheiden im Fußrücken beschrieben wird. Es war ein Teufelskreis. Das zerrissene Gewebe vernarbte, riss jeden Morgen erneut, wenn ich den Fuß auf den Boden setzte, vernarbte dann wieder und so weiter. Da ich ohnehin nicht laufen konnte, verordnete Dick mir eine Erholungswoche. Aber es handelte sich um einen dauerhaften Defekt, der durch Ruhe nicht geheilt werden konnte.

Wieder saß ich auf dem Fahrrad, diesmal in Tränen aufgelöst. Meine Situation kam mir hoffnungslos vor. Zuerst war die Saison 1997 für mich ausgefallen, und nun schien sich mein Missgeschick für 1998 zu wiederholen. Ich ließ nichts unversucht. Zum Beispiel wurde ich dreimal pro Woche massiert, was meine kargen Finanzen erschöpfte. Außerdem probierte ich es mit Akupunktur, einer Kortisonspritze und Ultraschall. Nichts hatte irgendeine Wirkung. Die Woche wurde zu einem Monat, und ich hatte Zeit im Überfluss.

Zum Glück lernte ich eines Nachmittags, als ich mich mit Dick auf den Holzspanpfaden aufhielt, eine Frau kennen, die meine engste Freundin werden sollte: Susannah Beck, eine 10 000-Meter-Spezialistin, die erwog, zum Marathon überzuwechseln. Sie unterschied sich von allen anderen Frauen, die ich kannte, denn sie verzichtete auf Make-up und trug keine in Geschäften gekaufte Kleidung. Ihre Hobbys waren Gartenarbeit und Tiere. In ihrem zierlichen Körper einer Langstreckenläuferin verbargen sich Entschlossenheit und Willensstärke.

Susannah kam in der Nebensaison zum CVJM, um im Kraftraum zu trainieren. Nicht, dass sie sich fürs Gewichtheben begeistert hätte, aber sie hoffte, dass es ihr beim Laufen helfen würde. Ich stellte ein nicht allzu anspruchsvolles Programm für sie zusammen. Und sie sollte sich revanchieren.

Eines Tages erschien sie im CVJM und reichte mir ein Stück Papier. Es war ein Brief, den sie dem Bekleidungsunternehmen Moving Comfort geschrieben hatte. »Ich hoffe, dass sie dir etwas Trainingskleidung schicken – du kannst sie gebrauchen«, sagte sie. Susannah wusste, wie knapp meine Mittel waren. Sie hatte Moving Comfort mitgeteilt, ich sei eine Spitzensportlerin, die in Eugene wohne und trainiere und dringend Trainingsausrüstung benötige. Während sie schilderte, wie ich manchmal zwei Stunden lang in Baumwoll-T-Shirts durch den Regen lief, ließ sie die Tatsache unerwähnt, dass ich seit über zwei Jahren an keinem Wettkampf mehr teilgenommen hatte. Nach wenigen Tagen wurde ein Karton mit langärmeligen Allwetter-Lycra-Shirts und Laufstrümpfen an meiner Wohnung abgegeben. Ich war unendlich dankbar.

Susannah und ihr Freund Erich hatten einen Wohnwagen auf sechs Hektar Land am Willamette River gemietet. Sie besaßen einen Garten, in dem sie all ihre Lebensmittel anbauten, und Susannah schneiderte sich auch ihre Kleidung selbst. Sonntags tauchten Summer und ich manchmal am Wohnwagen auf. Dann unternahmen Susannah und ihr Hund Gigi mit uns lange Bergwanderungen, wobei wir unsere diversen Verletzungen im Fluss kühlten.

»Ich weiß nicht, ob ich je wieder laufen werde«, vertraute ich Susannah eines Tages an, als ich bis zur Hüfte im eiskalten Fluss saß.

»Doch, bestimmt. Wir werden beide laufen.«

Susannah war Realistin. Sie reagierte nicht mit Panik, sondern mit Vernunft auf Verletzungen. Da ihr die Mittel und die Motivation fehlten, eine Patentlösung zu suchen, vertraute sie darauf, dass die Zeit die meisten Wunden heilen könne. Sie besaß das, was mir fehlte: wahre Geduld.

Nach unserer Wanderung saßen wir in ihrer Küche, tranken Kaffee und aßen frische Muffins, die Erich an jenem Morgen gebacken hatte. Der Wohnwagen roch immer wie eine Bäckerei oder nach Kräutern. Wenn hier Mittag gegessen wurde, spazierte einer der beiden vorher durch den Garten und steckte die Ausbeute dann in den Herd. Das fand ich wunderbar.

Ich nahm einen Schluck von meinem Kaffee, biss von meinem Apfel-und-Zimt-Muffin ab und sagte: »Was soll ich bloß mit meinem Fuß anfangen? Im Moment zahle ich einem Masseur 45 Dollar pro Woche für die Behandlung, aber das kann ich mir nicht mehr leisten.«

»Du solltest Matt anrufen«, sagte sie.

»Wer ist Matt?«

»Er stammt aus Boston und läuft auch. Da er eine Masseurausbildung absolviert, muss er für den Unterricht eine bestimmte Stundenzahl an Massagen vorweisen. Er arbeitet umsonst.«

»Tatsächlich?«

»Ich rufe ihn für dich an«, sagte Susannah.

Ich kehrte in meine Einzimmerwohnung zurück. Inzwischen war ich aus dem alten Haus ausgezogen und hatte eine Bleibe gefunden, die billiger war, aber viel weniger Charme hatte. Zugegeben, es war ein Loch, aber es lag direkt an einem Laufpfad.

Das Telefon klingelte. »Hallo?«

»Hi, Marla?«, fragte eine männliche Stimme. »Hier spricht Matt. Ich bin ein Freund von Susannah.«

»Ja, sie hat mir von Ihnen erzählt.«

»Sie sagt, dass Sie Hilfe für Ihren Fuß benötigen.«

Er hieß Matt Lonergan, arbeitete als Techniker am Oregon Medical Lab und besuchte abends den Massageunterricht. Sein Zeitplan sei eng, aber er könne mich heute behandeln. Wie es der Zufall wollte, wohnte er nur ein paar Blocks von mir entfernt. In der Abenddämmerung fuhr ich mit dem Rad hinüber.

Da ich die Hausnummern nicht erkennen konnte, stieg ich vom Rad und musterte ein weißes Gebäude, das mir infrage zu kommen schien. Plötzlich sagte eine Stimme: »Hallo.« Ich wandte mich zur Garage um, aus der sie zu kommen schien.

»Sie können Ihr Rad hier abstellen«, meinte er.

Ich ging der Stimme über die Auffahrt entgegen. Jemand packte den Lenker meines Rads. Ich drehte den Kopf ein wenig, und er rückte ins Blickfeld. *Zu jung*, dachte ich.

Zwar hätte ich niemals zugegeben, dass ich nach einer Beziehung Ausschau hielt, aber ich muss so etwas erhofft haben, denn ich schätzte ihn sofort als Kandidaten ein. Er hatte dichtes dunkles Haar, war schlank und schien weniger als ich zu wiegen. Lächelnd sagte er: »Ich bin Matt.«

In der Wohnung setzte ich mich auf einen alten, verklumpten Futon, und er reichte mir einen Zettel. »Das muss für meinen Unterricht ausgefüllt werden, wenn Sie einverstanden sind.«

Ich schrak zusammen. Wieder ein Formular. Eine Linie, auf die ich vermutlich meinen Namen setzen sollte, sprang hervor, aber das Übrige blieb verschwommen. Automatenhaft leierte ich eine Erklärung herunter: »Also, ich sehe nicht sehr gut, und ich kann das nicht ausfüllen.«

»Schön, ich lese es Ihnen vor.« Er nahm meine Worte ohne Kommentar hin. »Sind Sie schon einmal operiert worden?«, las er.

Ich lachte laut und erzählte ihm von meinen beiden Operationen in zwei Jahren und von all den anderen Behandlungen, die ich durchgemacht hatte. Matt lauschte verständnisvoll. Er hatte einen Bachelor's Degree in Trainings- und Sportmedizin und war selbst Marathonläufer. Deshalb wusste er genau, wovon ich sprach.

»Zurzeit bin ich leider nur Student«, sagte er.

»In Ordnung.«

In Wirklichkeit war es mehr als in Ordnung. Die Tatsache, dass jemand meinen Fuß kostenlos massieren würde, kam mir unfassbar vor.

Nachdem das Formular ausgefüllt war, fragte Matt: »Es ist also der linke Fuß?«

»Ja.« Ich lehnte mich auf dem Futon zurück, streckte das Bein aus und zeigte ihm meinen Fuß. Matt fuhr mit den Händen über die Wölbung. Er konnte Stücke aus verhärtetem Narbengewebe spüren, die ungefähr so groß wie ein Vierteldollar waren. Wenn er sie drückte, hatte er das Gefühl, dass seine Finger über zersplittertes Glas glitten.

Wenn ich nach der Beziehung zwischen Matt und mir gefragt werde, zögere ich. Ich sage nicht gern: »Er war mein Masseur.« Dadurch wird das Bild eines Mannes heraufbeschworen, der in einem trübe beleuchteten Zimmer nackte

Körper knetet. Davon konnte keine Rede sein. Das Einzige, was ich auszog, war meine Socke. Ich saß dabei auf dem verklumpten blauen Futon, den Matt für 75 Dollar gekauft hatte. Es gab kein trübes Licht und keine sanfte Musik, nur die Abenddämmerung, die durch die flatternden Vorhänge des geöffneten Wohnzimmerfensters drang, und Matchbox 20 auf der Stereoanlage.

Durch Matts Arbeit wurde das Narbengewebe in meinem Fußgewölbe langsam abgebaut. Das war eine große Hilfe, doch seine freundliche Stimme und seine ruhige Art dürften eine ebenso große therapeutische Wirkung gehabt haben. Wir wurden Freunde. Da ich ihn nicht bezahlen konnte, brachte ich ihm Lebensmittel mit. Er schien sie zu benötigen, denn er war durch die Langstreckenläufe stark abgemagert. Eines Abends, nachdem er meinen Fuß bearbeitet hatte, unterhielten wir uns mindestens eine Stunde lang. Ich fragte ihn, ob ich ihn zum Dinner einladen dürfe, und er war einverstanden.

Allerdings gab es ein Problem: Er hatte kein Auto. Ich würde mit meinem Rad zu meinem Apartment fahren, mich umziehen und dann vor der Dunkelheit mit dem Auto zurückkehren müssen. Dann würde er das Lenkrad übernehmen und uns zum Essen chauffieren. Aber es dämmerte bereits.

Ich raste auf dem Fahrradweg nach Hause. Die verschwommene Welt zog an mir vorbei, und ich konnte nur hoffen, dass niemand vor mir auf dem Weg war. Am liebsten hätte ich gerufen: »Blindes Mädchen auf einem Fahrrad … *Aufpassen*!«

Schließlich riss ich meine Wohnungstür auf, schlüpfte in ein Paar Jeans und eilte wieder hinaus. Ich kletterte in meinen Chevy-Pick-up und blieb einen Moment lang sitzen. In Oregon benutzte ich den Wagen nur selten, denn niemand schien genau zu wissen, welche Vorschriften für eine Fahrerin mit Lupenbrille und einem außerstaatlichen

Führerschein galten. Der Beamte bei der lokalen Fahrzeugbehörde hatte reagiert wie die meisten anderen: »Was ist eine Lupenbrille?« Mein Wagen war in Oregon angemeldet, aber ich hatte keinen hier ausgestellten Führerschein. War es legal, wenn ich am Steuer saß, oder nicht? Ich sagte mir: *Es sind nur ein paar Blocks. Du kannst es schaffen. Fahr ganz langsam.*

Ich ließ den Motor an, doch inzwischen leuchteten die Scheinwerfer anderer Autos auf, was mir Probleme bereitete. Ich ließ den Parkplatz mit zwei Meilen pro Stunde zögernd hinter mir und spähte durch meine Lupenbrille auf die graue, kaum erhellte Fahrbahn. Auf der Hilyard Street, einer Hauptverkehrsstraße, blendeten mich die Lichter der entgegenkommenden Fahrzeuge. *Schau sie nicht an, fahr einfach weiter.*

Endlich erreichte ich Matts Block in der Alder Street. Erleichtert bog ich nach rechts in die Auffahrt. Sie war jedoch viel kürzer und schmaler, als ich gedacht hatte.

Mein rechtes Rad stieß an den Gehsteig, und der Chevy rollte dröhnend auf den vorderen Rasen.

Matt trat aus dem Haus. Ich brauchte nicht zu hupen, denn er wusste, dass ich eingetroffen war. Der Kühlergrill des Wagens war nur einen Meter von seinem Wohnzimmer entfernt, und die Scheinwerfer leuchteten grell in sein Fenster.

Matt öffnete die Fahrertür und sagte: »Ich glaube, es ist besser, wenn ich fahre.«

Ich stimmte ihm zu.

Wir fuhren zur Track Town Pizza. Dort setzten wir uns an einen Tisch und bestellten Pizza mit Huhn und Artischocken. Er zeigte auf all die berühmten Läufer, deren gerahmte Fotos an der Wand hingen, und nannte mir ihre Namen, ihre Bestleistungen und Karrierehöhepunkte.

Ich erzählte ihm meine Geschichte: über San Diego, die Paralympics und die Olympiaausscheidungen. Es war eine angenehme Überraschung, dass er von den Paralympics wusste. Einer seiner High-School-Freunde war als Teilnehmer in Barcelona gewesen. Er schien sehr viel zu wissen – über das Laufen, über die Menschen. Über alles. Ein paar Jahre zuvor hatte ich einen so genannten Mädchenfilm, *Ein amerikanischer Quilt*, gesehen. Darin vergleicht die Hauptperson eine Beziehung mit der Herstellung eines Quilts: Wenn man zwei passende Muster zusammensetzt, ergänzen sich ihre Farben und ihre Helligkeit, aber wenn man die falschen Quadrate aneinander fügt, trübt sich ihr Glanz.

Bevor ich Matt begegnete, war dies typisch für mein Leben gewesen. All meine Beziehungen hatten mich erschöpft, weil ich glaubte, mich für meine Eigenart entschuldigen zu müssen. Ich zog mich selbst in Zweifel, statt meinem Instinkt zu trauen. Matt und ich ergänzten einander.

Eines Abends kam er zum Fernsehen vorbei, und als wir auf dem Sofa saßen, fragte er: »Meinst du, dass aus dieser Sache etwas werden könnte?«

»Ich bin mir nicht sicher«, sagte ich. Aber ich war mir sicher. Wir verabredeten uns immer häufiger, und sehr bald zogen wir zusammen.

Matt arbeitete nach Kräften an meinem Fuß, aber ohne großen Erfolg. Trotz drei Massagen pro Woche bildete sich das Narbengewebe nicht vollständig zurück. Nun war es fast Mai, und ich versuchte, mit dem Gedanken fertig zu werden, dass ich eine weitere Leichtathletiksaison nur als Zuschauerin erleben würde.

Aber ich machte noch einen allerletzten Versuch. Ich rief meinen alten Chiropraktiker in San Diego an, Dr. Gary Wood, der nun zusammen mit seinem Mentor, Dr. Mike Leahy, in Colorado Springs praktizierte. Dr. Leahy hatte eine Technik zur Behandlung von Weichgewebe namens Active Release Therapy (ART) entwickelt.

Ich kaufte mir eine Fahrkarte nach Colorado Springs, wo

ich mich mit Höhenkopfschmerzen an Dr. Leahys Tisch setzte und ihm meine Geschichte erzählte. Er schien mir kaum zuzuhören, nahm meinen linken Fuß in die Hände und zog meine Zehen in Richtung Fußboden. Dann bog er sie zurück. Es war wie Massage. Nach ungefähr 15 Minuten sagte er: »Das reicht für heute. Kommen Sie übermorgen wieder.«

Das ist alles? Ich habe diese lange Reise für 15 Minuten gemacht? Und nun muss ich zwei Tage totschlagen, bis er mich wieder empfängt?

Ich verließ seine Praxis und ging in Richtung des Olympic Training Center, wo ich ein Zimmer hatte. Mein Kopf schmerzte so sehr, dass mir übel wurde und ich mich hinsetzen musste. Ein blauer Sportwagen hielt neben mir, und eine Stimme fragte: »Soll ich Sie mitnehmen?« Ich konnte das Gesicht hinter dem Lenkrad nicht erkennen, aber die Stimme gehörte Dr. Leahy.

Ich hatte den Eindruck, dass es sich bei ihm um einen materialistischen Arzt handelte, der lediglich drei Tage pro Woche arbeitete, nur wenige Minuten mit jedem Patienten verbrachte und sich am Wochenende mit seinem Erwachsenenspielzeug vergnügte. Der Sportwagen war so niedrig, dass ich das Gefühl hatte, in ein Gokart zu steigen. Er fuhr mich die wenigen Blocks zum Center. Als ich aus seinem Wagen stieg, fragte ich mich: *Und seinetwegen bin ich hierher gekommen?*

Aber ich kannte Dr. Leahy nicht und konnte nicht wissen, welch entscheidende Rolle er für mich spielen sollte.

Bei meinem nächsten Termin konnte ich meinen Ärger nicht verhehlen. Ich blickte in seine Richtung und sagte: »Ich weiß nicht, was ich hier soll.«

Er schwieg eine Weile und forderte mich dann auf: »Nehmen Sie Platz.«

Ich setzte mich auf den Untersuchungstisch, und er ergriff meinen Fuß erneut. Diesmal spürte ich eine Veränderung. Er übte eine größere Spannung aus, und ich merkte, wie sich das Narbengewebe auflöste. Es tat nicht weh. Mittlerweile hatte sich mein Fuß an Misshandlungen gewöhnt. Er ließ die Finger über die Wölbung gleiten, und die Verklumpungen, die ihn zuvor gebremst hatten, verschwanden nun. Er glättete sie und sagte, ich solle vom Tisch springen.

Schon das Stehen fühlte sich anders an.

»Stellen Sie sich auf die Zehenspitzen«, befahl er.

Ich tat es und bedauerte all die negativen Dinge, die ich je über Dr. Leahy gedacht hatte. »Wann kann ich versuchen zu laufen?«

»Heute«, sagte er.

An jenem Nachmittag joggte ich langsam über einen Sandpfad an der Straße des Trainingszentrums. Danach rief ich aufgeregt Dick an.

»Dick, ich möchte zurückkommen und mich für die nationalen Meisterschaften qualifizieren.«

»Ich glaube, du kannst es schaffen«, sagte er.

»Und nächstes Jahr sind die Meisterschaften in Eugene, stimmt's?«

»Ja.«

»Ich möchte gewinnen.«

Dick wusste, dass ich Unsinn redete, aber er widersprach mir nicht. Er begriff, dass ich einen Plan, einen Zweck, ein Ziel brauchte.

In Wahrheit musste noch lange an meinem Fuß gearbeitet werden – monatelang. Als ich Dr. Leahys Praxis verließ, teilte er mir mit, mein Fuß sei zu ungefähr 75 Prozent gesund. Ich könne laufen, aber die plantare Fasziitis sei noch nicht völlig ausgeheilt. Ich flog heim nach Eugene und zu Matt, und wir liefen zusammen am Flusspfad entlang. Nach zwei Wochen kehrten meine Fußschmerzen zurück. Ich musste mich damit abfinden, dass meine Saison vorbei war.

Gleichzeitig gelangte ich zu einer wichtigen Einsicht. Ich akzeptierte endlich, dass meine Karriere vielleicht nie beginnen würde, wenn ich nicht lernte, mich richtig auszukurieren und richtig zu trainieren. Dick hatte mir geraten, mich »völlig zu entspannen« und meinem Körper die Heilung zu ermöglichen. Bis dahin hatte ich nicht verstanden, was er meinte.

Nach zwei Operationen, zahllosen Kortisonspritzen, Akupunktur, chiropraktischen Korrekturen und acht Monaten plantarer Fasziitis begriff ich endlich, dass ich mich entspannen musste.

Als ich das tat, lernte ich, wie man Mittelstreckenrennen zu laufen hat.

8. Eine Hundertstelsekunde

Vielleicht können nur Läufer und Uhrmacher die Macht und Feinheit der Zeit völlig verstehen. Eine subtile Kontrolle der Bewegung kennzeichnet jede Sekunde. Schnell zu laufen ist viel komplizierter, als die meisten Menschen ahnen. Wenn man den hinteren Deckel einer Uhr öffnet, sieht man Dutzende von winzigen Scheiben und Rädchen und Spulen, deren Zusammenspiel den Zeitmesser ergibt. Beim Laufen dient der Körper als Uhr: die Arme als Pendel, die Beine als Widerstand. Ein Läufer organisiert eine Million voneinander getrennter, präziser Bewegungen – vom Krümmen der Zehen bis hin zur Armhaltung – zu einem natürlichen Rhythmus. Aber das Endergebnis sollte nicht technisch sein. Ein Lauf wirkt nicht unbedingt schnell, sondern nur wie ein gewichtsloses, körperloses Fehlen von Langsamkeit.

Beim Laufen muss man den Körper dazu bringen, physikalische Gesetze zu nutzen, damit er sich so effizient wie möglich durch den Raum bewegen kann. Es ist der wichtigste Baustein sämtlicher Sportarten – außer Golf gibt es kaum einen Sport, bei dem man auf das Laufen verzichten kann –, und es verfügt über eine eigene wissenschaftliche Sprache. Wir Läufer unterhalten uns über Fragen der Geschwindigkeit, und aus unserem Mund sprudeln Zahlen hervor, die für jeden anderen unverständlich und unwesentlich sind; wir grübeln über Rekorde und Zeitunterschiede – wobei es nicht um Minuten, sondern um Sekunden, Zehntel- und sogar Hundertstelsekunden geht –, als wären es die Schriftrollen vom Toten Meer. Zum Beispiel sage ich: »Mein Workout bestand heute aus drei gedrosselten 1-K-Läufen in 2:56 Minuten und vier 200-Meter-Beschleunigungen in 28 bis 30 Sekunden.« Oder manchmal rede ich von negativen Splits, positiven Splits, Steigerungen, Spurts und Tempi.

Jeder Läufer weiß, dass die Uhr nicht der einzige Gegner ist. In Wirklichkeit finden stets drei Rennen statt: gegen die Uhr, gegen die Konkurrenten und gegen deinen größten Rivalen – dich selbst. In fast jedem Wettkampf gibt es einen Punkt, an dem man mit sich selbst konfrontiert wird. Die Milchsäure füllt deinen Körper, und der Schmerz verzehrt dich, und du stellst dir die unvermeidliche Frage: »Was für ein Mensch bin ich bloß?«

Die besten Läufer beantworten diese Frage nicht durch intellektuelle Reflexion, sondern instinktiv. Sie reagieren. Es gibt kein Zögern und keinen Zweifel. Trotz der quälenden Schmerzen und gegen alle Vernunft bewegen sie sich weiter vorwärts. Diese Reaktion kann nicht antrainiert werden, sondern sie muss einem Sportler angeboren sein.

Das Rennen gegen das Ich ist der entscheidende der drei Läufe. Nur rein äußerlich steht der Wettbewerb um Medaillen, Geld oder Status im Vordergrund. Am Ende steigen die Medaillengewinner auf das Podium, werden im Fernsehen interviewt, und das Ergebnis erscheint in den Zeitungen. Alle außer dem Gewinner gelten als Verlierer. Aber Läufer wissen, dass es eine ganze Reihe unterschiedlicher Kriterien gibt, an denen ein Rennen gemessen werden kann. Selbst wenn ich meine Gegnerinnen nicht schlage, kann ich das innere Rennen gegen mich selbst gewinnen, indem ich mich nicht von Schmerz oder Selbstzweifel unterkriegen lasse, oder ich kann im Rennen gegen die Uhr siegen, indem ich eine persönliche Bestleistung aufstelle. Unabhängig davon, was die Zuschauer sehen oder welchen Platz ich belege, kann ich mich mit einem Gefühl des Triumphes verabschieden.

Aber im Frühjahr 1998 konnte ich mich kaum noch an diese Dinge erinnern, da ich seit mehr als zwei Jahren kein wichtiges Rennen mehr bestritten hatte. Eines Samstagnachmittags im April fragte mich Dick Brown, ob ich eine Veranstaltung der University of Oregon besuchen wolle. Ich nahm die Einladung an, obwohl ich von der Tribüne aus nicht viel erkennen kann. Aber Dick wollte, dass ich Rennen beobachtete, auch wenn ich noch an keinem teilnehmen konnte. Ich nahm mein Monokular mit, und wir setzten uns auf die Bänke oberhalb der Gegengeraden. Es regnete wie meistens, aber die Bänke waren typischerweise fast gefüllt. Der Regen konnte die eingefleischten Leichtathletikfans von Eugene nicht von einer Veranstaltung fern halten.

Das letzte Rennen waren die 5000 Meter der Männer. »Hier soll ein ziemlich guter Bursche antreten«, sagte Dick.

Zu meiner Schande muss ich gestehen, dass ich nicht einmal wusste, wie viele Runden ein 5000-Meter-Rennen hat oder was eine respektable Zeit ist. Ich wusste nur, dass die Strecke 3,1 Meilen entspricht. Die Pistole knallte, ich hob mein Monokular an mein rechtes Auge und bewegte das Teleskop hin und her, bis die Läufer ins Blickfeld rückten. Der Mann, den ich mir nach Dicks Meinung anschauen sollte, hieß Adam Goucher, und sogar für mich war er leicht zu erkennen. Adam setzte sich sofort an die Spitze und gab die Führung nicht wieder ab. Er lief wie ein Verrückter: die erste Runde in 64 Sekunden und alle weiteren zwischen 60 und 67 Sekunden. Er lief allein und offenbar mühelos durch den Regen.

Zwar konnte ich seine Gesichtszüge nicht erkennen, aber ich beobachtete seine Bewegungen, die sich deutlich von denen seiner Verfolger unterschieden. Er lief geradlinig, beugte sich leicht vor und verschwendete keine Energie, während die anderen auf und ab hüpften, als rührten sie sich nicht von der Stelle. Als er fast eine halbe Runde Vorsprung hatte, sprang das kundige Publikum von Eugene auf und klatschte im Takt mit seinen Schritten. Er legte weiterhin jede Runde im gleichen Tempo zurück.

Zum ersten Mal begriff ich die Prinzipien, die Dick Brown gepredigt hatte, weil ich sie in der Praxis beobachten konnte. Das Tempo und der Rhythmus des Läufers waren ansteckend, sodass ich unwillkürlich aufsprang und wie die anderen klatschte. Ich setzte das Monokular an mein rechtes Auge und musterte ihn gründlicher, wann immer er auf der Geraden unter uns vorbeikam. In den letzten beiden Runden steigerte er sein Tempo sogar noch. Für die letzte brauchte er 64 Sekunden.

»Wie hat er das gemacht?«, fragte ich mich.

Er hatte seine Geschwindigkeit am Ende erhöht. Genau das war die Idee, die Dick immer wieder betonte und die ich am schwersten nachvollziehen konnte. Aber nun hatte ich die perfekte Illustration vor mir.

Gouchers Zeit erwies sich als die beste Universitätsleistung des Jahres.

Zwei Tage später erzählte ich Matt von dem Rennen. Aber es war für ihn nichts Neues, denn er hatte eine Lauf-Enzyklopädie im Kopf und war an jeder Einzelheit des Sports interessiert. Er konnte jeden Gewinner der letzten 20 Jahre im Bostoner Marathonlauf nennen; er wusste, wer welche Medaille – und mit welchem Vorsprung – bei den Olympischen Spielen errungen hatte, und er kannte die persönlichen Bestleistungen internationaler Spitzenläufer nicht nur in der Gegenwart, sondern schon früher am College. Matt sah sich den Sport nicht einfach an – er studierte ihn. Allmählich wurde er zu einem besseren Lehrer für mich, als Dick Brown es jemals gewesen war.

Matt informierte sich gründlich. Samstagmorgens saß er gewöhnlich in der Küche, trank Kaffee und vertiefte sich in *Track & Field News* oder in Bücher wie *A Cold Clear Day, Once A Runner* oder *The Purple Runner*.

Was er nicht aus seiner Lektüre lernte, kannte er aus eigener Erfahrung. Er war als Student Strecken von 1500 bis 10 000 Meter an der University of New Hampshire gelaufen, wo er als Mannschaftsführer in seinem letzten Studienjahr mit dem Team den Verbandstitel errang. Er lief im Training weiterhin 135 Kilometer pro Woche und trat zu Langstreckenrennen bis hin zum Marathon an, wenn er nicht im medizinischen Labor und als Masseur arbeitete. Obwohl er 1,80 Meter groß war, wog er nur 63,5 Kilo in seinem schwarzen T-Shirt und seinen bauschigen Shorts, die er in der Taille feststecken musste, damit sie nicht herunterfielen. Ich dagegen war 1,73 Meter groß und wog 61,5 Kilo, denn ich hatte meine Frustration im Kraftraum durch Pyramidentraining mit Kniebeugen und Bankdrücken abreagiert.

»Ich möchte lernen, solche Strecken zu laufen. Mein Fuß muss unbedingt gesund werden«, erklärte ich Matt.

»Ich weiß«, erwiderte er. »Also lass uns anfangen.«

Aber im Sommer 1998 versuchte ich immer noch, eine Heilung für meinen Fuß zu finden. Dr. Leahy sprach von »dem schlimmsten Fall, den ich je gesehen habe«. Er hielt mich immer noch davon ab, ganztägig mit Dick Brown zu trainieren. Stattdessen arbeitete ich beim CVJM als Aerobic-Koordinatorin, was bedeutete, dass ich morgens Fitness-Unterricht für Senioren und nachmittags Bewegungslehrgänge für Vorschüler abhielt.

Morgens las Matt mir aus den Sportseiten vor und nannte mir die Resultate der Grand-Prix-Veranstaltungen in Europa. Ich wollte wissen, was sich in der Weltklasse abspielte, aber es tat mir auch weh.

»Suzy hat in Monaco vier Minuten über 1500 Meter unterboten«, sagte er.

»Unmöglich«, meinte ich.

»Masterkowa hat knapp gewonnen und Szabo im Endspurt geschlagen. Die acht besten Zeiten lagen alle unter vier Minuten.«

Matt zeigte sich immer von anderen Läuferinnen beeindruckt, und das nagte an mir. Ich wollte unbedingt, dass er auch von mir beeindruckt war. Aber ich war in den vergangenen beiden Jahren so wenig gelaufen, dass man meinen konnte, ich hätte den Sport aufgegeben. Doch vielleicht würde Matt eines Tages eine Zeitung oder *Track & Fields News* aufschlagen und von *mir* lesen.

Und wenn ich nun wirklich aufgebe?, brütete ich. Konnte ich als Zuschauerin auf der Tribüne sitzen wie mit Dick beim Universitätswettkampf und versuchen, die Laufbahn durch ein Monokular zu mustern? Konnte ich dort sitzen und mich fragen: *Und wenn ich nun nicht aufgegeben hätte?* Nein, ich konnte es nicht. Dann hätte ich keine Chance gehabt, ein glückliches Leben zu führen. Schon gar nicht, nachdem ich Matt kennen gelernt hatte, dessen Leidenschaft für den Sport ich miterlebte.

Aber etwas musste sich ändern. Ich machte keine Fortschritte. Während ich mit Summer den Amazon Trail, den gewundenen Pfad in der Nähe meiner Wohnung, entlangspazierte, geriet ich stets ins Grübeln, wenn ich von Joggern überholt wurde. Spaziergänge waren zermürbend und langweilig für mich. *Inzwischen hätte ich fünf Meilen laufen können*, sagte ich mir häufig.

Eines Tages kam Matt während meiner Arbeit beim CVJM vorbei, um mir zu berichten, dass er einen Chiropraktiker getroffen habe, der sich recht gut mit der Active Release Therapy auskennt, also mit derselben Technik, die Dr. Leahy in Colorado erfolgreich bei meinem Fuß angewandt hatte. Ich konnte es mir nicht leisten, regelmäßig zu Dr. Leahy zu reisen, aber wenn mich jemand in Eugene behandeln konnte, hatte ich vielleicht eine Genesungschance. Ich vereinbarte einen Termin mit Dr. John LeGat.

Er war ein junger Mann in Kaki-Jeans und einem weißen Polohemd. Während er meinen Fuß in die Hände nahm, erklärte er, dass er versuchen wolle, meine bisherige Behandlung fortzusetzen. Er konnte das Narbengewebe an meinem Fußgewölbe und an meiner Ferse fühlen. Dr. LeGat behandelte mich drei Wochen lang jeden zweiten Tag. Mein Zustand verschlechterte sich, bevor er besser wurde. Bei der Arbeit musste ich meinen Fuß unter dem Schreibtisch in einen Kübel Eiswasser stecken, während ich Kontrolllisten abzeichnete und mich mit anderen Formularen beschäftigte. Ich kaufte mir sogar ein Nudelholz und rollte es unter meinem Fußgewölbe hin und her. Bald lief ich zwischen zehn und 17 Kilometer pro Tag, wenn auch langsam.

Es war jedoch zu spät für mich, meine Beziehung zu Dick Brown wieder zu vertiefen. Er verbrachte den größten Teil des Spätfrühlings und des Sommers damit, mit seinen anderen Sportlern herumzureisen, und seine Abwesenheit kümmerte mich nicht. Ich war sogar erleichtert darüber, nicht jeden Tag Bericht über den Zustand meines Fußes erstatten zu müssen. Gewöhnlich bat er mich, ihm eine Zahl zwischen eins und zehn zu nennen. Ich fühlte mich verpflichtet, die Situation zu beschönigen, weil ich ihn nicht enttäuschen wollte. Aber es war eine willkommene Pause, als ich mich einfach der Verletzung widmen konnte, ohne Dick versichern zu müssen, dass ich auf dem Wege der Besserung sei.

Der amerikanische Rekord über 800 Meter wurde in jenem Jahr gebrochen – und zwar nicht von einer erfahrenen Mittelstreckenläuferin, sondern von einer Sprinterin. Jearl Miles-Clark, eine Olympiateilnehmerin über 400 Meter, war auf die 800 Meter übergewechselt und verblüffte alle Fachleute durch ihre Leistung von 1:56,78 Minuten. (In den folgenden beiden Jahren sollte sie den Rekord noch zweimal verbessern: auf 1:56,40 Minuten.)

Ich war frustrierter denn je und begann, einige von Dicks Ausdauertheorien anzuzweifeln. Außerdem kamen mir seine Trainingsmethoden nicht intensiv genug vor. Ich wünschte mir schnellere Übungen, zum Beispiel Form-Drills und »Strides« – rasche, aber lockere Sprints.

Schließlich sagte ich Dick, was ich dachte. Wir saßen im CVJM-Café, und es kam zu einer unbehaglichen Diskussion, die mich in Tränen ausbrechen ließ. Ich stellte sein Programm infrage: »Es ist monoton!« Und dann beschuldigte ich ihn, mich verletzungsanfällig zu machen; die sechs bis sieben Monate stetiger Langstreckenläufe hätten erheblich zu meinen Fußschmerzen beigetragen. Das war unfair von mir, denn Dick hatte keine Schuld an meiner Verletzungsserie. Daran war ich selbst schuld. Aber ich hatte es einfach satt. Der Mangel an Abwechslung machte mich rasend.

»Wie wär's mit Drills und Strides?«, fragte ich. »Und vielleicht hin und wieder mit einem Zeitrennen?«

Dick erklärte sich einverstanden, aber dann fuhr ich fort: »Was hältst du davon, einige der längeren Strecken in zwei Läufe pro Tag zu teilen?«

»Sie dürfen nicht unterbrochen werden«, beharrte Dick.

Damit war klar, dass ich mich neu orientieren musste. Dick war ein intelligenter Trainer und ein gütiger Mann. Er hatte mir alles über die Lauftechnik beigebracht, aber sein Programm verlangte Geduld und Vertrauen, und inzwischen fehlte mir beides. Wir arbeiteten nicht gut zusammen. Am Ende der Diskussion vereinbarten wir, uns zu trennen.

Nach unserem Treffen setzte ich mich in ein Büro und weinte. *Was zum Teufel fängst du mit deinem Leben an?*, überlegte ich. Ich war fast 30 Jahre alt, und es fiel mir schwer, Dicks Kreis zu verlassen. Seinetwegen war ich nach Eugene gezogen, und ich hatte mir eingeredet, dass meine Karriere beendet sein würde, wenn unsere Zusammenarbeit nicht klappte. Nun schien es unmöglich zu sein, dass ich je zur Elite aufschließen würde.

Aber ich hatte ja Matt. Er wurde zu einem noch wichtigeren Teil meines Lebens, und allmählich, als sich meine Stimmung gebessert hatte und mein Fuß ein wenig gesünder zu sein schien, machten wir gemeinsam einige leichte Läufe auf den Pfaden. »Nur ein paar lockere Meilen, um herauszufinden, was mit deinem Fuß ist«, überredete mich Matt. Es war ein herrliches Gefühl, endlich wieder zu laufen. Aber wie ich mir sagte, tat ich es allein deshalb, um Matts Gesellschaft und die schönen Sommermorgen von Eugene zu genießen. Was mehr konnte ich mir wünschen?

Dann sagte Matt eines Tages: »Im September findet ein 5000-Meter-Rennen im Alton Baker Park statt. Wie wär's?«

Es war ein wenig anspruchsvolles Rennen auf dem Radfahrweg, den ich recht gut kannte. »Okay«, erwiderte ich zögernd.

Ich gewann in gemächlichen 17:57 Minuten, aber ich freute mich darüber, wenigstens unter 18 Minuten geblieben zu sein. Vor allem jedoch hatte ich keine Probleme mit meinem Fuß.

Bald lief ich wieder längere Strecken. Meine Schmerzen – eine Schleimbeutelentzündung im Hüftgelenk war Defekt Nummer vier in zwei Jahren – ließen allmählich nach, und ich erwog, meine Karriere fortzusetzen. Außerdem hellte sich meine Stimmung auch dadurch auf, dass ich meine simple Arbeit beim CVJM kündigte und wieder Kinder zu unterrichten begann. Anfangs teilte mir die lokale Schulbehörde eine Halbtagsstelle in einem Schwimmlehrgang für mehrfach behinderte Schüler zu, doch bald betreute ich zusätzlich Kinder, die nicht zum Schulbesuch fähig waren, bei sich zu Hause. Da man mir mehr zahlte als für meine ganztägige Arbeit beim CVJM, konnte ich meine dortige Stelle aufgeben. Mein Selbstvertrauen wuchs durch die Lehrtätigkeit, denn sie war eine meiner Stärken. Nun hatte ich mehr Freizeit, die ich zum Laufen nutzen konnte.

Ich brauchte einen neuen Trainer. Wie ich erfahren hatte, gab es in Eugene noch andere erstklassige Coaches. Einer von ihnen war Mike Manley, der 1972 bei den Olympischen Spielen am 3000-Meter-Hürdenlauf teilgenommen und Steve Prefontaine, den vielleicht größten amerikanischen Mittel- und Langstreckenläufer aller Zeiten, persönlich gekannt hatte. Ich war Mike nie begegnet, aber ich wusste, dass er eine große Gruppe von Läufern mit ganz unterschiedlichen Fähigkeiten betreute. Eines Abends im Dezember rief ich ihn spontan an.

»Hi, ich heiße Marla Runyan, und ich laufe 800 Meter ... Bei den Ausscheidungen 1996 habe ich 2:04 Minuten erzielt.«

»Hm«, machte er unbeeindruckt.

»Also, ich hätte gern gewusst, ob wir vielleicht zusammenarbeiten könnten.«

»Im Moment habe ich mehrere Läufer und alle Hände voll zu tun«, antwortete er. »Ich glaube nicht, dass ich zurzeit noch jemanden übernehmen kann. Melden Sie sich Ende Januar noch mal.«

»In Ordnung«, sagte ich enttäuscht.

Ich trainierte weiterhin allein. An einem regnerischen Samstagmorgen zog ich meinen Trainingsanzug an und machte Streckübungen auf dem Wohnzimmerfußboden.

»Meine Hüfte fühlt sich steif an«, teilte ich Matt mit.

»Irgendetwas gibt es immer«, sagte er. »Manchmal musst du einfach hindurchlaufen, und dann wird es mit jedem Tag ein wenig besser.«

»Du meinst, ich soll da jetzt raus?« Ich zeigte auf das Wohnzimmerfenster, das vom Kondenswasser troff. Die Temperatur lag knapp über dem Nullpunkt.

»Ich kann dir deine Entscheidung nicht abnehmen. Es

ist deine Hüfte. Versuch's doch, und wenn es wehtut, hörst du auf.«

Das klang recht einfach. Entweder ich kann laufen, oder ich kann es nicht. Schluss mit den Spaziergängen. Schluss mit der Verzärtelung meines Körpers.

Ich hatte gehört, welche Strapazen Mike Manley seinen Läufern zumutete, zum Beispiel einen mörderischen Lauf im Hendrix Park über eine Reihe grob asphaltierter Straßen mit zahlreichen Schlaglöchern. Der Pfad führte durch prächtige kiefern- und farnbedeckte Erhebungen, wo einige der vermögenderen Einwohner der Stadt wohnten. Es war ein perfekter Hügellauf.

Ich beschloss, den Versuch zu wagen. Also raus und los. Vor einer ungefähr 400 Meter langen Steigung bis zur Spitze des Hendrix Park legte ich einen neuen Gang ein und stürmte aufwärts. Kurz vor dem Gipfel drehte ich mich um und lief wieder hinunter. Diese Übung wollte ich sechsmal wiederholen. Wieder hinauf, aber schneller in gleich bleibendem Tempo. Und noch einmal und noch einmal.

Beim sechsten Mal hielt ich nicht an, sondern rannte weiter bergauf zum Skyline Drive, wo ich an einem Denkmal für Prefontaine vorbeikam. Rechts neben der schmalen Straße stand eine Felswand, an die Prefontaine 1975 bei seinem tödlichen Unfall mit dem Auto geprallt war. Von Matt wusste ich, dass das Denkmal aus einem Bild und einer Inschrift bestand, aber ich konnte die Einzelheiten nicht erkennen. Verstreute alte Bänder und Medaillen waren hier Prefontaine zu Ehren von lokalen Läufern hinterlassen worden. Als ich, nach dem Anstieg schwer atmend, an der Gedenktafel vorbeilief, stieß ich hervor: »Hallo, Pre, wie steht's?«

Ich erreichte den Gipfel des Mount Hendrix und verhielt einen Moment lang, um eine Entscheidung über die Fortsetzung meines Laufs zu treffen. Ein steilerer und längerer Hügel im Westen sah verlockend aus, und ich lief wieder mit möglichst gleichmäßigem Tempo bergan. Diesen Hügel bewältigte ich viermal, wobei ich mir dauernd zuredete: *Genau so wird es sich anfühlen, und es tut bestimmt weh. Das hier ist das Rennen, hier musst du schneller werden.* In meiner Fantasie war ich nicht auf einem öden Hügel im Regen, und mein Atem war keine Nebelwolke. Stattdessen näherte ich mich in einem Stadion der letzten Kurve, während der Burn-out begann.

Auf einer gewundenen Straße lief ich durch hohe Bäume und Farne bergab und fror nicht, obwohl es noch regnete. Es war ein guter Tag gewesen. Triumphierend riss ich unsere Wohnungstür auf.

»Ich hab's durchgehalten«, berichtete ich Matt, »und meine Hüfte auch.«

Im Januar konnte ich es kaum abwarten, Mike Manley anzurufen. Ich wusste, dass sich seine Gruppe jeden Dienstagabend auf einem bestimmten Pfad traf, und ich fragte ihn, ob ich mich zwanglos anschließen dürfe.

»Solange Ihnen klar ist, dass ich Sie nicht offiziell trainiere.«

»Ich weiß«, erwiderte ich.

Ich zog meine alten Sachen von Moving Comfort und ein paar Überreste von Nike an: eine lange Strumpfhose, ein langärmeliges Lycra-Hemd, eine zweite Schicht darüber, eine Jacke, ein Paar von Matts Laufhandschuhen und eine Mütze. Außerdem ein Paar Turnschuhe, die ich mir im Ausverkauf zugelegt hatte. Dann blieb ich mitten in unserer winzigen Wohnung stehen und wartete darauf, dass es 16 Uhr wurde.

Es war ein kalter, regnerischer und sehr düsterer Tag, aber das machte mir nichts aus. Das Wetter oder die Frage, ob ich den Pfad im Dunkeln würde sehen können, waren mir gleichgültig. Ich würde alles geben, denn vielleicht war Mike Manley mein künftiger Trainer. Den Türknauf bereits in der Hand, wandte ich mich zu Matt um. »Wenn das nicht klappt, weiß ich nicht, was ich tun werde.« Damit ging ich hinaus in die Dunkelheit.

Die Workouts, die ich allein bewältigt hatte, machten sich bezahlt. Ich war Mikes Methoden gewachsen und hielt an jenem ersten Tag mühelos in der Gruppe mit. Danach schloss ich mich ihr jeden Dienstag und Samstag inoffiziell an. Jede Woche sah ich neidisch zu, wie Mike seinen Sportlern Zettel mit den jeweiligen Workouts reichte.

Eines Dienstagabends, nachdem wir den Lauf auf einem Pfad beendet hatten, gab Mike mir ebenfalls einen Zettel.

»Ich glaube, jetzt trainiere ich dich auch«, sagte er.

Ich eilte nach Hause und stürmte durch die Tür. »Matt, guck dir das an!«, schrie ich. »Ich habe auch einen Zettel!« Ich legte das Stück Papier unter mein CCTV-Gerät und studierte Mikes Handschrift. Dieses einzelne Blatt machte mich froh und glücklich. Nun hatte ich einen Trainer. Ich wusste nicht, was kommen würde, aber jedenfalls war ich wieder eine Sportlerin.

Mike und ich setzten uns zusammen und erörterten mein Training und meine Ziele für die nächste Saison. »Ich würde mich sehr gern über 800 Meter für die nationalen Meisterschaften qualifizieren«, sagte ich. Die U.S. Nationals fanden in jenem Jahr in Eugene statt, und ich sehnte mich danach, vor meinem Heimatpublikum zu laufen.

Aber ich hatte noch ein anderes, ferneres Ziel. Bei nationalen und internationalen Wettkämpfen werden drei Vorläufe abgehalten. Nur die besten acht Teilnehmer qualifizieren sich für das Finale. »Vielleicht … vielleicht könnte ich sogar in den Endlauf kommen«, setzte ich hinzu.

»Ein vernünftiger Wunsch«, meinte Mike.

Wir machten uns an die Arbeit. Mike legte den Nachdruck auf Kraft und Ausdauer, ähnlich wie Dick Brown, aber er führte mich auch an den »Tempolauf« heran: drei bis fünf Meilen mit gleichmäßiger Geschwindigkeit und erhöhter Atmung, jedoch ohne dass sich Sauerstoffmangel einstellen durfte.

Zuerst konnte ich das Tempo von 5:20 Minuten pro Meile nicht wie seine anderen Läuferinnen aufrechterhalten, aber allmählich verbesserte ich mich. Ich wurde kräftiger und merkte es nicht einmal.

Mein erster Test waren die Mount SAC Relays am Beginn der Saison, eine populäre alljährliche Veranstaltung im August in Südkalifornien. An dem viertägigen Ereignis nahmen High-School-, College- sowie Sportler der offenen und der Spitzenklasse teil. Die 800 Meter waren eine Einladungsveranstaltung, und um eingeladen zu werden, brauchte ich eine schnelle Zeit. Doch ich konnte überhaupt keine Zeit vorweisen, da mein letztes Rennen drei Jahre zurücklag.

Ich log auf dem Anmeldeformular und trug eine persönliche Bestleistung (oder PB) von 2:03,8 Minuten ein, wobei ich behauptete, sie im Vorjahr in Kanada gelaufen zu sein. In Wahrheit hatte ich die gesamte Saison hindurch auf einem Standfahrrad beim CVJM gesessen. Ich war nicht einmal in der Nähe von Kanada gewesen, aber ich steckte das Formular in einen Umschlag und setzte auf mein Glück.

Mit Erfolg.

Ich würde in einem Feld von acht internationalen Spitzenläuferinnen antreten, darunter Michelle Ave, Dick Browns frühere 800-Meter-Läuferin. Matt und ich packten unsere Sachen und reisten nach Kalifornien.

Von diesem Rennen hing sehr viel ab. Daraus würde ich schließen können, ob ich jetzt richtig trainierte oder ob mein Umzug nach Eugene ein großer Fehler gewesen war. Es war meine erste Reise zurück nach Kalifornien, seit ich es 1996 verlassen hatte, und meine Eltern würden auf der Tribüne sitzen. Der Druck verstärkte sich dadurch, dass ich vor meinem früheren College-Trainer Rahn Sheffield laufen würde.

Am Tag des Rennens war es heiß und dunstig. Die Temperatur auf der Bahn betrug fast 41 Grad. Ich wärmte mich auf, indem ich 20 Minuten auf einem Feld hinter dem Stadion joggte, wo es ruhig und ein wenig schattig war. Ich meldete mich erst in der letzten Minute, um dem gnadenlosen Sonnenschein zu entgehen. Die Läuferinnen drängten sich unter dem Schirm eines Funktionärs zusammen.

Schließlich wurde unser Rennen angesagt. Ich trat auf die synthetische Oberfläche der Laufbahn, meine Spikes gruben sich ein, und ich lief die Gerade hinunter. Für die Zuschauer, die mich kannten, war ich mit inzwischen 56 Kilo und einer völlig anderen Statur kaum wiederzuerkennen. Ich trug ein rot-oranges Top von Moving Comfort und alte schwarze Shorts, die schwerlich der neuesten Mode entsprachen. Sie erinnerten eher an körperformende Unterwäsche. Außerdem trug ich eine alte Killer-Loop-Sonnenbrille von 1995, ohne zu ahnen, dass sie mittlerweile völlig out war.

Ich hörte eine Stimme sagen: »Hallo, Marla!« Es war Rahn. Nach drei Jahren setzte ich die Stimme immer noch mit Tempo gleich. »Los, Mädchen, du kannst es schaffen«, feuerte er mich an. Ein Lachen schwang in seiner Stimme mit, und ich war erleichtert. Im tiefsten Innern hatte ich mich gefragt, ob er hoffte, dass ich scheitern würde. Stattdessen spornte er mich an. Aber seine Worte machten mich auch nervös, denn ich wollte ihm zeigen, was ich gelernt hatte.

Um mich zu beruhigen, brachte ich mir in Erinnerung, wie dankbar ich dafür sein musste, dass ich nicht auf einem Standfahrrad beim CVJM saß oder im Pool aquajoggte oder im Regen einen einsamen Hügel hinauflief. Ich würde an einem Rennen teilnehmen. Einem Rennen.

Die Pistole ertönte. Tina Paulina aus Mosambik startete neben mir. Ich ließ mich sofort ans Ende der Läuferinnenreihe zurückfallen. Nach der ersten Runde lag ich immer noch an letzter Stelle. Ich dachte: *Vielleicht ist das noch zu früh für dich.*

Die Ersten passierten die 400-Meter-Marke in 56 Sekunden, ich dagegen in 60 Sekunden.

»Hol sie auf der Gegengeraden ein!«, schrie Rahn.

Nach der dritten Kurve begann ich, Konkurrentinnen zu überholen. Sie wurden müde, und ich schob mich vor. Nun konnte ich die Umrisse der Führenden erkennen – was bedeutete, dass sie nicht zu weit entfernt waren. Ich biss die Zähne zusammen. Es fing an wehzutun.

Alle begannen zu schreien, was für das Publikum von Mount SAC typisch ist. Trainer brüllten aus Leibeskräften genauso auf junge Mädchen wie auf Olympiateilnehmerinnen ein. Als wir in die letzte Kurve einbogen, verstärkten sich die Schreie, und meine Schmerzen nahmen zu. Aber ich machte weiterhin Boden wett. Ich hielt mein Tempo aufrecht und überholte noch eine Läuferin. Dann verkrampfte ich mich. Aber irgendwie hielt ich durch – und überquerte die Ziellinie als Vierte.

Mein erster Gedanke war: *Hoffentlich ist das eine PB.* So viel Schmerzen mussten belohnt werden. Und sie wurden belohnt.

Im Innenfeld fragte ich einen Funktionär nach meiner Zeit, wobei ich keuchte und stöhnte und meine Knie umklammerte.

»Runyan? Mal sehen. Runyan ... 2:03,81 Minuten«, sagte er.

»2:03 Minuten!«, kreischte ich.

Es war keine Lüge mehr. Durch diese Zeit war ich für die U.S. Nationals qualifiziert.

Das Leben war schön. Ich konnte wieder trainieren und an Rennen teilnehmen, und mein Glaube daran, dass ich wichtige Dinge über das Laufen lernte, kehrte zurück. Und ich hatte keine Schmerzen mehr.

Als wir eines Tages im Stadion Technik und Form übten, fragte mich Mike: »Siehst du die Linie dort … die weiße?« Er zeigte auf die weißen Bahnen, die auf die rote Oberfläche gemalt waren.

»Ja.« Ich stand genau darauf.

»Du brauchst die Füße nur so hoch zu heben, dass du über die Linie treten kannst.«

Er meinte damit, dass ich keine Zeit und Energie darauf verschwenden sollte, meine Knie und Füße hoch zu reißen, weil ich dadurch nicht schneller vorankam.

»Lauf aus dem Innern«, sagte Mike häufig. Er beugte sich auf der Bahn vor und betonte: »Du musst das Gefühl haben, du würdest von einem Seil nach vorn gezogen.«

Meine Art der Fortbewegung änderte sich: Ich konnte meine Beine unter mir spüren, wie sie meinen Schwung nicht unterbrachen, sondern mich vorwärts trieben.

Wenn wir lange Intervall- oder Tempoläufe machten, stand Mike im Innenfeld und brüllte: »Rhythmus, Rhythmus, Rhythmus!« Er wollte, dass wir das Tempo fühlten und es unserem Körper einprägten, damit wir es in einem Rennen finden konnten, ohne darüber nachzudenken.

Ich entdeckte, dass ich gut mit dem Tempo umgehen konnte. Zum Beispiel war ich fähig, 400 Meter immer wieder in 66 Sekunden – fast bis auf eine Zehntelsekunde genau – zurückzulegen. Und ich konnte diese Geschwindigkeit, 33 Sekunden für jeweils 200 Meter, über die volle 800-Meter-Strecke durchhalten. Ich erlebte etwas Neues, und es gefiel mir. Allmählich fragte ich mich, ob ich für längere Distanzen bestimmt war.

Ende Mai strömten die besten Läufer der Nation zum Prefontaine Classic nach Eugene. Das »Pre«, wie es liebevoll genannt wird, ist vielleicht das angesehenste jährliche Leichtathletikereignis des Landes, und es wird stets von CBS übertragen.

In den letzten beiden Jahren hatte ich es mir als Zuschauerin angesehen, aber diesmal nicht. Mike suchte den Organisator, Tom Jordan, auf, erzählte ihm von meinen 2:03 Minuten und bat ihn, mich für die 800 Meter einzutragen. Jordan weigerte sich, da nur Läuferinnen mit einer Bestleistung unter zwei Minuten in das Feld aufgenommen wurden. Aber er bot mir 500 Dollar für die Schrittmacherrolle über 1500 Meter an. Wenn es mir lieber sei, könne ich die 1500 Meter jedoch auch als eine der normalen Konkurrentinnen bestreiten.

Mike berichtete mir von alledem eines Nachmittags ungefähr zehn Tage vor der Veranstaltung, als wir ein langes Training auf den Pfaden abgeschlossen hatten. Er betrachtete meine schlammverkrusteten Beine. Es war ein harter Tag gewesen. Ich blickte zu ihm auf und sagte: »Ich möchte das Rennen laufen.«

Er lächelte. »Darauf hatte ich gehofft.«

Zehn Tage später stand ich zum ersten 1500-Meter-Lauf meiner Karriere an der Startlinie. Ich hatte keine Ahnung, ob ich der Strecke gewachsen war, schon gar nicht in dieser Umgebung. Einige der besten Läuferinnen der Welt waren vertreten, darunter Regina Jacobs, die dreimalige Olympiateilnehmerin, und Leah Pells, die kanadische Meisterin. Ich stand weit draußen in Position 17. Es waren 17 Läuferinnen im Feld, und ich, die Einheimische ohne Qualifikationszeit, wurde als Schlusslicht eingestuft.

Der Startschuss erklang. Das Anfangstempo kam mir erträglich vor, und ich gehörte zu den Ersten des Feldes. Die Strecke war mir völlig unbekannt, und ich überlegte: *Wann beginnt es wehzutun?*

Meine Position war unverändert, als wir uns dem Ende der dritten Runde näherten. Die Glocke ertönte. Nun erhöhten alle das Tempo. Die Entscheidung nahte. Um mich herum spürte ich, wie höhere Gänge eingelegt wurden. Auch ich beschleunigte. Dreihundert Meter vor dem Ziel schob ich mich auf den vierten Platz. Ich war nur ein wenig von den Führenden entfernt.

Regina Jacobs zeigte, warum sie zu den Weltbesten gehörte. Sie setzte sich an die Spitze und rannte unangefochten auf das Ziel zu. Auch ich bot nach der Schlusskurve mein letztes bisschen Energie auf. Aber knapp vor der Ziellinie verkrampfte ich mich, sodass ich kaum noch die Beine heben konnte. Ich wurde überholt – und belegte den fünften Platz.

Aber für mich war es ein Sieg. Keuchend beugte ich mich vor. Durch meine Zeit von 4:11,81 Minuten hatte ich mich für die nationalen Meisterschaften qualifiziert. Diese Überraschung erregte viel Aufsehen bei dem erfahrenen Publikum von Eugene.

Für Mike und mich gab es nun ein Dilemma. Kurz darauf standen wir auf der Bahn in Hayward Field und erörterten die Alternativen. Wir mussten entscheiden, ob ich bei den Meisterschaften über 800 oder 1500 Meter antreten würde. Meine Leistung beim Pre hatte auch uns verwirrt.

»Ich glaube immer noch, dass du gute 800 Meter laufen kannst«, sagte Mike und zuckte die Achseln.

Aber ich neigte eher dazu, die 1500 Meter zu wählen. Vielleicht weil es eine neue Distanz für mich war und ich hoffte, mein Potenzial entwickeln zu können; oder vielleicht weil ich plötzlich das Gefühl hatte, dass ich mich über 800 Meter kaum noch verbessern konnte, während die 1500 Meter ganz neue Möglichkeiten boten.

»Lass uns eine Münze werfen«, schlug Mike vor. Er zog einen Vierteldollar aus der Tasche. »Kopf, und du läufst die 1500; Zahl, und du läufst die 800. Einverstanden?«

»Okay.«

Mike warf die Münze, fing sie auf und klatschte sie sich auf den Unterarm. »Was *wünschst* du dir?«, fragte er.

»Kopf«, antwortete ich.

Es war Kopf.

So wurde ich eine 1500-Meter-Läuferin.

Die nationalen Meisterschaften von 1999 kamen nach Eugene. Ich würde gegen einige der größten Koryphäen der Leichtathletik antreten – gegen Frauen, von denen ich nur gehört oder gelesen oder die ich im Fernsehen erlebt hatte. Ich war eine blutige Anfängerin, und dadurch, dass die Halbfinalläufe gestrichen wurden, verlor ich die Möglichkeit, meine Unerfahrenheit zu verringern. Es würde also nur ein einziger Lauf stattfinden, nämlich das Finale. Das machte mich äußerst nervös, denn das Rennen stellte erst meinen zweiten Versuch über 1500 Meter dar.

Während ich mit meinem marmeladenfarbenen Trikot, alten Großmuttershorts und im Laden gekauften Spikes an der Startlinie stand und auf den Schuss wartete, wurde mir klar, dass ich in diesem Rennen nichts zu suchen hatte.

Regina Jacobs stürmte davon. Wie üblich war sie die überragende Teilnehmerin des Feldes, eine elegante, langbeinige Läuferin mit einer Koboldfrisur. Man sprach davon, dass sie es auf den Stadionrekord von 4:00 Minuten oder vielleicht sogar auf Mary Decker Slaneys amerikanischen Rekord von 3:57 Minuten abgesehen habe. Regina jagte stets hinter irgendeinem Rekord her. Seit einigen Jahren war sie nun die stärkste amerikanische Mittelstreckenläuferin, die einzige US-Medaillengewinnerin in Gesellschaft der Rumänin Gabriela Szabo und der Russin Swetlana Masterkowa.

Das ganze Feld folgte ihr – und ich fiel zurück ans Ende. Ich scheute mich, so früh ein solches Tempo anzuschlagen. Es kam mir albern vor, rasch zu starten, wenn wir noch zweidreiviertel Runden vor uns hatten.

Bei 400 Metern lag ich mit einer Rundenzeit von 64 Sekunden immer noch an letzter Stelle. Ich begann, Zweifel zu entwickeln: *Vielleicht kann ich das nicht. Vielleicht ist das nicht meine Distanz.* Die Führenden waren nicht in meinem Blickfeld, und ich verließ mich auf den Kommentator, der die Ereignisse über Lautsprecher beschrieb. Es war, als wäre ich eine Zuschauerin bei meinem eigenen Rennen.

Allmählich überholte ich zwei Läuferinnen ... und dann noch zwei. Anscheinend schob ich mich an jeder Kurve und auf jeder Geraden um eine Position vor. Aber ich hatte immer noch Zweifel. Ich lief zögernd und konnte die Führenden weiterhin nicht sehen. Sie hätten genauso gut eine Meile entfernt sein können.

Schließlich ertönte die Glocke. Das Feld vor mir wurde kleiner, und die Situation begann mir klar zu werden. Der Ansager nannte wie bei einem Appell die Namen und die Reihenfolge der Läuferinnen. Zu meiner Überraschung lag ich an sechster Stelle, und ich hatte mich noch längst nicht verausgabt.

Was zum Teufel machst du denn? Los! Ich sprintete aus Leibeskräften. Es war, als hätte ich das Rennen jetzt erst begonnen. Ich zog an weiteren Läuferinnen vorbei. Nach der letzten Kurve konnte ich die Zweit- und die Drittplatzierte sehen, Stephanie Best und Shayne Culpepper, und ich merkte, dass ich zu ihnen aufschloss.

Aber die Ziellinie war zu nahe, und ich hatte nicht mehr genug Spielraum, sie einzuholen. Ich überquerte die Linie als Vierte.

Ungläubig blieb ich stehen. Ich war nicht einmal ermüdet. Zwei völlig erschöpfte Läuferinnen wurden halb von der Bahn getragen. Andere knieten auf dem Boden. Und ich stand einfach da. *Ich war nicht einmal ermüdet.*

Und dann tat es plötzlich weh.

Es gibt einen schlimmeren Schmerz als den, den du während eines Rennens verspürst: den Schmerz, zu wissen, dass du nicht dein Bestes gegeben hast. Damit würde ich tage- und monatelang und vielleicht sogar für immer leben müssen. Ich begriff, dass eine Niederlage nicht das Schlimmste ist.

Wäre ich unter Aufbietung all meiner Kräfte auf den vierten Platz gekommen, hätte ich damit leben können. Auch wenn ich völlig erschöpft von der Bahn gezerrt worden wäre, hätte mich das nicht unglücklich gemacht. Aber das Stadion mit dem Gefühl zu verlassen, dass ich mehr hätte geben können, bereitete mir nie gekannte Schmerzen. Ich war der Übelkeit nahe, als wäre mein Herz in meinem Körper plötzlich schwarz geworden.

Ich konnte nicht schlafen, weil ich eine große Gelegenheit verpasst hatte. Die amerikanischen Meisterschaften hatten in Eugene, meinem Heimatort, stattgefunden, und ich – mit einer neuen Physis, einem neuen Trainer und in bester Form – hatte versagt. Dabei hätte ich, wäre ich nur beherzter gewesen, eine Medaille erringen und mich für das Weltmeisterschaftsteam qualifizieren können. Doch ich war meinen Selbstzweifeln zum Opfer gefallen.

Ich lag in der Dunkelheit da. Matt schlief fest. Ich starrte an die Decke, und der Klecks in meinen Augen glitt wie üblich über sie hinweg. Dann bemerkte ich etwas. An der Nordwand unseres Schlafzimmers hing die Olympiafahne mit den fünf ineinander verflochtenen farbigen Ringen und den riesigen roten Buchstaben USA knapp darüber. Die Fahne befand sich seit Monaten dort. Das einzige Licht, das in unser Zimmer drang, kam von draußen vom Parkplatz, auf dem die ganze Nacht Laternen brannten.

Ein Lichtstrahl fiel durch die Vorhänge auf die Fahne, die sich von der Wand abhob. Sie glühte. Es war das Einzige im Zimmer, was ich erkennen konnte – alles andere war schwarz. Ich zögere, diese Geschichte zu erzählen, weil sie wie ein Theaterklischee klingt. Aber die olympischen Ringe leuchteten. War es ein Zeichen oder eine Botschaft, die mir mitteilten, dass ich mehr leisten konnte? In dieser Nacht schlief ich nicht, sondern betrachtete die Fahne und ließ das schreckliche Rennen immer wieder vor meinem inneren Auge ablaufen, bis die Sonne aufging. Ich stand auf, zog meine Schuhe an und lief hinaus.

Manchmal ist ein Fehler das Beste, was einem passieren kann. Alles hängt davon ab, welche Wahl man trifft: ob man ihn ignoriert und folglich wiederholt oder ob man beschließt, daraus zu lernen, um nie wieder in die gleiche Falle zu tappen. Ich beschloss, meine Lehren daraus zu ziehen.

Am Samstag nach den nationalen Meisterschaften fand in Maine ein Rennen statt, das zu der Can-Am Series im Nordosten der USA und in Kanada gehörte. Ich wollte unbedingt daran teilnehmen. Schließlich hatte ich noch eine Außenseiterchance, mich für die Weltmeisterschaften zu qualifizieren, wenn ich in Maine eine schnelle Zeit erzielte.

Ich holte meine Visa-Karte hervor, kaufte Flugtickets für mich und Matt nach Boston und zückte die Plastikkarte noch einmal, um ein Auto mit Vierradantrieb zu mieten.

Die Situation war folgende: Die Läuferinnen, die mich bei den nationalen Meisterschaften geschlagen hatten, waren mit Ausnahme von Regina Jacobs nicht schnell genug gewesen, um sich für die Weltmeisterschaften zu qualifizieren. Wer mit dem Nationalteam nach Sevilla reisen wollte, musste auf 1500 Meter unter 4:08 Minuten bleiben. Fünf von uns hatten noch eine Chance, und wir machten uns alle nach Maine auf.

Während wir uns in Maine an der Startlinie aufstellten, hatten wir alle das gleiche Ziel: unter 4:08 Minuten zu bleiben.

Der Startschuss ertönte. Diesmal hatte ich keine Zweifel und war entschlossen, stolz auf das Rennen zurückblicken zu können, egal was geschah. Anderthalb Runden lang lag ich an dritter Stelle und lief Schritt um Schritt neben Stephanie Best her, die bei den nationalen Meisterschaften Zweite geworden war. Dann erhöhte ich das Tempo. Ich lief an Stephanie und einem Mädchen in Rot vorbei, das ich nicht erkannte. Wie sich herausstellte, war sie die Schrittmacherin.

Matt stand im Innenfeld und nahm meine Zeit, als ich die 800-Meter-Marke passierte. »2:12 Minuten!«, schrie er. Das entsprach meinem Plan, wenn auch nur knapp.

Nun lag ich an der Spitze – und ich schaute nicht zurück. Als ich weniger als eine Runde vor mir hatte, versuchte Matt, mir meine 1200-Meter-Zeit zuzurufen, aber ich konnte ihn nicht hören, weil er vom Brüllen der Menge übertönt wurde. Die Glocke läutete, der Ansager schrie über den Lautsprecher, und die Bahn war von johlenden Mittelstreckenfans umgeben.

Milchsäure staute sich in meinen Beinen. Nur noch 200 Meter. Hundert. Ich trieb meine Spikes mit aller Kraft in die Bahn – und an der Ziellinie riss ein weißer Papierstreifen über meiner Brust. Ich stolperte auf das Gras. Vor mir befand sich eine große Digitaluhr, deren Anzeige ich aber nicht erkennen konnte.

»Was war meine Zeit?«, fragte ich, nach Luft schnappend.

Matt rannte herbei. »4:06!«, schrie er und sprang über mich weg, während ich im Gras zusammensackte.

Als ich schließlich wieder zu Atem kam, borgte ich mir ein Mobiltelefon von einem Funktionär und rief Mike Manley an.

»Mike, wir fliegen nach Spanien!«

Zunächst verschwendete ich kaum einen Gedanken an die Pan-American Games (Panamerikanischen Spiele). Ich fieberte darauf, nach Sevilla zu den Weltmeisterschaften zu reisen, aber vorher musste ich bei den Pan-American Games antreten. Sie kamen mir eher lästig vor.

Die Pan-Ams werden alle drei Jahre abgehalten und gleichen einer kleineren Version der Olympischen Spiele für Länder aus Nord-, Süd- und Zentralamerika. Diesmal wurden sie in Winnipeg ausgetragen, und die US-Nationalmannschaft würde zwei Sportlerinnen entsenden. Regina Jacobs, die nationale Meisterin, hatte die Einladung ausgeschlagen, und Shayne Culpepper, die Drittplatzierte, war verletzt. Damit blieben Stephanie Best und ich übrig, und ich fühlte mich zur Teilnahme verpflichtet.

Um mich auf eine Weltklassekonkurrenz vorzubereiten, studierten Matt und ich Bänder von klassischen Rennen. Wir schauten uns Filmmaterial über berühmte Olympialäufer an und versuchten, aus ihren Strategien zu lernen. Matt hatte einen Film über Steve Prefontaines gefeierten 5000-Meter-Lauf bei den Olympischen Spielen in München besorgt, und ich hockte vor dem Fernseher und beobachtete ihn, wie er mit wehendem Haar Runde um Runde zurücklegte. Dieses Ereignis ist für viele Läufer seit Jahren ein Albtraum, und es setzte auch mir zu.

Das Rennen war schrecklich langsam. Am Anfang bewegten sich die Teilnehmer so träge, als hätten sie eine 10 000-Meter-Strecke vor sich. Dadurch wurden die Nerven und die Geduld nicht weniger auf die Probe gestellt als die Ausdauer. Bei Olympischen Spielen und Weltmeisterschaften kommt es oft zu langsamen, taktischen Rennen, weil es keine Schrittmacher gibt. Wenn es um Medaillen geht, will sich niemand gleich an die Spitze setzen, um sein Stehvermögen nicht zu gefährden. Die anderen Läufer hängen sich an den führenden an, der die gesamte Arbeit leistet. Physiologisch gesehen, braucht man im Feld zehn Prozent weniger Energie als der Läufer an der Spitze – vergleichbar mit dem Windschattenfahren bei Radrennen. Wenn der Sieg von Sekundenbruchteilen abhängen kann, ist dieser zusätzliche Aufwand bedeutsam.

In genau dieser Situation befand sich Steve Prefontaine 1972. Wenn er nach vorn gesprintet wäre und das Rennen beschleunigt hätte, hätten sich seine Gegner an ihn angehängt, nur um ihn in der letzten Runde zu überholen. Also hielt er sich zurück. Er lief im Feld und wartete ... und wartete auf das *wirkliche* Rennen. Das Ergebnis: Anderthalb Kilometer vor dem Ziel begann er einen langen Zwischenspurt, um die Gegner zu schwächen, deren Sprintfähigkeit er fürchtete. Noch eine Runde, und er lag an dritter Stelle. Wiederum hätte er abwarten können und vielleicht die Bronzemedaille errungen. Aber er wollte Gold, denn so war Pre, und er stürmte auf der Gegengeraden an die Spitze. Aber er hatte nicht genug Reserven. Seine letzte Meile war mit fast vier Minuten die schnellste eines 5000-Meter-Rennens gewesen, doch er geriet nur fünf Meter vor der Ziellinie ins Stocken und landete auf dem vierten Platz. Trotzdem wurde Pres Mut legendär und zum Gegenstand heftiger Debatten, denn jeder Läufer hat es irgendwann mit dem Dilemma eines taktischen Rennens zu tun und will das abscheuliche Gefühl vermeiden, sich am Ende eines Rennens nicht völlig verausgabt zu haben.

Die Pan-Ams sollten zu einem weiteren wichtigen Baustein meiner läuferischen Erziehung werden. In Winnipeg erfuhr ich, dass Leah Pells, die kanadische Meisterin, gemeldet war. Leah hatte bei den Olympischen Spielen von 1996 den vierten Platz belegt und war in jenem Sommer in Europa gerade 4:04 Minuten über 1500 Meter gelaufen. Zudem würde sie von ihrem heimischen Publikum unterstützt werden.

Am Abend vor dem Wettkampf rief ich Mike Manley aus dem Korridor des Wohnheims an, in dem ich ein Zimmer hatte.

»Mike, Leah Pells ist dabei«, sagte ich.

»Tja, sie ist zäh«, erwiderte Mike. Manchmal fand er nicht die richtigen Worte.

»Wie kann ich sie schlagen?«, fragte ich.

»Es wird ein taktisches Rennen«, meinte er. »Wenn du die Führung übernehmen solltest, musst du bereit sein, aufs Ganze zu gehen.«

Es klang eher wie eine Drohung als ein Ratschlag. Ich dachte vor dem Einschlafen und den folgenden Tag hindurch über seine Worte nach.

Am Abend versammelten wir uns im Startbereich, während die Sonne unterging. Das Stadion war voll, und ich versuchte, meine Nervosität in der warmen Luft abzuschütteln. Wieder nahm ich mir vor, das Rennen als Segen und Chance zu betrachten.

Wie Mike vorhergesagt hatte, begann der 1500-Meter-Lauf langsam – langsamer, als ich es je erlebt hatte. Wir spazierten praktisch um die Bahn und brauchten 76 Sekunden für die erste Runde. Ich wartete und wartete irgendwo auf dem fünften oder sechsten Platz. *Soll doch jemand anders führen, denn das Rennen hat noch gar nicht begonnen.* Aber ich ließ das Rot von Leahs Trikot nicht aus den Augen.

Ich versuchte, so gleichmäßig und effektiv wie möglich zu laufen. Das Tempo erhöhte sich ein wenig – auf 65 Sekunden in der dritten Runde –, aber das merkte ich kaum. Ich hatte keine Schwierigkeiten. Dann läutete die Glocke.

Leah stürmte voran.

Sie überholte Stephanie Best.

Ich zögerte einen Moment lang, doch 300 Meter vor dem Ziel sagte ich mir: *Los jetzt.* Ich hoffte, dass mein anaerobischer Treibstofftank, von dem Dick Brown mir so viel erzählt hatte, noch intakt war. Rasch schob ich mich auf den zweiten Platz und beobachtete Leahs rotes Trikot aus dem Augenwinkel.

Sie war vier Schritte vor mir, aber allmählich spürte ich, dass sie mir näher kam. Ich holte auf.

Wir preschten in die letzte Kurve. Ich wagte nicht, den Gang zu wechseln, sondern hielt mein Tempo aufrecht und wechselte nach außen auf die zweite Bahn. Nun war ich an Leahs Schulter. Die Menge feuerte ihre eigene Läuferin mit ohrenbetäubenden Schreien an. Aber ich nutzte den Lärm für mich. *Sie jubeln dir zu.* Ich wusste, dass es eine Lüge war, doch ich benötigte die vom Publikum ausgehende Energie.

Wir liefen Seite an Seite, als wären wir an den Hüften zusammengewachsen, die Gerade hinunter. Ich konnte nicht mehr beschleunigen – und sie anscheinend auch nicht. Wenn ich noch mehr Gas gab, würde ich mich verkrampfen. *Halt bis zum Ziel durch, und wirf deinen Oberkörper über die Linie.* Obwohl die Ziellinie für mich unsichtbar war, spürte ich, dass wir sie fast erreicht hatten. Ich konnte die Gestalten der Zeitnehmer im Innenfeld, knapp links neben dem Ziel, erkennen.

Momente vor der Ziellinie schleuderte ich mich nach vorn. Ich presste den rechten Fuß in den Boden und katapultierte mich vorwärts wie beim Weitsprung. Wir überquerten die Linie.

Die Siegerin stand noch nicht fest. Ein Fotofinish.

Mein erster Gedanke war: *Nicht zu glauben!* Es war mir gleichgültig, ob ich gewonnen hatte. Ich war das beste mir mögliche Rennen gelaufen, und deshalb konnte ich zufrieden sein.

Leah nahm meine Hand, und wir drehten eine gemächliche Siegesrunde, wobei wir immer noch nicht wussten, wer gewonnen hatte. In der letzten Kurve schaute Leah zu dem großen Magnavision-Schirm auf, der unser Rennen in Zeitlupe zeigte.

Plötzlich stöhnte die Menge auf. Ein schwarz-weißes Acutrack-Foto des Schlussspurts war erschienen, aber ich konnte es nicht erkennen.

»Wer hat gewonnen?«, fragte ich.

»Du«, sagte sie.

Ich hatte gewonnen – mit einem Vorsprung von einer Hundertstelsekunde. Ich warf die Arme in die Luft. Obwohl ich mir eingeschärft hatte, nur zum Spaß und nicht um Medaillen zu laufen, wollte ich die Goldmedaille nun doch haben. Leah blieb stehen, während ich die Siegesrunde auf der Geraden fortsetzte.

Danach wurden die Medaillengewinnerinnen in einen abgesperrten Bereich geleitet, wo die Medienvertreter warteten. Die Presse stürzte sich wie ein großes, neugieriges Tier auf mich. Mikrofone wurden mir unter die Nase gehalten, und Stimmen schrien mir gleichzeitig Fragen zu. Dann löste sich eine Stimme von den anderen.

»Marla, erzählen Sie uns von Ihren Augen!«

Es musste ein Witz sein. *Nachdem ich bereits in meinem vierten 1500-Meter-Rennen eine Goldmedaille gewonnen hatte, wollte jemand etwas über meine Augen wissen?*

Am liebsten hätte ich geantwortet: »Haben Sie das Rennen nicht gesehen?« In jenem Moment schien mein Sehvermögen das unpassendste und unwichtigste Thema zu sein, das ich mir vorstellen konnte. *Hatte denn niemand aufgepasst?* Sie hatten die Aufregung und das Drama des Rennens selbst nicht wahrgenommen. Warum konnten sie meine Leistung nicht als solche würdigen?

Ich wollte die Frage nicht beantworten, schon gar nicht in Anwesenheit meiner Konkurrentinnen. Aber wenn ich mich weigerte, würde man dies falsch interpretieren und glauben, ich sei wütend oder verbittert wegen meiner Behinderung. Wenn ich die Frage so rasch wie möglich abhakte, würden sie vielleicht zufrieden sein und über das Rennen sprechen wollen.

Nachdem ich tief durchgeatmet hatte, stieß ich hervor: »Ich habe die Stargardt-Krankheit, sie schreibt sich S-T-A-R-G-A-R-D-T, eine frühe Form der macularen Degeneration. Ich leide seit meinem neunten Lebensjahr daran und habe eine Sehschärfe von 20/400 in beiden Augen, die nicht durch eine Brille oder durch Kontaktlinsen korrigierbar ist. Aber dadurch wird meine Fähigkeit, Rennen zu laufen, überhaupt nicht beeinträchtigt.«

Es funktionierte nicht.

»Was sehen Sie in diesem Moment?«

»Können Sie den Mann dort drüben sehen?«

»Wie laufen Sie?«

»Sind Sie jemals gestürzt?«

»Warum haben Sie mit dem Laufen begonnen?«

Keine einzige Frage zum Rennen.

Schließlich steckten die Medienvertreter ihre Stifte und Mikrofone weg und zogen sich zurück. Eine einzige Gestalt – ein Mann – blieb stehen. Ich konnte sein Gesicht nicht erkennen, doch ich spürte, wie mich seine Augen betrachteten. Während ich in meinen Trainingsanzug schlüpfte, kam er ruhig auf mich zu, als hätte er geduldig auf den Rückzug der Medien gewartet.

»Hallo, Marla. Ich heiße Ray Flinn«, sagte er mit einem schwachen irischen Akzent.

»Oh, hallo!«, antwortete ich. »Ich habe Sie laufen sehen.«

Ich hatte Ray Flinn auf einem der Videos von klassischen Rennen bewundert, die Matt mir gezeigt hatte. Ray hatte 1984 an den Olympischen Spielen in Los Angeles teilgenommen und war der irische Rekordhalter über eine Meile. Inzwischen arbeitete er als Agent für Leichtathleten.

»Wissen Sie«, meinte er, »wenn Sie es schaffen, jedes Rennen so zu laufen wie das heute, dann haben Sie eine Zukunft.«

Endlich jemand, der über das Rennen sprechen wollte und sich nicht um meine Augen kümmerte. Er sah mich als Sportlerin, nur darauf kam es ihm an.

»Ich weiß, dass Sie keine Zeit haben«, fuhr er fort, »aber wir sollten einmal miteinander reden.«

Ich hatte noch nie einen Agenten gehabt. Wollte er mich etwa repräsentieren? Am liebsten hätte ich ihm eine Million Fragen gestellt. Ich wusste, dass Ray nicht dem Klischee eines Agenten entsprach. Er war kein »Jerry Maguire«, und ich war kein Footballspieler, der forderte: »Zeig mir die Kohle.« Aber ein kostenloses Paar Schuhe hätte ich schon gern gehabt.

Später am selben Abend stand ich auf der obersten Stufe des Podiums und wurde mit einer Goldmedaille ausgezeichnet. Die amerikanische Nationalhymne erklang in einem fast leeren Stadion, aber das tat meinen Freudentränen keinen Abbruch. Ich dachte darüber nach, wie viel sich geändert hatte. Obwohl mein Körper der Erschöpfung nahe gewesen war, hatte ich nicht aufgegeben. Genau vor einem Jahr hast du noch beim CVJM auf einem Standfahrrad gesessen. Auch auf dem Fahrrad hatte ich geweint.

Plötzlich trat eine Veränderung ein. Asics, ein Ausstatter, der daran interessiert war, mein Sponsor zu werden, schickte mir einen Karton mit sechs Paar Laufschuhen. Bis dahin hatte ich ein altes Paar Nike-Spikes aus einem Katalog getragen. Nun unterzeichnete ich einen Sechsmonatsvertrag mit Asics unter der Bedingung, dass die Firma Mikes Reise nach Sevilla bezahlte. Aber sie tat mehr als das, denn sie stellte mir 5000 Dollar als Reisespesen zur Verfügung und bot mir Leistungsprämien für die Weltmeisterschaft an.

Danach wurde der Paketpostbote mein bester Freund. Kurz darauf brachte er mir ein halbes Dutzend Kartons mit Hemden, Strumpfhosen, Shorts und Winterkleidung. Alles war von höchster Qualität – viel schöner als die Sachen, die ich bis dahin besessen hatte. Weihnachten schien bereits im Juli gekommen zu sein.

Journalisten von Zeitungen, Rundfunksendern und Zeitschriften hinterließen Nachrichten auf meiner Mailbox. Die *Today Show* kam nach Eugene und filmte mich drei Tage lang beim Training. Es war verrückt und ermüdend, und ich wusste nicht so recht, was ich davon halten sollte. Das

Wichtigste war, dass ich mich auf die Weltmeisterschaften vorbereitete.

Schließlich wurde es Zeit zur Abreise. Wir brauchten 26 Stunden und mussten viermal umsteigen, bevor wir Sevilla erreicht hatten. Während einer besonders langen Unterbrechung saßen wir im Münchner Flughafen, der mit dichtem Zigarettenrauch vernebelt war. In Sevilla fuhren Matt und ich zum Hotel für US-Sportler und machten den Speisesaal ausfindig. Wir standen noch in der Tür, als Matt der Kiefer herunterklappte.

»Was ist los?«, fragte ich.

Matt starrte all die berühmten Läufer an, über die er in *Track & Field News* gelesen hatte. Die Teams aus Portugal und Kenia waren ebenfalls in unserem Hotel untergebracht, und der Speisesaal war mit Prominenten gefüllt, die sich im Trainingsanzug ihrem Mittagessen widmeten. Matt sah Paul Tergat, den kenianischen 10 000-Meter-Läufer, der in Sydney seine zweite olympische Silbermedaille gewinnen sollte, und Daniel Komen, den 3000-Meter-Weltrekordhalter, der ebenfalls aus Kenia kam. Rosa Mota aus Portugal hatte 1988 den olympischen Marathon der Frauen und zweimal den Bostoner Marathon gewonnen. Auch aus Kenia stammten die Marathon-Weltrekordlerin Tegla Loroupe und der dreimalige Bostoner Marathonsieger Ibrahim Hussein.

Für mich war Sevilla ein Gewirr aus Staub und Hitze und Verschmutzung. Es gab eine einzige Oase, einen kleinen Park neben dem Olympiastadion mit ein paar Bäumen und einem kühlen Rasen. Am Abend meines ersten Weltmeisterschaftsvorlaufs joggte ich etwa 20 Minuten lang in diesem Park, um mich zu entspannen. Dann wurde es Zeit, zur Aufwärmbahn überzuwechseln.

Die Läuferinnen wurden ungefähr 40 Minuten vor dem Rennen registriert und dann in mehreren Zelten neben dem Aufwärmbereich unter Verschluss gehalten. Man durchsuchte unsere Taschen nach illegalen Substanzen und prüfte unsere Nummern und Kleidung sowie die Länge unserer Spikes.

Schließlich mussten wir uns aufstellen und wurden auf einer absteigenden Rampe durch einen trüben Tunnel zum Olympiastadion geführt. Niemand sagte ein Wort. Aber jede Sportlerin sprach in Gedanken mit sich selbst, und trotz der Stille hatte man das Gefühl, dass mehrere Unterhaltungen geführt wurden.

Mitten im Stadion, unterhalb der tosenden Menge auf der Tribüne, befand sich eine kurze Bahn, auf der wir Sprintübungen machen konnten. Dann wurden wir in einen kleinen Raum gerufen, in dem man Hüftnummern austeilte. Der Lärm der Menge zwang die Funktionäre, beim Aushändigen der Nummern unsere Namen zu schreien.

Wir reihten uns erneut auf und marschierten zum Stadioneingang. Nachdem wir um eine Ecke gegangen waren, wurde der Tunnel noch dunkler – und dann konnte ich direkt vor mir Licht sehen. Es wechselte die Farbe, bis es sich schließlich ausbreitete und wir ins eigentliche Olympiastadion schritten.

Es war, als hätte Dorothy gerade die Tür ihres Hauses geöffnet und wäre ins Land Oz getreten, so prächtig war es. Ich hatte noch nie etwas Ähnliches gesehen. Das Stadion war wie eine Schüssel geformt, und die Sitze für 60 000 Menschen stiegen steil in die Höhe. Der Rand des Stadions bog sich nach innen, sodass er die Arena fast umschloss. Es gab kein direktes Sonnenlicht und keinen Wind, nur frische Nationalfahnen, die still und glänzend in der Abendluft hingen. Die Dämmerung brach ein.

Die Bahn war von einem Rot, wie ich es noch nie gesehen hatte, und auch das Gras im Innenfeld schien mir grüner zu sein als jedes Gras, das ich zuvor gesehen hatte. Das Publikum bildete eine Wand aus Farben und Geräuschen. Ich war sehr dankbar dafür, dass ich dieses herrliche

Stadion zum ersten Mal als Wettkämpferin und nicht als Zuschauerin erblickte, die sich ein Rennen durch ein Monokular ansah.

Alles kam mir so klar vor, dass ich mich nicht sehbehindert fühlte. Vielleicht lag es an der Beleuchtung oder vielleicht an dem Adrenalin, das durch meine Adern schoss und mich Farbe, Lärm und Temperatur überdeutlich empfinden ließ. *Diese Presseleute übertreiben. Ich kann doch gut sehen.*

Wir gingen, noch immer im Gänsemarsch, 200 Meter am Rand der Bahn entlang und erreichten die Startlinie. Fünfzehn Konkurrentinnen traten an. Nur fünf von uns würden ins Finale aufrücken.

Einen Moment lang dachte ich, dass alle von mir enttäuscht sein würden, wenn ich schlecht abschnitt, vor allem die Presseleute, die meine Behinderung so sehr in den Vordergrund gestellt hatten. Aber dann sagte ich mir, dass mich meine eigene Entscheidung hierher geführt hatte und dass es nur auf mein eigenes Urteil ankam.

Das Rennen begann rasch und verworren. Alle kämpften um eine gute Position. Ich habe beim Start immer Schwierigkeiten, und nach all dem Gedränge fand ich mich am Ende des Feldes wieder. Die Ersten schlugen ein achtbares Tempo an, aber wir alle, die wir uns in unseren Fähigkeiten und unserer Fitness kaum voneinander unterschieden, ballten uns zu einem Pulk zusammen.

Die Geschwindigkeit erhöhte sich und pendelte sich ein. Während ich eine Sekunde lang das Gefühl hatte, abgehängt zu werden, rannte ich in der nächsten plötzlich dicht an die Fersen einer Konkurrentin heran, bis das Feld wieder schneller wurde. Ich gehörte immer noch zu den Letzten und hatte Mühe, Kontakt mit der Mitte des Feldes zu halten. *Vielleicht bin ich noch nicht so weit*, dachte ich kurz vor der 800-Meter-Marke.

Wie bei den US-Meisterschaften stellte ich meine Fähigkeiten infrage. Dieser Gedanke wurde von einem überwältigenden Gefühl der Erschöpfung – fast Verzweiflung – begleitet. Ich stieß es von mir.

Im Feld schien ich zu viel Energie zu verschwenden, denn es kontrollierte mich, und ich war ihm ausgeliefert. Ich musste einen Rhythmus finden, selbst wenn ich das Schlusslicht bildete. Das war meine einzige Chance.

Ich ließ mich zurückfallen und lag fast an letzter Stelle, als die Glocke ertönte.

Nun beschleunigte ich, und das Gefühl der Erschöpfung verschwand. Plötzlich war ich wieder frisch. Auf der Gegengeraden arbeitete ich mich vom zwölften auf den zehnten Platz vor. Kurz vor der Schlusskurve nahm ich Kontakt mit der führenden Gruppe von ungefähr sieben Läuferinnen auf. Wir alle würden auf den letzten Metern um die fünf Qualifikationsplätze kämpfen.

Ich konnte spüren, dass die Läuferinnen hinter mir abschalteten, als wüssten sie bereits, dass sie nicht zu den ersten fünf gehören würden. Den größten Teil des Rennens über hatte ich mich außen gehalten, um dem Gerempel zu entgehen, und auch auf der Gegengeraden beschleunigte ich auf einer der Außenbahnen und überholte innen laufende Konkurrentinnen.

Als wir in die Schlusskurve einbogen, tat sich eine Lücke auf, und ich schob mich auf die Innenbahn. Aber die Läuferinnen knapp vor mir wurden langsamer, und eine andere schloss neben mir auf. Ich war eingekeilt.

Am Ende der Kurve war mein Schwung durch meine Position gebremst worden, und ich belegte den sechsten Platz. *Keine Panik. Warte.* Die Läuferin an der Außenseite zog davon.

Ich schwenkte nach außen und überholte zwei weitere Läuferinnen auf der Innenbahn.

Nachdem ich die Ziellinie als Vierte überquert hatte, beschleunigte ich immer noch. Dann erst begriff ich, dass es vorbei war. Ich hatte mich für das Finale qualifiziert – und war eine persönliche Bestleistung von 4:05,27 Minuten mit einer Schlussrunde von 61 Sekunden gelaufen. Aber das Ganze hatte eher einer Achterbahnfahrt als einem 1500-Meter-Rennen geglichen.

Innerhalb von nur vier Minuten und fünf Sekunden hatte ich jede denkbare Emotion durchlebt: von Zweifel über Erschöpfung bis hin zu Selbstvertrauen und einem letzten Aggressionsschub.

Mike und Matt erwarteten mich auf der Aufwärmbahn. Sie hatten in die Hände geklatscht, als ich die Ziellinie überquerte, und nun umarmten sie mich ungestüm.

Ich verharrte, um den Moment zu genießen, während die Sonne schließlich unterging und die Stadionbeleuchtung eingeschaltet wurde. Während ich noch einmal um die Bahn joggte, hörte ich eine Stimme fragen: »Wie hast du abgeschnitten, Runyan?«

Es war Regina Jacobs. An diesem Abend waren wir keine Rivalinnen, sondern Teamgefährtinnen. Regina hatte gerade ihr eigenes Halbfinale gewonnen, und nun lief sie sich aus.

»Ich habe mich qualifiziert«, sagte ich. »Sogar mit einer persönlichen Bestleistung.«

»Was bist du gelaufen?«

Ich teilte ihr meine Zeit mit, und sie gratulierte mir. Dann joggten wir noch ein paar Minuten dahin und plauderten über andere Dinge.

»Hast du an diesem Wochenende nicht Geburtstag?«, erkundigte ich mich.

»Ja, ich scheine an meinem Geburtstag immer im Ausland zu sein.«

Ich kehrte zum Hotel zurück, um mich auszuruhen. Stolz auf meine Leistung und darauf, dass ich akzeptiert worden war, erfüllte mich. Regina und ich würden das Weltmeisterschaftsfinale gemeinsam bestreiten.

Am nächsten Tag aß ich im Hotel Mittag. Im offiziellen Speisesaal mit seinen runden Tischen, auf denen weiße Decken lagen, hatten sich die größten Läufer der Welt versammelt. Eine Zeit lang saß ich an einem Tisch mit Tegla Loroupe, einer meiner Heldinnen. Dann nahm Jearl Miles-Clark neben mir Platz und beglückwünschte mich. Ich war so verlegen, dass ich kaum sprechen konnte. Dabei war sie ein überaus sympathischer und zugänglicher Mensch. Danach begrüßte sie mich stets mit einem »Hallo« und fügte hinzu: »Marla, ich bin's, Jearl«, um sich zu identifizieren. Sie war die Einzige, die daran dachte, und ich wusste es zu schätzen.

Ich war stolz darauf, im Finale zu sein, aber ich hatte auch Angst davor und begann, die Stunden zu zählen. Eigentlich lastete kein Druck auf mir, denn ich hatte bereits meine eigenen Erwartungen und die aller anderen übertroffen. Aber ich wusste, dass ich mich elend fühlen würde, wenn ich im Endlauf schlecht abschnitt, denn ich würde mit meiner schärfsten Kritikerin – mir selbst – leben müssen.

Meine Vorahnung hinsichtlich des Finales erwies sich als begründet. Das Rennen war von einem ähnlichen, aber noch schlimmeren Stop and go gekennzeichnet als das Halbfinale. Diesmal konnte ich mich nicht darauf einstellen. Ich wurde außen und innen überholt und hatte das Gefühl, vom Feld verschluckt und von den Tempoänderungen hin und her geworfen zu werden. Ich konnte keinen Rhythmus finden und hatte in der letzten Runde keine Kraft mehr für einen Schlussspurt. Mit einer Zeit von 4:06 Minuten belegte ich den zehnten Platz.

Enttäuscht trat ich die Rückreise an. Aber ich hatte ein paar Dinge gelernt, und bei meinem ersten großen internationalen Wettkampf – und meinem erst fünften 1500-Meter-Lauf – ins Finale vorzudringen war durchaus achtbar. In der ersten Nacht zu Hause in meinem eigenen Bett schlief ich fest und traumlos.

Bis das Telefon klingelte.

»Hallo?« Ich überlegte, welcher Tag es war und in welchem Land ich mich aufhielt.

»Marla, hier ist Dad.« Seine Stimme klang merkwürdig.

»Hi, Dad«, sagte ich.

»Du bist bestimmt froh, zu Hause zu sein«, meinte er. Aber seine Stimme klang ausdruckslos.

Nun setzte ich mich auf. Etwas stimmte nicht. Mein Vater hörte sich reserviert, fast formell an.

»Ich hoffe, du hast dich hingesetzt?«

»Ja, warum?«, fragte ich eingeschüchtert.

»Deine Mutter …«

Er begann zu weinen, und auch ich fing an.

Mein Vater erklärte, dass Mom kurz nach meinem Sieg bei den Panamerikanischen Spielen einen Arzt aufgesucht hatte. In ihrem Bauch war ein Tumor entdeckt worden. Sie hatte Eierstockkrebs im vierten Stadium, und am letzten Samstag, während ich in Spanien war, hatte man ihre Eierstöcke und einen Teil des Darms entfernt.

Ich schlug die Hand vor den Mund. Plötzlich schien sich alles sehr langsam zu bewegen. »Wie geht es ihr?«, flüsterte ich durch meine Tränen hindurch.

»Gestern hatten wir einen schweren Tag. Sie ist in einem sehr schlechten Zustand.«

»Kann ich zu euch kommen?«

»Nichts wünschen wir uns mehr«, sagte mein Vater.

Am nächsten Tag saß ich im Flugzeug. Ich hatte mir lediglich ein Hinflug-Ticket gekauft und Matt mitgeteilt: »Ich weiß nicht, wann ich zurückkehre.«

Meine Mutter lag im Cedars-Sinai Medical Center in Los Angeles. Ihr Zustand war erheblich komplizierter, als es mein Vater am Telefon beschrieben hatte. Im Lauf der schweren Unterleibsoperation hatten ihr die Ärzte einen großen Tumor, die Eierstöcke und einen Teil des Dünndarms entfernt und ihr Zwerchfell ausgeschabt. Sie hatte in Lebensgefahr geschwebt. Vor der Operation hatte man ihr Wasser aus der Lunge gesaugt. Sie litt unter schrecklichen Schmerzen. Während die Krankenschwestern sie zum Röntgen transportiert hatten, waren die Nähte geplatzt.

Als ich an ihr Bett trat, lächelte sie trotz der Schmerzen und nahm meine Hand. Ihre Stimme klang anders, aber ihr Geist war ungebrochen. Ich konnte sie hinter den vielen Schläuchen, Plastikbeuteln und Tropfen erkennen. Man hatte eine Sonde in ihren Magen gelegt, um den Magensaft abzusaugen. Und auch ihr Darm wurde über eine Drainage sauber gehalten. Sie wurde intravenös ernährt.

Mutter blieb 58 Tage im Krankenhaus. Ich wusch ihr die Haare, rieb ihr Lotion auf die Beine und presste kalte Tücher auf ihren Rücken, wenn er sich durch das stundenlange Stillliegen verkrampft hatte. Aber hauptsächlich sprachen wir miteinander und erinnerten uns an alte Begebenheiten.

Jeden Tag fuhr mein Vater 90 Minuten hin und zurück, um sie zu besuchen. Grady kam natürlich auch. Er brachte meiner Mutter einen Walkman, damit sie Musik hören konnte.

Ich erinnerte mich nicht an das letzte Mal, als wir vier an einem Ort zusammen gewesen waren, doch nun verbrachten wir fast zwei Monate in jenem kleinen Krankenhauszimmer und kämpften mit einer Krise, die keiner von uns erwartet hatte.

Schließlich verbesserte sich Moms Zustand, und ich musste nach Eugene zurückkehren, um wieder zu trainieren und meine Lehrtätigkeit fortzusetzen. Bevor ich abreiste, ließ ich eine Farbzeichnung des Olympiastadions von Sydney einrahmen. Ich gab sie meiner Mutter zusammen mit einem großen braunen Teddybär in einem Stars-and-Stripes-Pullover.

»Mom, das ist das Olympiastadion«, sagte ich. »Wir alle werden dort sein.«

»Ich kann's kaum erwarten«, antwortete sie.

Es war das Einzige, was ich ihr schenken wollte. Ein Bild der Zukunft.

9. Die Olympia-ausscheidungen

Mittlerweile war das Laufen für mich mehr als nur ein Sport; es war einfach die natürlichste Art, sich zu bewegen. Kinder laufen unwillkürlich und ohne Zwang. Ich war verwirrt, als mich jemand fragte: »Wann haben Sie begonnen zu laufen?« Statt zu antworten, stellte ich die Gegenfrage: »Wann haben Sie aufgehört?« Es war kein Problem für mich, jeden Tag zu laufen; das Gegenteil, es nicht zu tun, wäre ein Problem gewesen.

Aber ich war in Gefahr, mich überzutrainieren. Statt eines Schrittes machte ich nun jeweils drei. Der zweite sollte mir helfen, zur Weltklassesportlerin zu werden, und der dritte sollte meine Mutter bei ihrem Kampf gegen den Krebs unterstützen.

Für mich war das Laufen reinigend und notwendig; es regulierte nicht nur meinen Stoffwechsel, sondern auch meine seelische Verfassung. Jeder Läufer kann von den körperlichen und emotionalen Nebenwirkungen berichten, die eintreten, wenn er außer Gefecht gesetzt ist: Es sind die eines Süchtigen beim Entzug. Wenn ich nicht laufen konnte, stoppten meine Gedanken. Ich fühlte mich in Trivialitäten gefangen und war ständig gereizt. Und ich schien matter zu sein, als wenn ich lief.

Die Weltmeisterschaft hatte mich gelehrt, dass man, um auf diesem Niveau zu laufen, sein *Inneres* – Geist, Herz,

Lunge und Muskeln – erforschen und seine Qualitäten herausfinden muss. Ich glaubte zu wissen, was erforderlich war, um mich für das Olympiateam zu qualifizieren und in Sydney anzutreten. Ich war gegen die Besten gelaufen und hatte ihre Kraft und ihr Tempo *gespürt*. Ich *wusste*, wie es ist, neben einer Läuferin wie Gabriela Szabo an der Startlinie zu stehen. Ich ganz allein würde dort sein, nicht mein Trainer und nicht Matt.

Ich musste mehr tun, um mich in Sydney respektabel schlagen zu können. In meinen Träumen sah ich, wie ich um das Oval des Olympiastadions lief und wie mir meine Mutter und mein Vater zuschauten. Wir alle würden dort sein – gemeinsam. Aber ich musste selbst dafür sorgen, dass sich dieser Traum erfüllte. Ich, kein anderer.

Also lief ich, wenn zehn Meilen vorgesehen waren, immer zwölf. In jeder Woche, für die 50 Meilen geplant waren, legte ich 65 zurück. Und jede 400-Meter-Strecke, die ich in 66 Sekunden hätte laufen sollen, bewältigte ich in 64. Im Rückblick weiß ich, dass ich die Ausgewogenheit meines Trainings gefährdete und all jene wichtigen Prinzipien von »Herausforderung« und »Erholung« verletzte, die mir Dick Brown im Obergeschoss seines Hauses in Coburg gepredigt hatte.

Ich dachte an nichts anderes als an die U.S. Olympic Trials, die im Juli in Sacramento, Kalifornien, stattfinden würden. Unsere Wohnung befand sich in einem fürchterlichen Zustand, aber das interessierte mich nicht. Alles, was mich vom Training ablenkte, empfand ich als Störung. Jeder Urlaub war mir lästig. Ich wollte einfach nur laufen.

Mike Manley versuchte, mich zu bremsen. Eines Tages sagte er oben im Hendrix Park nach einem Hügeltraining: »Weißt du, das Training ist wie der Thermostat in deinem Haus. Du willst die Temperatur auf 22 Grad bringen, aber das geht nicht schneller, wenn du die Schaltung auf 32 Grad hochdrehst. Im Gegenteil, die ganze Heizung könnte explodieren.«

Ich hörte ihm nicht zu. In jenem Winter schloss ich mich zumeist den Marathonläuferinnen in Mikes Gruppe an. Eine von ihnen, Liz Wilson, wurde meine besonders gute Freundin und Trainingspartnerin. Sie konnte einen Hügel hinaufstürmen, an der anderen Seite hinunterrennen, sich umdrehen und wieder den Abhang hochlaufen, ohne auch nur eine Sekunde lang zu pausieren und Atem zu holen. Sie ließ sich nicht aufhalten. Nichts konnte ihren Schwung zunichte machen.

Manchmal las Matt mir abends aus einem seiner vielen Laufbücher vor. Eines war *Train Hard, Win Easy – the Kenyan Way* von Toby Tanser. Matt schilderte mir einen typischen Tag im Leben eines kenianischen Langstreckenläufers. »Sie stehen um sechs Uhr auf und machen einen Zehn-Kilometer-Lauf«, sagte er. »Dann kehren sie ins Lager zurück, trinken Tee und essen ein wenig vor dem großen Workout um 10.30 Uhr. Danach folgen das Mittagessen und ein Nickerchen. Am späten Nachmittag brechen sie zum letzten Lauf des Tages auf.« Und das alles in einer Höhe von 2130 Metern.

Diesen Lebensstil wollte ich nachahmen. Mein eigenes Leben kam mir verweichlicht vor. Ich lief jeden Tag auf recht gepflegten Pfaden in Eugene, und dank meines neuen Vertrages mit Asics, den Ray Flynn ausgehandelt hatte, hatte ich mehr Zeit als früher. Der kleine, doch äußerst willkommene Monatszuschuss gestattete mir, meine Lehrtätigkeit zwischenzeitlich aufzugeben. Zum ersten Mal in meinem Leben brauchte ich nicht gleichzeitig zu arbeiten und zu laufen.

Ich fragte mich: *Wodurch wird man zum Spitzensportler?* Mir schien, dass ich die beste Leistung erbringen würde, wenn das Laufen zu meiner eigentlichen Lebensart wurde – und nicht bloß etwas war, das ich täglich von 16 bis

17.30 Uhr tat. Denn dabei konnte ich nicht an meine Grenze gehen. Das Training prägte meine Denkweise. Jede Meile, die ich zurücklegte, jede Stunde, die ich schlief, jede Mahlzeit, die ich aß, mussten einen Zweck haben.

Ich wollte mich strengeren Bedingungen aussetzen und noch kräftiger werden. Liz hatte eine Freundin, die sich mit anderen eine Hütte in Black Butte, Oregon, etwa zwei Stunden nordöstlich von Eugene, teilte. Dort konnten wir auf Holzarbeiterpfaden und Hügeln laufen, also auf einem viel schwierigeren Terrain als in Eugene. Ich hielt mich zwei Wochen lang mit meinem Hund Summer in der Hütte auf, und Liz sowie Matt besuchten mich am Wochenende abwechselnd, um mit mir zu trainieren. Kein Telefon, keine E-Mails, keine Medien. Nichts als Training.

In jenen zwei Wochen legte ich über 300 Kilometer auf gepflasterten Nebenstraßen und Holzarbeiterpfaden mit unebenem Untergrund zurück. Ich lief auf weichen Kiefernnadeln und wich Kiefernzapfen, Felsen und heruntergefallenen Ästen aus oder sprang über sie hinweg. Eines Sonntags joggten Liz und ich zwei Stunden und 20 Minuten lang auf den Pfaden, darunter 15 Kilometer bergauf.

Wir maßen jeweils 400 Meter mit einem Fahrrad-Kilometerzähler aus, und ich kennzeichnete die Stellen, indem ich eine Hand voll Mehl in die Mitte der Straße warf, sodass Matt unsere Zwischenzeiten stoppen konnte. Wir liefen Kilometer um Kilometer in Shorts, kurzärmeligen Hemden, mit Handschuhen und Mützen und keuchten bei Schneefall die Straße hinauf. In der Ferne lag der schneebedeckte Gipfel des Black Butte. Es war eine herrliche Aussicht, und wir trainierten in einer Atmosphäre des Friedens und der Ruhe – nicht einmal der Lärm eines Automotors oder irgendeiner anderen Maschine war zu hören. Nur unser eigenes mühevolles Atmen und unsere Schritte auf der schwarzen Asphaltstraße.

Nach Eugene zurückgekehrt, hatte ich den Eindruck,

dass Mike Manley mich zu sanft behandelte. Zuweilen stellte er sich mir sogar in den Weg, um mich zu bremsen. Er verlangte, dass ich ein bestimmtes Tempo einhielt, und wenn ich es überschritt, stoppte er mich. »Zu schnell«, rief er. »Du sollst jeweils 5:30 Minuten laufen.« Dann musste ich mich ein paar Sekunden lang ausruhen. »Fünf ... vier ... drei ... zwei ... okay.« Schließlich trat er zur Seite, und ich rannte weiter.

Unsere Arbeit machte sich bezahlt. Im März gewann ich die nationale Hallenmeisterschaft über 3000 Meter. Meine Trainingspartnerin Liz belegte bei den olympischen Marathonausscheidungen im Februar den fünften und meine Freundin Susannah Beck den vierten Platz.

Die Ausdauer, die ich mir nach dem schweren Training angeeignet hatte, war mir neu, und ich hatte eine Idee. »In diesem Jahr möchte ich ein 5000-Meter-Rennen laufen. Was meinst du?«, fragte ich Mike.

»Daran habe ich auch schon gedacht«, sagte er.

Wir beschlossen, dass ich die 5000 Meter im Mai, sozusagen als Abschied vom Ausdauertraining, versuchen würde. Ein Feld von Spitzenläuferinnen hatte für das Oregon Twilight 5000 in Hayward Field in Eugene gemeldet. Vier künftige Olympiateilnehmerinnen würden in dem Rennen vertreten sein. Mit Ausnahme von Regina Jacobs und Deena Drossin erschienen die Besten des Landes, darunter 5000-Meter-Läuferinnen wie Cheri Kenah, Elva Dryer und Amy Rudolph. Ich freute mich darauf, denn Mittel- und Langstreckenläufer brauchen gute Gegner, damit ein schnelles Rennen zustande kommt. Sonst läuft man ganz allein an der Spitze gegen die Uhr, ohne von einem Feld oder einer Schrittmacherin gezogen zu werden. Sosehr ich mir wünschte, meine Gegnerinnen zu schlagen – ich hatte gelernt, sie zu schätzen.

Ich siegte. Es war ein starker Einstand, denn mit 15:07,66 Minuten blieb ich nur eine Sekunde unter Mary

Decker Slaneys Stadionrekord. Es war die neuntbeste je von einer Amerikanerin erzielte Zeit, aber ich wusste auch, dass ich schneller laufen musste – weit unter 15 Minuten –, um bei den Olympischen Spielen mithalten zu können.

Mike und ich mussten eine Entscheidung treffen. Diesmal warfen wir keine Münze, sondern kamen überein, dass ich bei den Olympiaausscheidungen sowohl über 1500 als auch über 5000 Meter starten sollte. Wenn ich mich über beide Distanzen qualifizierte, würden wir anhand meiner Leistung entscheiden, auf welche ich mich bei den Spielen in Sydney zu konzentrieren hatte.

Ich wurde gierig. 1999 war ich noch für jeden Schritt dankbar gewesen, den ich ohne Verletzung machen konnte. Ich hatte sogar einen Aberglauben entwickelt: Dankbarkeit war mein Glücksbringer. Aber im Jahr 2000 wollte ich alles haben.

In der Woche nach dem 5000-Meter-Lauf stellten sich etliche physische Probleme ein. Ich hätte mich erholen müssen, aber stattdessen widmete ich mich den Medien. Ray versuchte, die Dinge unter Kontrolle zu halten, aber wir setzten drei aufeinander folgende Pressetage an. Die Schleusentore öffneten sich, und Journalisten von *People Magazine*, *Sports Illustrated for Women*, *Runners World*, *Newsweek*, *ESPN* und *Oxygen Sports* trafen in der Stadt ein. Ich gab vier lange Interviews, hielt drei Fototermine ab und verbrachte einen Tag mit einer Filmcrew. Danach war ich ausgelaugt und etwas ärgerlich, denn mein Sehvermögen bildete ein ständiges Thema. Ich war das »blinde Wunder«. Aber in meinem Alltagsleben als Läuferin spielte meine Sehkraft keine Rolle. Ich glaubte, mich als Sportlerin bewiesen zu haben, doch von meinen Rennen war nie die Rede. Stattdessen beantwortete ich Frage um Frage nach meinen Augen.

»Was sehen Sie während eines Rennens?«

»Wie vermeiden Sie es, andere anzustoßen?«

Die Lieblingsfrage der Reporter war unerklärlicherweise folgende: »Sind Sie jemals gestürzt?«

Ein Fotograf wollte Bilder von mir beim Laufen im Mondlicht machen. »Nein danke«, sagte ich.

Schließlich packten die Crews ihre Ausrüstungen zusammen und reisten ab. Ich kehrte zum Training zurück, aber es wurde sofort deutlich, dass etwas mit meinem Körper nicht stimmte. Als ich einen Tag später mit Mike trainierte, atmete ich unregelmäßig, und meine Beine fühlten sich bleiern an. In der folgenden Woche bemerkte ich eine Reihe beunruhigender Symptome, darunter ein Kribbeln in meinem Rückgrat. Ein Physiologe namens Val Starodubtsev aus Eugene untersuchte mich, wobei er seinen Computer und die so genannte Omega Waves Technology heranzog, und verordnete mir eine Erholungspause. Ich hielt mich an seine Empfehlung, indem ich eine Woche lang nur behutsam joggte, aber für das zarte Bindegewebe, über das die meisten Läufer kaum nachdenken, war es bereits zu spät.

Die Krise spitzte sich bei einem leichten Auslaufen nach einem Pfadtraining mit Mike zu. Ich beabsichtigte, ungefähr vier Kilometer auf dem Pfad zu joggen. Bei strahlendem Sonnenschein folgte ich dem Weg durch die Bäume, bis die Brücke ins Blickfeld rückte. Es war eine kleine, weiße Fußgängerbrücke, die ich in den letzten beiden Jahren jeden Morgen überquert hatte. Für die drei Meter brauchte ich kaum drei Schritte.

Plötzlich schien ein kleiner Junge auf seinem Fahrrad wie aus dem Nichts aufzutauchen. Er war so winzig, dass sein Kopf in seinem Helm versank. Ich verhielt, wich nach rechts aus und verpasste ihn um Haaresbreite. Dann lief ich weiter, als wäre nichts geschehen. Aber als ich einen Schlenker machte, um heimzukehren, zuckte etwas in meinem linken Knie. *Das fühlt sich komisch an*. Nach ein paar weiteren Schritten blieb ich stehen. Ich spazierte eine Minute lang dahin, bis der Schmerz verschwand. Dann beugte ich mich vor und berührte meine Schuhe, um meine Kniesehnen zu dehnen.

Ich joggte weiter. Der Schmerz kehrte zurück.

Lauf einfach nach Hause, morgen ist alles in Ordnung.

Aber das war es nicht. Am folgenden Tag, in der Mitte eines Acht-Kilometer-Laufes, flackerte der Schmerz wieder auf. Ich wollte Mike nichts davon erzählen. Mein erstes 1500-Meter-Rennen der Saison stand in einer Woche bevor, und auch das Prefontaine Classic näherte sich. Ich konnte mir keine Pause leisten – nicht jetzt.

Am Samstag versuchte ich, mit Mike und vier seiner anderen Sportlerinnen am Lane Community College zu trainieren. Ich hasste die Bahn. Sie war langsam und sah auch so aus: ein hellblaues Oval in der Mitte eines Grasplatzes ohne Windschutz und ohne Atmosphäre. Dort musste ich mich stets abmühen, eine passable Zeit zu laufen.

Mike wollte, dass ich eine Reihe von 300-Meter-Läufen machte, um mich auf die kommenden 1500 Meter vorzubereiten. Aber es war eine frustrierende Übung, denn nach den letzten 300 Metern versagte mir, während ich gemächlich joggte, das Bein den Dienst.

»Ich bin fertig«, erklärte ich Mike. »Es ist mein linkes Knie … an der Seite.«

Ich fuhr nach Hause und vereiste mein Knie. Am Nachmittag dehnte ich mich, zog meine Asics-Schuhe an und lief hinaus. Ich spürte einen stechenden Schmerz, der mich aber nicht allzu sehr behinderte. *Das geht vorbei, wenn ich mich aufwärme,* redete ich mir ein. Das sind die berühmten Schlussworte jedes Läufers.

Am nächsten Morgen, einem Sonntag, schaute ich durch das regennasse Fenster auf die sich sammelnden Pfützen. Ich zog die Schuhe an.

Zwei Schritte – und der Schmerz war schlimmer als zuvor. Es ging nicht mehr darum, ihn durchzustehen wie am Vortag. Nun … konnte ich nicht laufen.

»O mein Gott«, stöhnte ich.

Ich kehrte in die Wohnung zurück und berichtete Matt von dem Schmerz. Er versuchte, die Ursache ausfindig zu machen: War es das Kribbeln in meinem Rücken und Gesäß eine Woche zuvor oder eine ungeschickte Drehung am Donnerstag, oder vielleicht der Übergang vom Ausdauer- zum Tempotraining? Oder war es geschehen, als ich dem kleinen Jungen auf seinem Fahrrad auswich?

Ich wusste es nicht – und es spielte auch keine Rolle. Die entscheidende Frage lautete, wie die Sache behoben werden konnte.

Ich rief meinen Freund und Chiropraktiker Dr. John LeGat an und hinterließ eine lange, ziemlich hysterische Botschaft auf der Mailbox seines Handys. Er war übers Wochenende verreist, aber seine Assistentin Brenda ließ uns ins Behandlungszimmer, wo Matt mich an das elektrische Muskel-Stimuliergerät anschloss. Ich lag auf dem Behandlungstisch, lauschte dem Regen auf dem Dach und weinte. Meine Tränen tropften leise und stetig wie der Regen.

Einen Tag später kehrte John nach Eugene zurück und machte das Problem ausfindig: Das Iliotibial-Band (oder IT-Band), ein langes Verbindungsgewebe, das sich von der Hüfte bis unterhalb des Knies erstreckt, hatte sich entzündet. Wenn das Band gestrafft ist, dehnt es sich wie eine Gitarrensaite und verläuft entlang einer Erhebung des Oberschenkelknochens.

Es war der 10. Juni. Die Olympiaausscheidungen begannen am 14. Juli. Und ich konnte nicht laufen. Am Montag stand eine weitere Untersuchung durch Val an. Danach sagte er: »Du kannst starten. Alles sieht wunderbar aus.« Aber meine Miene erhellte sich nicht. »Was ist los?«, fragte er.

Ich erzählte ihm von der Verletzung.

»Es gibt ja immer noch den Swimmingpool«, meinte Val tröstend. Der Swimmingpool. Und das Standfahrrad. Ich kannte sie nur zu gut. Für mich waren sie gleichbedeutend mit Frustration und Enttäuschung. Aber selbst auf sie musste ich dieses Mal verzichten. Beim IT-Band-Syndrom ist jede Bewegung des Knies eine Qual. Das Fahrrad zu benutzen war daher unmöglich. Ich konnte das Knie nicht einmal im Wasser beugen.

Nachts konnte ich nicht schlafen. Meine Welt brach zusammen. Für mich zählte nichts außer der Qualifikation für die Olympiamannschaft. Tränen strömten mir übers Gesicht. Matt lag neben mir und sagte nur: »Es tut mir Leid.«

»Ich kann es einfach nicht glauben«, wiederholte ich unablässig und griff nach einem Taschentuch, um mir die Nase zu putzen.

Am Mittwoch kam Dr. Stanley James, der 1996 bei meiner Knieoperation assistiert hatte, an seinem freien Tag in seine Praxis und spritzte mir Kortison ins Knie. Dr. James war sehr mitfühlend und optimistisch, und während ich in den nächsten drei Tagen darauf wartete, dass die Spritze zu wirken begann, blieb auch ich zuversichtlich. Doch am Sonntag hatte sich der Schmerz verschlimmert.

Inzwischen konnte ich kaum noch gehen und mein Knie überhaupt nicht mehr beugen. Es war, als hätte jemand seitlich durch mein Bein von der Hüfte bis zum Knöchel einen Stahlstift getrieben. Er riss an meinem Knie, wenn ich es zu beugen versuchte, und mein Knöchel und meine Wade waren inzwischen ebenfalls betroffen. Es war wie eine lange Kettenreaktion. *Jetzt hilft dir nur noch ein Wunder*, dachte ich.

Ich flog zum Olympic Training Center in Colorado Springs, um meinen alten Freund und Wundertäter Dr. Leahy aufzusuchen, der 1998 meine plantare Fasziitis behoben hatte. Außerdem konnte ich im Center unterschiedliche Behandlungsmethoden ausprobieren. Ich war bereit, mich auf jede Methode einzulassen.

Ich streifte durch das Trainingszentrum und suchte nach einem Apparat, mit dem ich Laufbewegungen simulieren konnte. In meiner ersten Woche führte ich ein Tagebuch.

Sonntag, den 25. Juni 2000
11.30 Uhr: Dr. Leahy, ART – schwierig!
Nachmittags: 30 Minuten auf Laufband, 45 Minuten geschwommen.

Montag, den 26. Juni 2000
9 Uhr: Zehn Minuten auf Laufband, musste einmal anhalten.
45 Minuten auf Windsprint-Fahrrad, Puls durchschnittlich 141.
Behandlung Dr. Leahy.
15 Uhr: Fühlt sich viel besser an. 45 Minuten abwechselnd Dehnen / Joggen auf Laufband.

Dienstag, den 27. Juni 2000
9 Uhr: Gehen fällt mir schwer, Dr. Leahy.
15 Uhr: Jede Übung unmöglich.
Kein guter Tag.

Ich fragte mich, warum mir dieses Ungemach zugestoßen war. Wurde ich durch eine höhere Macht gestraft, oder war es Schicksal? Vielleicht hatte ich zu viel verlangt. Ich musste den Grund herausfinden.

Dr. Leahy behandelt Sportler auf intelligente und kreative Art. Er ist nicht bloß Chiropraktiker, sondern auch ein Ironman-Triathlet und hat als Raketeningenieur bei der Luftwaffe gedient. Auch kennt er sich vorzüglich mit der Biomechanik aus, und die Active Release Therapy ist seine Schöpfung: eine Methode, Verwachsungen abzubauen, die Bewegungen verhindern, und das Gleiten von Gewebe zu erleichtern. Und Dr. Leahy hatte eine Botschaft für mich.

Eines Nachmittags teilte er mir während der Behandlung mit, dass man mehrere Jahre zuvor bei ihm Krebs diagnostiziert und ihm nur noch drei Monate Lebenszeit eingeräumt habe. Seitdem habe sich die Krankheit zurückgebildet, was sich zum Teil seiner strengen Ernährung durch Lebensmittel mit einem hohen Gehalt an Antioxidantien verdanke, durch die sein Immunsystem gestärkt werde. Nachdem er mir seine Geschichte erzählt hatte, begann ich zu glauben, dass meine Verletzung einen übergeordneten Grund haben konnte: Vielleicht war ich nach Colorado Springs geleitet worden, damit ich aus Dr. Leahys Erfahrung mit dem Krebs lernte und seine Erkenntnisse an meine Mutter weitergab. Ich ging zum Telefon auf dem Flur meines Wohnheims und rief sie an.

»Mom, ich habe heute etwas Erstaunliches gehört.« Ich wiederholte Dr. Leahys Geschichte und nannte ihr eine Klinik, die sich auf die Ernährung von Krebspatienten spezialisiert hatte. »Vielleicht sollten wir beide dorthin fahren.«

Meine Mutter war gerührt, aber sie schloss sich meiner Meinung nicht an. Und während ich mir Sorgen um sie machte, war sie meinetwegen und über meine Verletzung beunruhigt.

Dr. Leahy tat, was er konnte. Er behandelte mich jeden Tag, sogar am Wochenende, beobachtete mich auf der Laufbahn, um meine Bewegungen zu analysieren, und überlegte, mit welchen Muskeln er sich beschäftigen solle. Das Problem war, dass so viele Körperbereiche – von meinem Fußrücken über meine Wade bis hin zu meinen Kniesehnen und meinem Kreuz – betroffen waren.

Ich probierte jedes entzündungshemmende Mittel unter der Sonne – mit geringem oder gar keinem Erfolg. Zum Beispiel ließ ich mir Toradol injizieren, einen starken Entzündungshemmer, der eine fast betäubende Wirkung haben sollte. In einem Behandlungszimmer klopfte ein Assistenzarzt mit dem Zeigefinger meine Armbeuge ab, um eine

Vene zu finden. Er stieß eine Nadel hinein, während ich zur Decke schaute und dachte: *Ich kann nicht glauben, dass es so weit gekommen ist.* »Huch, daneben«, murmelte der Assistenzarzt. »Ich muss es noch mal versuchen.«

Es war deprimierend. Ich hasste Medikamente und scheute mich sogar, Aspirin zu nehmen. Laufen ist eine natürliche, keine medizinische Sache. Was jetzt geschah, war genau das Gegenteil von dem, was ich wollte.

Mein Training war völlig zum Stillstand gekommen. Ich hatte Mühe zu glauben, dass es überhaupt noch eine Möglichkeit für mich gab, in das Team aufzurücken. Im Olympic Training Center und in Dr. Leahys Praxis fand ich keine Heilung, jedenfalls keine im herkömmlichen Sinn. Aber etwas fand ich doch: eine Perspektive.

Zufällig weilten mehrere behinderte Sportler im Trainingszentrum, um sich auf die Paralympics von 2000 vorzubereiten. Ich begegnete zwei meiner früheren paralympischen US-Teamgefährtinnen, Beth Scott und Trisha Zorn. Für mich war es eine Art Heimkehr, denn wir waren alle drei sehbehindert. Beth gehörte wie ich der Kategorie B3 und Trisha der B2 an. Zwischen uns bestand eine Beziehung, die vermutlich kein vollsichtiger Mensch verstehen kann. Wir lachten nicht nur übereinander, sondern auch über unsere Blindheit.

»Marla, komm in mein Zimmer im Wohnheim. Ich möchte dir etwas zeigen«, sagte Beth. »Das wird dein Knie kurieren.«

An jenem Nachmittag saßen wir drei in einem winzigen Wohnheimzimmer aus weißen Ziegeln und sahen uns einen Videofilm von der Eröffnungszeremonie der Paralympics in Barcelona an. Da waren wir selbst auf dem Schirm und trugen unsere rot-weiß-blaue Tracht, die wir als Servicekleidung von Domino Pizza bezeichneten. Wir sahen höchst albern aus, besonders mit unseren Wraparound-Sonnenbrillen aus den achtziger Jahren. Eine Gruppe von seltsamen Gestalten, die schrien und amerikanische Fahnen schwenkten. Wir lachten, bis uns der Bauch wehtat.

Seit meiner Verletzung hatte ich den Eindruck, dauernd Menschen zu treffen, die ich seit Jahren nicht mehr gesehen hatte. Sie alle hatten mein Leben beeinflusst. Es war eine nicht zu übertreffende Ironie – als wolle das Schicksal sagen: »Vergiss nicht, wo du angefangen hast.« Ich sah Adam Goucher, den Jungen, der mir gezeigt hatte, wie man längere Strecken läuft. Er hatte 1999 die US-Meisterschaft über 5000 Meter gewonnen und war im Trainingszentrum, um etwas gegen seine Kreuzschmerzen zu unternehmen. Eines Tages, als ich die Treppe des Speisesaals hinunterhinkte, begegnete ich Casey Cook, meinem Freund von den nationalen USABA-Meisterschaften von 1989. Ich hatte ihn seit über einem Jahrzehnt nicht mehr gesehen. Da ich wusste, dass er taub war, nahm ich seine Hand und schrieb die Zeichen für: »Casey! Ich bin's, Marla. Erinnerst du dich an mich?«

Er wies auf eine kleine Box mit einem Mikrofon. »Sprich da rein«, sagte er.

Casey hatte sich Jahre zuvor ein Cochlear-Implantat ins Innenohr einsetzen lassen, und nun konnte er manches hören, darunter Stimmen. Ich brauchte nichts mehr in seine Hände zu schreiben, denn er *hörte* mich. Wir setzten uns auf eine Couch im Athletes' Center und tauschten Informationen über die mittlerweile vergangenen Jahre aus. Er hatte inzwischen das College und eine Massageschule besucht. Nun war er im Olympic Training Center, um an einer Ausbildung zum Tandemfahren in der USABA teilzunehmen.

Allmählich fand ich mich mit der Möglichkeit ab, dass die Olympischen Spiele ohne mich stattfanden. Ich hatte einen derartigen Tunnelblick entwickelt, dass ich außer den Spielen nichts auf der Welt mehr wahrgenommen hatte. Mir wurde bewusst, dass ich *wahrhaft* blind gewesen war.

Nachts lag ich auf meinem Bett im Wohnheim und stellte mir die Ausscheidungen vor. *Niemand hat je behauptet, dass man sehen können muss, um seiner Fantasie freien Lauf zu lassen.* Immer wieder malte ich mir das Rennen aus, spürte das Tempo, hörte die Menge und sah die Farbstreifen der Trikots um mich herum. Manchmal, wenn das Bild realer wurde, beschleunigte sich sogar mein Herzschlag.

Vor der Verletzung hatte ich nur eine einzige Vision gehabt: Ich überquerte die Ziellinie zusammen mit Suzy Favor Hamilton und Regina Jacobs und wurde Mitglied des Olympiateams. Aber nun, da ich verletzt war, schob sich eine zweite Möglichkeit in den Vordergrund. Ich stellte mir nicht mehr vor, Erste, Zweite oder Dritte zu werden, sondern war hin und wieder gar nicht bei den Ausscheidungen vertreten. Manchmal sah ich mich vor dem Ende der ersten Runde von der Bahn treten. Dieses Bild gefiel mir nicht, aber ich konnte es nicht unterdrücken. Ich öffnete die Augen und betrachtete den Klecks an der Decke, doch die Bilder gingen mir weiter durch den Kopf. Vorher hatte ich mir die Schlagzeile ausgemalt: *Runyan ist im Team*. Nun dagegen sah ich die kleine Überschrift: *Runyan fällt wegen Beinverletzung aus*.

Beth Scott schlug mir vor, im Trainingszentrum mit einem Sportpsychologen zu reden. Es war eine kostenlose Dienstleistung, die allen Sportlern zur Verfügung stand.

»Wie soll es mir helfen, mit jemandem zu reden?«, fragte ich. »Die einzige Hilfe wäre, dass jemand mein Bein kuriert.«

Aber ich hatte nichts zu tun und nichts zu verlieren. Eines Tages vereinbarte ich einen Termin und wagte mich ins Sportpsychologie-Büro. Zusammen mit Peter Haberl nahm ich in einem kleinen Zimmer mit einer Couch, zwei Stühlen und einer Schachtel Papiertaschentücher Platz.

Wirklich toll, dachte ich, *alles bereit für eine Heulorgie.*

Aber ich werde nicht weinen. Das hatte ich schon oft genug getan. Meine Tränen waren inzwischen getrocknet, und die Enttäuschung darüber, dass ich vielleicht nicht an der Olympiaausscheidung teilnehmen konnte, berührte mich kaum noch.

Ich setzte mich auf die Couch, die offensichtlich für Patienten vorgesehen war, denn die Papiertaschentücher befanden sich in Reichweite. Zu meiner Rechten stand ein seltsam eiförmiges Gebilde mit einem Sitz darin. Es sah aus wie der Stuhl, auf dem Will Smith in dem Film *Men in Black* gesessen hatte.

»Wofür ist das?«, fragte ich.

»Für das Mental Imaging«, erklärte Peter mit starkem österreichischem Akzent.

Das Ganze widerstrebte mir. *Er ist kein Läufer. Wie kann er mir helfen?* Ich hatte Angst, dass mein Besuch beim Sportpsychologen dem Verzicht auf die Olympischen Spiele gleichkam. War ich hier, um mich meinen Emotionen zu widmen? *Meine Emotionen sind völlig normal*, dachte ich. Es war mein Iliotibial-Band, das kuriert werden musste.

»Also«, sagte Peter, »erzählen Sie mir von sich selbst.«

Ich atmete tief durch. »Dieses Jahr hatte ich gute Aussichten, über 1500 oder 5000 Meter ins Olympiateam zu kommen. Dann habe ich mich verletzt, und seit vier Wochen kann ich nicht mehr laufen.«

»Aha.«

»Und die Ausscheidungen sind schon in zwei Wochen«, setzte ich hinzu.

Er nickte.

»Aber es gibt noch etwas anderes, womit ich fertig werden muss.«

»Und zwar?«

»Ich bin ›amtlich blind‹. 1992 und 1996 habe ich bei den Paralympics gewonnen. Doch dorthin gehöre ich nicht. Ich bin gut genug, mich für das Olympiateam zu qualifizieren.

Aber wegen dieser Verletzung weiß ich nicht, ob ich an den Ausscheidungen teilnehmen werde.«

»Und warum nicht?«

»Weil ich dabei nicht schlecht abschneiden möchte. Ich will nicht laufen, wenn ich nicht mein Bestes leisten kann.«

»Warum nicht?«

»Weil alle glauben werden, dass es an meinen Augen, nicht an meiner Verletzung liegt, wenn ich bei den Ausscheidungen scheitere. Sie werden denken: ›Ganz unmöglich, dass eine Blinde ins Olympiateam kommt.‹«

»Sie wollen also nicht an den Ausscheidungen teilnehmen, weil Sie Angst haben, zu scheitern?«

»Ja.«

»Aber was heißt: *scheitern*? Was bedeutet dieses Wort für Sie?«

»Es bedeutet, dass ich meinen Fähigkeiten nicht gerecht werde.«

»Und daran hindert Sie Ihr Knie?«

»Ja!« *Was sollten all die Fragen?*

»Gut. Angenommen, Sie fahren zu den Ausscheidungen, scheitern Ihrer Meinung nach und können sich wegen Ihrer Verletzung nicht qualifizieren. Was dann?«

»Dann versuche ich es in vier Jahren noch einmal. Und ich werde wissen, dass ich es in diesem Jahr hätte schaffen können.«

»Aber was werden alle anderen denken?«

»Sie werden glauben, dass meine Augen schuld sind.«

Wir setzten unser Gespräch wie ein Scheingefecht fort.

»Und wenn ich Ihnen sage, dass Sie meiner Ansicht nach bei den Paralympics bleiben sollten?«, wollte er wissen. »Weil es besser ist, auf die Olympiamannschaft zu verzichten? Dass Sie an den Paralympics teilnehmen sollten, weil Sie dort eine Menge Medaillen gewinnen können?«

»Nein! Auf keinen Fall. Das kommt für mich nicht infrage.«

»Warum nicht?«

»Weil …« Ich stockte. »Weil ich Olympiateilnehmerin bin.«

»Aber Sie haben sich doch noch gar nicht qualifiziert. Wie können Sie sich als Olympiateilnehmerin bezeichnen?«

»Weil ich weiß, dass ich die Fähigkeit dazu habe. Ich bin sicher, dass ich ins Team kommen kann – kommen könnte, wenn ich nicht diese Beinverletzung hätte. Das weiß ich eben.«

»Aber was ist mit den anderen, die meinen, dass Sie nicht gut genug sind? Dass Sie bei den Paralympics hätten bleiben sollen? Was ist mit denen?«

»Die täuschen sich. Ich weiß, wer ich bin, und nur darauf kommt es an.«

Peter lehnte sich zufrieden zurück. Es war wie ein Kampf mit Arnold Schwarzenegger, bei dem ich kaum gewinnen konnte.

Er sagte: »Gut. Es spielt keine Rolle, was andere denken, oder? Entscheidend ist allein, was Sie über sich selbst denken. Aber Sie machen sich wegen der anderen Sorgen, denn sonst würden Sie unter allen Umständen an den Ausscheidungen teilnehmen.«

»Ja. Sie haben vermutlich Recht. Aber wenn ich an diesem Samstag nicht besser laufen kann, dann habe ich keine Chance. Dann ist alles vorbei.«

»Warum an diesem Samstag? Hat Ihr Trainer Ihnen das gesagt?«

»Nein.«

»Wer denn?«

»Ich habe es mir selbst gesagt.«

»Warum wollen Sie sich selbst Grenzen setzen?«

Mir fiel keine Antwort ein.

»Tatsache ist, dass Sie, bevor der Startschuss ertönt, nicht wissen können, ob Sie eine Chance haben. Stimmt's? *Marla, die Zukunft ist noch nicht geschrieben.*«

Am 4. Juli kehrte ich nach Eugene zurück. Es war eine einsame Reise, und meine Depression hatte sich verstärkt. Alle anderen spielten Frisbee oder hielten am wichtigsten Feiertag meines Landes Grillpartys ab, doch ich wollte aufgeben. Vor meiner Abreise aus Colorado Springs hatte ich meine Eltern angerufen.

»Mom, ich glaube nicht mehr, dass es noch klappt. Meine Schmerzen haben kaum nachgelassen. Ich fliege heim. Es tut mir so Leid.«

»Es tut mir so Leid für *dich*«, sagte meine Mutter.

Das Wechselspiel von Hoffnung und Enttäuschung war nicht mehr auszuhalten. Die ständige Frage lautete: *Kann ich heute laufen? Nein. Vielleicht morgen? Vielleicht Samstag?* Ich war der unberechenbaren Emotionen überdrüssig und wünschte mir Ruhe. Möglicherweise würde ich sie finden, wenn ich auf die Teilnahme an den Ausscheidungen verzichtete.

Aber die Tatsache blieb bestehen, dass die Ausscheidungen noch zehn Tage entfernt waren und das Team erst dann aufgestellt werden würde. Auf dem Rückflug musste ich immer wieder an Peters Worte denken: *Die Zukunft ist noch nicht geschrieben.* Kurz bevor wir in Eugene landeten, beschloss ich, einen letzten, verzweifelten Versuch zu machen. Wenn ich nicht laufen konnte, musste ich mich damit abfinden, aber wenigstens würde ich wissen, dass ich mir alle Mühe gegeben hatte.

Am folgenden Tag stand ich, mit einem Aquajogger-Gürtel um die Taille, im Swimmingpool. Mike saß auf einem Stuhl am Rand des Beckens und umklammerte ein an meinem Gürtel angebrachtes Seil, mit dem er den Widerstand erhöhen konnte. Beim Aquajogging geht es nur um Zeit, nicht um irgendeine zurückgelegte Strecke, denn man tritt auf der Stelle und bewegt die Arme hin und her. Der Aufwand drückt sich in keiner bewältigten Entfernung aus, und das ist für einen Läufer schwer zu verkraften. Es widerspricht dem Zweck der Bemühung.

Ab und zu lockerte Mike das Seil, und ich arbeitete mich ein wenig weiter zur anderen Seite des Beckens vor. Dort würde ich das Ende des Übungsabschnitts erreichen. Es war zermürbend und langweilig, aber besser als nichts.

Mike strengte sich an, mich bei diesen Workouts zu motivieren, aber irgendetwas stimmte zwischen uns beiden nicht mehr. Verletzungen lösen nicht nur beim Sportler, sondern auch beim Trainer Stress aus, wie ich aus meiner Erfahrung mit Dick Brown gelernt hatte. Der Trainer hat oft den Wunsch, sich selbst von Schuld freizusprechen und dies der Welt mitzuteilen. Aber ich hatte Dick oder Mike nie Vorwürfe gemacht. Verletzungen sind unvermeidlich, und schließlich hatte ich sie mir selbst auf der Bahn oder den Pfaden zugezogen.

Schuld zuzuweisen war Zeitverschwendung, besonders in diesem Moment. Ich konzentrierte mich ganz auf meinen letzten Versuch, bei den Olympiaausscheidungen anzutreten. Wiederum war ich der Meinung, dass alles nur von *mir* abhing.

Nur sechs Tage vor den ersten 1500-Meter-Vorläufen beschlossen Mike und ich, dass ich an den Start gehen würde. Wir entdeckten etwas Interessantes: Wenn ich mich in leichten, flachen Rennschuhen auf die Zehenspitzen stellte, konnte ich zwar nicht sehr lange, doch recht schnell laufen. Sobald ich stoppte, versagte mein Knie wieder, und ich musste es vereisen. Aber es war ein Beginn.

Drei Tage später holte mich Mike zum Training ab. Ich hörte die Hupe seines Lieferwagens in meiner Wohnung, packte meine Tasche und ging hinaus. »Bring etwas Eis mit«, rief er mir zu. Ich drehte mich um und füllte einen Becher mit Eiswürfeln aus dem Gefrierschrank.

Mit dem Becher in der Hand stieg ich in den Wagen. Dort saß bereits eine weitere von Mikes Sportlerinnen, Kris Ihle, die sich für die Ausscheidungen über 5000 Meter qualifiziert hatte. War das Eis vielleicht für sie? War sie verletzt?

»Das Eis ist für dein Knie nach unserem Workout«, sagte Mike. »Du wirst eher als Kris fertig sein und kannst dein Knie behandeln, während sie noch läuft.«

»Natürlich bin ich vor ihr fertig«, erwiderte ich, »denn ich schaffe ja nur ein oder zwei Intervalle.«

»Heute läufst du vier Intervalle«, erklärte er. »Nämlich 1000, 800, 600 und 400 Meter.«

Anscheinend wollte er die Verletzung ignorieren.

»Aber Mike, ich schaffe immer nur ein Intervall, bevor sich mein Knie verkrampft. Wie soll ich da alle vier laufen?«

Mike antwortete nicht. Wir saßen da und schwiegen lange.

»Gut, ich werd's versuchen«, sagte ich schließlich.

Aber ich hatte meine Zweifel. Am liebsten wollte ich mich mit 400 Metern begnügen und herausfinden, wie ich mich meinem normalen Lauftempo annähern konnte. Das würde mir Selbstvertrauen geben und mir bei der Entscheidung helfen, ob ich meinem IT-Band einen 1500-Meter-Lauf zutrauen durfte.

Im Stadion begannen Kris und ich, uns aufzuwärmen, wobei ich meine Übungen natürlich verkürzte. Ich versuchte, zwei Runden zu joggen. Aber nach einer musste ich anhalten.

»Die 1000 Meter bitte mit 74 Sekunden pro Runde«, rief Mike.

»Wäre es nicht besser, 400 Meter mit Renngeschwindigkeit zu laufen? Damit ich weiß, wie es sich anfühlt?«

»Du läufst die 400 Meter – aber nach den anderen Intervallen«, beharrte er.

Ich wusste im tiefsten Innern, dass ich niemals bis zum vierten Intervall durchhalten würde. Aber ich gehorchte und lief die 1000 Meter so langsam, wie er verlangt hatte. Danach fragte ich mich, ob das Workout für Kris bestimmt war, denn diese Strecken und Geschwindigkeiten schienen nicht auf mich, sondern auf sie zugeschnitten zu sein.

Sobald wir die 1000 Meter beendet hatten, versteifte sich mein Knie. Wenn ich nicht weitermachte, würde es mich völlig im Stich lassen. Wir starteten die 800 Meter, aber als wir diesmal die Ziellinie überschritten, konnte ich das Knie nicht mehr beugen.

»Es geht nicht mehr«, sagte ich. »Schade, dass ich die 400 Meter nicht mehr laufen kann.«

Ich hinkte zu meiner Tasche und dem schmelzenden Eis und rieb den Becher an meinem Knie entlang.

Mike war wütend. Er fauchte Kris etwas zu und stürmte dann in meine Richtung. »Nimm deine Tasche. Ich bringe dich nach Hause.«

»Was ist mit Kris?«, fragte ich.

»Die hole ich später ab«, sagte er.

Ich hinkte zu seinem Wagen und stieg ein. Er ließ den Motor an und raste mit quietschenden Reifen wie ein Indy-500-Fahrer vom Parkplatz. Wir fuhren schweigend zu mir nach Hause. Schließlich, als er vor meinem Wohnblock anhielt, wollte er wissen, ob ich am Abend von Dr. LeGat behandelt werden würde. Seine Stimme war leise und angespannt.

»Ja, aber ich habe noch keinen Fahrer«, sagte ich. »Matt ist nämlich in San Francisco.«

»Ich hole dich ab«, sagte er.

Normalerweise brachte Matt mich zu meinen Terminen. Mikes Angebot überraschte mich, denn er hatte mich nie zuvor zu Dr. LeGat begleitet. Ich akzeptierte seinen Vorschlag, doch ich fühlte mich unsicher. Etwas lag im Argen.

»Okay«, erwiderte ich leise.

An jenem Abend schien Mike sogar noch wütender zu sein als am Nachmittag im Stadion. Offenbar konnte er sich kaum noch beherrschen. Wir fuhren wiederum ohne ein Wort zu Johns Praxis.

Dr. LeGat widmete meiner Verletzung viel Aufmerksamkeit, und zwar nach seinen gewöhnlichen Sprechstunden. Er war ein guter Freund, und ich rechne es ihm als Verdienst an, dass ich seit 1998 trotz meines übertriebenen Trainingsprogramms kaum Beschwerden gehabt hatte. Ich verließ mich auf ihn, und er war immer für mich da. Deshalb hatte ich ihn gebeten, mich zu den Ausscheidungen zu begleiten, und ihm ein Flugticket gekauft.

Nach der Behandlung sagte ich: »Vielen Dank.«

John umarmte mich. »Wir sehen uns in Sacramento.«

Mike und ich stiegen in den Wagen, und wieder ließ er den Motor aufbrüllen. *Was ist bloß los*, dachte ich. Es war klar, dass wir uns aussprechen mussten. Ich wartete, bis er vor meinem Haus hielt. Dann öffnete ich die Wagentür, sodass die Innenbeleuchtung anging.

»Mike, was hast du denn?«

Seine Stimme bebte. »Ein ›Dankeschön‹ wäre nicht schlecht. Bei John bedankst du dich schließlich auch, und er wird bezahlt. Ich nicht.« Nun war ich noch zehnmal verwirrter. Ich starrte vor mich hin und versuchte, die wahren Hintergründe herauszufinden. »Mike, entschuldige. Hab Dank.«

Aber das blieb wirkungslos. Er saß mit unveränderter Miene am Lenkrad und ließ den Motor aufheulen. Ich kletterte aus dem Wagen. In meiner Wohnung rief ich sofort Matt in San Francisco an und erzählte ihm, was vorgefallen war.

»Schick ihm eine E-Mail mit allem Nötigen«, schlug er vor. »Schreib dir alles von der Seele und konzentriere dich dann auf das Rennen.«

Er hatte Recht. Die Ausscheidungen fanden in drei Tagen statt, und ich musste mich unbedingt auf sie vorbereiten. Ich setzte mich hin und schrieb Mike eine E-Mail, in der ich mich für die Workouts im Swimmingpool und für die beiden letzten Trainingsjahre bedankte. Dann fügte ich noch etwas hinzu: Ich bat ihn, mich mit seinem Ärger zu verschonen. Schließlich hätte ich schon genug Schwierigkeiten zu überwinden, und ich würde all meine Energie für die Ausscheidungen benötigen.

Am Tag darauf stieg ich in ein Flugzeug nach Sacramento. Auf der anderen Seite des Ganges saß Dick Brown. Ich umarmte ihn, erzählte ihm von meiner Verletzung, dem Aquajogging und dem elliptischen Trainer (ein weiteres Gerät für aerobische Übungen). All das schilderte ich ihm ohne Panik, denn ich war nicht mehr unsicher oder defensiv oder ängstlich, was die Verletzung anging. Ich würde meine ganze Willenskraft aufbieten, um das Rennen durchzustehen. Dick ließ mich später wissen, dass ihm meine Einstellung gefallen habe. *Dieses Mädchen wird's schon schaffen*, dachte er.

In Sacramento ließ ich mich ins Bett fallen, um auszuschlafen. Matt, bei allem der einzige konstante Faktor, war bereits dort. Ich hatte ihm den Spitznamen »The Rock« gegeben. Er war der Vermittler, der ruhige Neutrale, der stets den Frieden wahrte. Im Übrigen war er gerade beim Chronicle Marathon in San Francisco auf den zweiten Platz gekommen, nachdem er sich selbst trainiert hatte.

An jenem Tag beichtete ich ihm: »Matt, ich bin immer noch kein einziges Mal mein Renntempo gelaufen.«

Wir fuhren mit dem Pendelbus zum Stadion, damit ich die eine Runde hinter mich bringen konnte, die ich für meine Gemütsruhe benötigte. Wir schlenderten vom Südende her, wo die 100-Meter-Gerade begann, ins Stadion. Eine Crew war damit beschäftigt, Fernsehkabel zu verlegen und Kamerabühnen aufzubauen. Das Stadion selbst war ausgedehnt und offen. Sollte es windig sein, würden die Läufer es bestimmt spüren. Die Tribünen waren glänzend weiß und silbrig; sie fingen die Sonnenstrahlen ein, die zudem durch die weißen Absperrungen verstärkt wurden, welche die Laufbahn umschlossen und die Fans von den Sportlern trennten.

Ich testete die Oberfläche. Sie war hart, schnell und von Olympiaqualität. Die meisten derartigen Bahnen sind aus Mondo, einem synthetischen Material, das für schnelle Zeiten bekannt ist. Aus der Entfernung sieht es massiv rot aus, aber aus nächster Nähe kann man die ineinander verschränkte Struktur des Materials erkennen. Mondo liefert eine saubere, harte Oberfläche und gibt jede Unze Kraft zurück, die ein Läufer investiert. Dadurch ist es ideal für Sprinter, während seine Härte die Beine von 5000- und 10 000-Meter-Läufern strapazieren kann.

»Versuchen wir ein kurzes Warm-up«, sagte ich. Matt drückte auf den Startknopf seiner Stoppuhr, und wir joggten gemächlich um den Grasplatz. Eine Runde, noch eine, doch während der dritten spürte ich den Messerstich im Knie.

»Wie lang war das?«, fragte ich Matt.

»Sechs Minuten, sieben Sekunden«, antwortete er.

Ein 1500-Meter-Lauf dauert knapp über vier Minuten. Ich konnte nur hoffen, dass mein Knie bei höherem Tempo durchhielt. »Okay.« Ich unterdrückte meine Tränen. »Sprinten wir ein bisschen. Vielleicht ist es anders, wenn ich auf den Zehenspitzen laufe.«

Ich schnürte meine leichten Laufspikes und suchte nach einem Abschnitt, auf dem keine Kabel lagen. Bei jedem Schritt spürte ich den scharfen Schmerz. Ich ließ mich neben Matt aufs Gras sinken. Wir schwiegen. Er wusste Bescheid. »Ich werde nicht weinen«, sagte ich. »Das nützt auch nichts.«

»Richtig«, erwiderte er.

Wir holten unsere Sachen und gingen zum Bus zurück. Während ich durch den Gang humpelte, fragte eine Trainerin, was mir fehle. Ich erklärte, ich sei vom IT-Band-Syndrom erwischt worden. Sie meinte, es gebe ein spezielles Pflaster für Knieverletzungen. Ich zuckte die Achseln und sagte: »Einen Versuch ist es wert.«

Damals hätte ich fast alles ausprobiert, und überall hielt ich nach einem Wundermittel Ausschau. Nun stützte ich mein Knie auf, und die Trainerin begann, es zu verarzten. Als sie fertig war, hafteten sich überkreuzende Pflaster an meinem Knie. Sie erklärte, dadurch würden die Nerven ein wenig blockiert, was den Schmerz ausschalten könne.

Am folgenden Morgen machten Matt und ich uns erneut zum Stadion auf, um herauszufinden, ob sich mein Zustand gebessert hatte.

Ich versuchte, meinen Humor zu bewahren. »Schön, ich kann also nur sechs Minuten joggen. Am besten wärme ich mich mit einer einzigen Runde auf, strecke mich und laufe die verdammten 400 Meter. Und dann fahren wir zurück ins Hotel.«

»Scheint ein guter Plan zu sein«, meinte Matt.

Ich joggte, machte Streckübungen, zog erneut meine Spikes an und beugte mich vor, um die hintere Beinmuskulatur zu dehnen. »Fertig?«

»Ja«, antwortete Matt, und sein Finger verharrte über der Stoppuhr.

Ich lief auf Zehenspitzen um die Bahn. Dabei kam ich mir matt und eingerostet vor. Es war schwer – zu schwer. Nicht so, wie sich 400 Meter einen Tag vor den Olympiaausscheidungen hätten anfühlen sollen.

Schließlich überquerte ich die Linie und warf Matt einen Blick zu. »Wenn das 66 Sekunden waren, sieht's übel aus.«

Ein gleich bleibendes Tempo von 66 Sekunden bedeutete 4:08 Minuten über 1500 Meter. Zu langsam. Wahrscheinlich würde ich durchschnittlich 65 Sekunden für die gesamte Strecke benötigen, um mich zu qualifizieren.

»Es waren 61 Sekunden«, sagte Matt.

Wie ist das denn möglich?, überlegte ich. Seit Monaten war ich keine 61 Sekunden gelaufen. Es musste sich um eine Verbindung aus Muskelgedächtnis und Adrenalin handeln. Ich zuckte die Achseln und schnappte mir einen Beutel Eis, bevor wir mit dem Bus ins Hotel zurückkehrten.

Endlich war ich meine 400 Meter gelaufen.

Am Tag des Rennens war es heiß und dunstig. Der Countdown zur ersten Ausscheidungsrunde über 1500 Meter begann. Ich würde im ersten von drei Vorläufen antreten, zusammen mit der stets gegenwärtigen Regina Jacobs, und nur die beiden Ersten kamen ins Finale. Reginas Sieg stand fest, was bedeutete, dass ich Zweite werden musste, wenn ich nicht heimkehren wollte. Während ich meine Pflaster anbrachte, versuchte ich, die Tatsache zu verdrängen, dass dies mein erstes 1500-Meter-Rennen im ganzen Jahr sein würde.

Matt, John und Mike warteten im Aufwärmbereich, während ich meine Spikes schnürte und mich zur Meldezone aufmachte. Mike kam mir distanziert vor. Obwohl es bereits 18.30 Uhr war, herrschte eine sengende Hitze, und die Strahlen der untergehenden Sonne brannten aufs Innenfeld. Die Spannung war fast so unerträglich wie die Hitze.

Nach dem Startschuss nahm ich eine mittlere Position unter den zwölf Läuferinnen ein. Ich versuchte, mich zu lockern und einen Rhythmus zu finden, aber nach fünfwöchigem Schwimmtraining und Aquajogging war das Tempo eine Belastung für meinen Körper. Meine Lungen füllten sich mit der heißen, trockenen Luft – so schwer hatte ich seit langem nicht geatmet. In der zweiten Runde wurde ich von Panik ergriffen. Meine Lunge brannte, als wäre ich seit Monaten nicht gelaufen. Der Schmerz in meiner Brust ließ mich den in meinem Knie fast vergessen. In jenem Moment hatte ich ein größeres Problem: nicht aufzugeben.

All die Kilometer, die Hügel, die langen Läufe durch die Berge durften nicht umsonst gewesen sein. *Du musst durchhalten,* ermahnte ich mich. *Bleib auf keinen Fall stehen.* Aber ich konnte die Schlussrunde kaum abwarten.

Sobald die Glocke geläutet hatte, arbeitete ich mich im Feld vor. Nun lag ich auf dem vierten Platz. Nach der letzten Kurve fühlte ich mich elend, als käme ich nicht von der Stelle. Aber irgendwie überholte ich noch zwei Läuferinnen und behauptete den zweiten Platz. Mein Bein hatte durchgehalten.

Aber nun wurden mir beide Beine schwach, und ich kniete mich hin. Meine Lunge schien in Flammen zu stehen. Nach ein paar Sekunden stand ich auf und ging zur »technischen Zone« für Trainer und Presse. Ray Flynn stand am Eingang.

»Marla, du hast es geschafft. Eine tolle Leistung. Du bist qualifiziert.«

»Aber ich fühle mich schrecklich«, schnaufte ich. »Meine Lunge.«

»Du bist nur ein bisschen eingerostet. Das kommt schon in Ordnung.«

Meine Kehle und meine Lunge waren wie ausgetrocknet. Ich blieb unter der Schutzplane, hustete und rang nach Atem, während die beiden anderen Vorläufe stattfanden.

Eine vertraute Stimme ertönte von der Aufwärmbahn: »Gut gemacht, Mädchen!« Es war Rahn Sheffield.

Ich grinste trotz meines Hustens. »Mir ist, als wäre ich die ganze 4x400-Meter-Staffel für die SDSU gelaufen.«

Mein Knieproblem war nicht einfach verschwunden. Das Merkwürdige an der Verletzung war, dass ich damit leichter sprinten als joggen konnte. Als ich am nächsten

Tag zwei langsame Zehn-Minuten-Läufe versuchte, beendete ich beide unter Schmerzen.

Am Samstag begegnete ich Ray im Foyer des Hotels. »Marla, es gibt hier einen Arzt, der einige unserer Sportler behandelt. Ich glaube, er könnte etwas für dein Knie tun. Er ist gerade im Hotel, und wenn du willst, kann er in ein paar Minuten zu dir kommen.«

Ich dachte darüber nach. John LeGat würde es mir vielleicht übel nehmen, wenn ich mich von jemand anderem behandeln ließ, aber ich hatte keine Wahl. Selbst die kleinste Erleichterung konnte mir helfen. »Einverstanden«, sagte ich und kehrte in mein Zimmer zurück.

Dr. Mark Scappaticci – oder »Scap«, wie seine Patienten ihn nannten – klopfte innerhalb weniger Minuten an meine Tür. »Also worum geht's?«, fragte er.

Ich erzählte ihm die lange Geschichte meines IT-Band-Syndroms. Während ich noch sprach, stellte er seinen Massagetisch auf und widmete sich meinem Bein. Ich hatte meine Schilderung noch nicht beendet, als er bereits all die richtigen Punkte fand. Scap bewegte mein Bein, um Muskeln und Gewebe zu dehnen. Er arbeitete rasch und gründlich.

»Stehen Sie auf, und machen Sie ein paar Schritte. Wie fühlt es sich an?«

Ich ging bis zum Ende des Hotelkorridors und wieder zurück. Meine Hüfte und mein Bein waren so locker wie seit Monaten nicht mehr. »Es ist besser.«

»Aber wir brauchen mehr als eine einzige Behandlung«, sagte er. »Wann findet Ihr Rennen statt?«

»Morgen, um 14 Uhr.«

»Okay, ich komme morgen früh noch einmal vorbei.«

Am nächsten Morgen stand Scap wieder vor meiner Tür. Er arbeitete genauso schnell wie am Vortag. Wer war dieser Mann, der genau zu wissen schien, was mir fehlte und was er zu tun hatte? Und der so eilig in mein Zimmer und wieder hinausstürmte, dass er keine Zeit für Smalltalk hatte?

»So, jetzt können Sie antreten«, sagte er. »Das Knie ist noch nicht im normalen Zustand, es braucht weitere Behandlungen. Aber für heute muss es genügen.«

Während Scap mich behandelte, rief Matt an: John LeGat sei bestürzt, weil ich ihn nicht konsultiert hätte. Ich konnte nur hoffen, dass er Verständnis für meine Situation haben würde.

Ich duschte und zog meine blau-weiße Asics-Kleidung an. Ich war mager. Obwohl ich nicht hatte laufen können, wog ich nur 51 Kilo. Meine Rippen stachen hervor, wenn ich einatmete oder die Arme zur Decke hob. Ich stellte mich vor den Spiegel und atmete tief durch. »Ich kann es schaffen«, sagte ich.

Matt und ich fuhren zum Stadion.

Ungefähr 45 Minuten vor dem 1500-Meter-Finale begann ich, auf der Aufwärmbahn zu joggen. Dann blieb ich stehen und ging auf meine im Schatten abgestellte Tasche zu.

Eine Männergestalt erschien vor mir. »Du bewegst dich viel besser«, sagte eine Stimme, und ich erkannte Rays irischen Akzent sofort. »Marla, ich möchte dir etwas sagen.« Ich rührte mich nicht. »Heute kommst du ins Olympiateam.«

Er sagte es sehr nüchtern, als hätte er meine Zukunft in einer Kristallkugel gesehen. »Denk an Winnipeg. Denk daran, wie das Rennen geendet hat.« Mit der Goldmedaille der Panamerikanischen Spiele. Er erinnerte mich daran, dass sich drei Läuferinnen für die Olympischen Spiele qualifizieren würden. Regina Jacobs und Suzy Favor Hamilton waren die Favoritinnen, aber der dritte Platz würde stark umkämpft sein. »Du brauchst nicht hinter Suzy oder Regina herzujagen. Hier ist der dritte Platz so gut wie der erste. Warte mit dem Schlussspurt so lange, wie du kannst.«

Natürlich sagte er mir nichts, was ich nicht schon längst wusste, aber es war beruhigend, es von einem früheren Spitzensportler wie Ray zu hören. Da ich auf ein anstrengendes Intervalltraining hatte verzichten müssen, konnte das Rennen für mich zur Katastrophe werden, wenn ich zu viel Kraft aufwandte. Dann musste ich mit raschem Sauerstoffmangel rechnen. Ich nahm mir vor, vorsichtig, doch zugleich aggressiv zu sein.

Ich saß im Schatten auf einem Behandlungstisch und drückte mir einen Eisbeutel ans Knie. Matt und John standen neben mir, aber niemand sagte ein Wort. Einen Moment lang erwog ich, meine Meldung zurückzuziehen. Ich hatte alles so satt: den Schmerz in meinem Knie, das gespannte Verhältnis zu Mike und die Streitigkeiten darüber, welcher Arzt mich behandeln sollte.

»Letzter Aufruf. 1500 Meter der Frauen«, verkündete eine Stimme über die Lautsprecheranlage.

Ich stellte die Füße auf den Boden und nahm meine Spikes. »Ich werde es schaffen.«

Dann ging ich in den Wartebereich, den nur Sportler betreten durften. Plötzlich war ich allein. Von anderen Frauen in bunten Trikots umgeben, saß ich auf der Aluminiumbank. Es war eine Erleichterung, allein zu sein.

Ich konzentrierte mich auf die positiven Punkte: *Dies ist deine Chance. Die Olympiaausscheidungen, und du bist dabei. Du hast es weit gebracht.*

Schließlich stellten wir uns hintereinander auf, um die 200 Meter bis zur Startlinie zu marschieren. Regina rannte voraus und machte einen kurzen Sprint auf Bahn eins.

Eine gute Idee, dachte ich.

Ich sprintete auf der Gegengeraden entlang. Andere Läuferinnen folgten meinem Beispiel. Zu viel Spannung lag in der Luft. Der Funktionär konnte uns nicht unter Kontrolle halten.

Das Stadion war ausverkauft, und die Menschen drängten sich auf den Tribünen. Irgendwo in der Farbwand – ich konnte keine Gesichter erkennen – waren meine Mutter, mein Vater und Grady.

Ich machte Dehnübungen. Wenn ich das rechte Bein über das linke kreuzte und an den Zehen meines linken Fußes zog, konnte ich das vertrackte Iliotibial-Band dehnen. Dadurch wurde der Schmerz betäubt – hoffentlich so lange, bis das Rennen begann und ich durch den Adrenalinschub alles andere vergaß. Während der Sprecher die Leistungen jeder Läuferin aufzählte, setzte ich meine Übungen fort.

Dann ertönten vertraute Klänge aus dem Lautsprecher. Es war die Titelmelodie von *Superman*.

Ich lächelte. Ruhe überkam mich. Ich würde ganz einfach das beste Rennen laufen, zu dem ich fähig war – und das Ergebnis, wie es auch ausfallen mochte, akzeptieren.

An der Startlinie dachte ich an Peters Worte: *Die Zukunft ist noch nicht geschrieben.* Bisher war nichts geschehen. Ich hatte noch eine Chance.

»Läuferinnen – auf die Plätze.«

Der Startschuss ging los.

Das Anfangstempo war genau richtig: Regina und Suzy vermieden es, an die Spitze zu gehen, was nicht auf einen Sturmlauf, sondern auf ein taktisches Rennen hindeutete. Gut. Das Tempo war schnell, aber nicht zu schnell.

Eine Sportlerin, eine Gestalt in Blau, behielt ich besonders im Auge: Shayne Culpepper. Sie war die wahrscheinlichste Kandidatin für den dritten Platz in der Mannschaft. Ich setzte mich hinter sie und starrte auf ihren Nacken. Nun würde ich sie nicht mehr aus den Augen lassen.

Die beiden ersten Runden prägten sich meinem Gedächtnis nicht ein. Ich betrachtete nur Shaynes Schulterblätter, und plötzlich hatten wir die 800-Meter-Marke erreicht.

Eine Band von der Stanford University schlug auf ihre Bongotrommeln ein. Die Töne erfüllten das Stadion und passten sich unserem Rhythmus an. »Bong, bong, bong!« – Es war eine natürliche Schrittmachermelodie.

In der dritten Runde wurde Shayne auf der Zielgeraden der Weg abgeschnitten. Sie stolperte. Ich streckte die Hände aus und berührte sanft ihren Rücken, um nicht auf sie zu prallen. Wir vermieden den Zusammenstoß und liefen fast sofort zügig weiter. Die Glocke läutete die Schlussrunde ein. Nun begann das eigentliche Rennen. Die Zuschauer hatten sich von ihren Plätzen erhoben. Ich lag auf dem sechsten Platz.

Regina und Suzy stürmten an die Spitze. Sie setzten zu einem langen Spurt an, um sich den US-Titel zu sichern. Ich folgte ihnen nicht, denn mein Ziel war die Olympiamannschaft.

Auf der Gegengeraden schob ich mich auf den fünften, dann auf den vierten Platz vor. Vor der Schlusskurve feuerte ich mich an: *Los. Jetzt!* Ich rückte nach außen auf die zweite Bahn und überholte die blaue Gestalt. In der Schlusskurve kehrte ich rasch wieder auf Bahn eins zurück.

Eine leere rote Laufbahn lag vor mir. Es war der schönste Anblick, den ich mir wünschen konnte. Manchmal kann Blindheit Vorteile mit sich bringen. Regina und Suzy waren so weit vor mir, dass ich sie nicht sehen konnte. Deshalb hatte ich das Gefühl, auf Platz eins zu liegen.

Nur wenige Meter vor der unsichtbaren Ziellinie verkrampften sich meine Muskeln, und ich merkte, wie ich langsamer wurde. Ich wusste nicht, wer wie dicht hinter mir war. *Bitte, hol mich nicht ein.* Ich überquerte die Linie. *Bin ich Dritte? Bin ich wirklich Dritte? Habe ich mich gerade ins Olympiateam durchgekämpft?* Den großen Bildschirm, auf dem der genaue Einlauf bekannt gegeben wurde, konnte ich nicht sehen.

Ich schleppte meinen matten Körper an den Rand der

Bahn, wo ein Funktionär stand. Ich hob drei Finger und fragte keuchend: »War ich Dritte?« Vielleicht hatte sich noch eine Läuferin an Regina und Suzy angehängt, und ich hatte sie aus den Augen verloren.

Der Funktionär nickte fast unmerklich.

Ich war Dritte.

Nun warf ich den Kopf zurück, riss die Arme hoch und schaute in den glänzend blauen Himmel. »Danke«, sagte ich.

Die mich überflutende Dankbarkeit galt allen, die mir geholfen hatten. Ich ging zur Pforte der gemischten Zone, und dort erschien Matt. Ich legte ihm die Arme um den Hals und sagte: »Ist das möglich? Ich hab's geschafft!«

Matt zitterte am ganzen Körper: »Du bist 4:06 Minuten gelaufen.«

Typisch Matt. Er war der Statistiker, die Sportenzyklopädie und »The Rock«, und natürlich hatte er meine Zeit gestoppt.

Ein Funktionär rief mich zurück auf die Bahn, damit ich eine Ehrenrunde mit Regina und Suzy lief. Jetzt waren die Dinge zum ersten Mal genau so, wie ich sie mir vorgestellt hatte. Regina, nun viermalige Olympiateilnehmerin, und Suzy, zum dritten Mal in der Olympiamannschaft, winkten der Menge zu. Wir begannen unsere Ehrenrunde.

In der technischen Zone herrschte Chaos. Ich wurde auf einer Pressekonferenz erwartet und musste auch zum Drogentest antreten. Funktionäre, Drogentest-Beobachterinnen und Medienvertreter rangen miteinander, um den Läuferinnen am nächsten zu kommen. Wir wurden in acht verschiedene Richtungen gezerrt. »Runyan, hier drüben«, sagte zum Beispiel eine Stimme, und ich drehte mich um. Dann rief jemand anderes meinen Namen. Ich wurde nach links und rechts gezogen, aber es machte mir nichts aus. Ray stand an der Pforte und versuchte, mich zu beschützen.

Dann sagte er: »Weißt du, Marla, solche Probleme wie diese sind nicht die schlechtesten.« Ich lachte.

Als ich wieder hinausging, war das Stadion bereits leer. Zusammen mit Matt schlenderte ich auf den Bus zu.

Mike tauchte auf. Seit dem Ende des Rennens hatte ich ihn nicht mehr gesehen. »Wir müssen miteinander reden«, sagte er. »Aber nicht jetzt. Heute sollst du feiern.« Und damit verschwand er.

»Was war das denn?«, fragte ich Matt.

»Keine Ahnung. Vergiss es.«

In diesem Moment kam eine junge freiwillige Helferin auf mich zu. »Sind Sie Marla?«, wollte sie wissen.

»Ja.«

»Ihre Mutter ist dort drüben an der Pforte. Sie möchte mit Ihnen sprechen.«

Ich hatte noch keine einzige Träne vergossen, aber als ich meine Mutter sah, konnte ich mich nicht mehr bremsen. Meine Eltern klammerten sich an eine Pforte neben der Aufwärmbahn. Meine Mutter trug ein rot-weiß-blaues T-Shirt mit der Aufschrift: *Run Runyan run*. Nach ihrer Chemotherapie hatte sie kein einziges Haar mehr auf dem Kopf.

Ich brachte nur einen einzigen Satz hervor: »Ich hab's geschafft, Mom.«

»Und ob«, sagte sie und nahm mich fest in ihre Arme.

Die nächsten Tage gestalteten sich angenehm: Ich nahm Glückwünsche entgegen, gab Zeitungsinterviews und sah mir die anderen Ausscheidungsrennen an. Aber ein unerfreuliches Ereignis stand noch aus.

Zwei Tage später kam Mike ins Hotel, als Matt und ich schon unsere Sachen für die Heimreise packten. Endlich hatte Mike die Chance, sich Luft zu machen. Ich hatte damit gerechnet. Zuerst lobte er mich für mein großartiges Rennen, doch dann fuhr er fort: »Ich werde dich nicht mehr trainieren. Du musst jemand anderen finden. Vielleicht kann dir irgendeiner im Hotel helfen.«

»Okay«, antwortete ich.

Das kam nicht unerwartet, aber trotzdem beunruhigte mich der Gedanke, so kurzfristig einen Fremden finden zu müssen, der mich bis zu den Olympischen Spielen trainieren würde. Mike setzte ein paar harsche Worte hinzu, um seine Entscheidung zu rechtfertigen. Mir schien, dass er müde und erschöpft war – nicht nur meinetwegen, sondern auch durch den Stress, den ihm seine anderen Sportler bereiteten. Er sagte kaum etwas, das ich für einleuchtend hielt – außer einem Satz: »Du hast das Vertrauen zu mir verloren.«

In diesem Punkt hatte er Recht. Ich hatte begonnen, anderswo nach Lösungen zu suchen. Aber trotz unserer Differenzen hatte ich sehr viel von Mike gelernt, und es tat mir Leid, dass unsere Zusammenarbeit so unschön endete.

Doch ich begriff noch etwas anderes: Verletzungen, Stress und Emotionen, die zu Tränen oder Zornausbrüchen führen, sind Teil dieses Sports. Unvorhergesehene Umstände gehören genauso dazu wie die erfreulichen Dinge. Darauf muss man sich einstellen, ohne zu jammern oder nach Entschuldigungen zu suchen. Ein Rückzieher kommt nicht infrage, auch wenn es schwierig wird. Du steckst dir ein Ziel und gehst eine Verpflichtung ein – und manchmal besteht die größte Herausforderung darin, jemanden zu finden, der dir einen Teil der Last abnimmt. Ich hatte »The Rock«, der diese Aufgabe bewältigte.

Matt und ich flogen nach Hause und versuchten, unser Leben neu zu organisieren. Die Ausscheidungen waren vorbei, aber die olympische Erfahrung hatte gerade erst begonnen. Ich musste noch viel Planungs- und Trainingsarbeit leisten. Gewiss, ich hatte gerade eine Zeit knapp über vier Minuten erzielt und war Mitglied des Olympiateams geworden, aber mein Training musste fortgesetzt werden, und zwar bald.

Ich war noch immer verletzt, und ich hatte gerade meinen Trainer verloren. Aber nach ein paar Ruhetagen tat mir nichts mehr weh. Ich war Olympiateilnehmerin.

10. Sydney

Vier Jahre für vier Minuten – darauf liefen die Olympischen Spiele hinaus. Wenn ich sie auf eine solche Formel reduzierte, wenn ich all die Meilen, all die Workouts voller Schweiß, all die abgetragenen und weggeworfenen Laufschuhe, all die dumpfen und stechenden Schmerzen, all die Verletzungen und Operationen zusammenzählte, dann klang das Ganze lächerlich. Für vier Minuten. Diese Denkweise musste ich mir verbieten.

Ich konnte mir nur leisten, an den jeweils nächsten Schritt zu denken, und der erste bestand darin, einen neuen Trainer zu finden. Als ich eines Morgens in Eugene aufwachte und in die Küche ging, saß Matt, eine Kaffeetasse neben sich, über den Tisch gebeugt und hatte Papiere um sich herum ausgebreitet.

»Was hast du vor?«, fragte ich.

»Ich schreibe deine Workouts nieder«, sagte er.

Matt hatte das Vakuum nach meiner Trennung von Mike gefüllt, mir geholfen, mich neu zu orientieren. Niemand kannte mich besser als er. Seit mehr als zwei Jahren war er ein Teil meines Lebens, und er hatte meine Verwandlung von einer 63 Kilo schweren Siebenkämpferin in eine olympische 1500-Meter-Läuferin, die nur noch 51 Kilo auf die Waage brachte, miterlebt.

Er studierte meinen Trainingsplan aus reinem Vergnügen – so sehr liebte er den Sport. Deshalb kannte er jedes Workout, jede Strecke, jedes Ruheintervall und jedes Tempo, die ich hinter mich gebracht hatte, und war fast genauso gut über meine Konkurrentinnen informiert.

Ich fragte ihn: »Willst du mich trainieren?«

Matt war der offensichtliche Kandidat für Mikes Nachfolge, jedenfalls auf kurze Sicht; außerdem trainierte er mich in gewisser Weise bereits. Nun zeigte er mir die auf dem Tisch ausgebreiteten Blätter, die einen vorläufigen Terminkalender mit dazugehörigem Programm enthielten. Er hatte meinen Trainingsablauf bis ins letzte Detail durchgeplant.

Es war ein sorgfältig vorbereitetes Programm. Ich merkte sofort, dass er viel Zeit und Energie hineingesteckt hatte. Matt hatte alle Möglichkeiten berücksichtigt und die Workouts für jeden einzelnen Tag vom 1. August bis zum olympischen Finale entworfen. Alle waren in Kästen eingetragen.

»Wir haben acht Wochen Zeit«, sagte er. »Aber das Allerwichtigste ist, dass dein Iliotibial-Band heilt.«

»Genau«, antwortete ich erleichtert.

Wenigstens hatte ich nun einen Plan.

Am selben Morgen rief Ray an und machte ebenfalls Vorschläge. Ich solle in der folgenden Woche zu einem Interview für »Good Morning America« nach New York fliegen und mich dann in Kanada von Scap weiterbehandeln lassen. »Du kannst dort so lange bleiben, wie du willst«, meinte er. Dann, im August, solle ich in Denver im Namen der USABA auftreten und im Anschluss daran zum olympischen Trainingszentrum reisen, um mich von Dr. Leahy untersuchen zu lassen.

Als ich den Hörer auflegte, zeichnete sich alles klar ab. Vielleicht fehlte mir ein Trainer, aber ich war dankbar dafür, in Matt und Ray zwei großartige Organisatoren zu haben. Ich klammerte mich an die beiden und war dankbar für ihre Verlässlichkeit und Unterstützung. Es war eine Erleichterung zu wissen, dass wir alle uns – harmonisch und ohne Hintergedanken – auf dieselbe Sache konzentrierten.

Die Zielstrebigkeit und Einfachheit des Trainings für die Olympischen Spiele barg eine Art Frieden in sich. Nach einer Woche bei Scap und einem Besuch bei Dr. Leahy war ich in der Lage, wieder nahezu unbehindert zu trainieren. Das Leben wurde zu einer angenehmen Abfolge aus Behandlungen und Trainingsläufen.

Das Programm, das Matt für mich ausgearbeitet hatte, war effektiv. Wir kooperierten und stellten fest, dass wir ein gutes Team waren. Er hatte eine schwierige Aufgabe, denn er musste mich nicht nur trainieren, sondern auch darauf achten, dass die IT-Band-Entzündung nicht wieder aufflammte. Zudem musste er ein ermutigender Gefährte für mich sein. Glücklicherweise konnten mich Enttäuschungen nicht mehr berühren. Jeden Tag gingen wir ins Stadion und begannen ein Workout, und wenn mein Bein Widerstand leistete, kehrten wir einfach heim. Es gab keine Tränen, keine Wutausbrüche, keinen Zorn mehr. All das wäre Energieverschwendung gewesen. Ich hatte endlich gelernt, geduldig zu sein.

Aber eines Nachmittags, nur zwei Tage bevor ich nach Australien fliegen sollte, gab es eine seltsame und ungebetene Ablenkung. Ich war gerade auf der Bahn und machte eine Reihe von 400-Meter-Läufen, als Matts Handy klingelte.

»Hier Matt«, sagte er.

Während ich in einer 200-Meter-Erholungsphase an ihm vorbeijoggte, nahm ich die Spannung in seiner Stimme wahr. »Mhm … ja … mhm.«

Schließlich klappte er sein Handy zusammen und steckte es sich wortlos in die Tasche.

»Was war denn?«, fragte ich.

Zögernd erwiderte er: »Oh, da glaubt einer, dass er deine Augen heilen kann.«

Er versuchte, Gleichgültigkeit vorzutäuschen, aber das war unmöglich. Es war ein Donnerschlag, und wir beide wussten es.

Matt bemühte sich, dem Thema auszuweichen. Er deutete auf seine Stoppuhr und dann auf die Gerade, wo ich meine nächsten 400 Meter beginnen sollte. »Du hast noch 15 Sekunden. Beeil dich.«

Aus heiterem Himmel hat irgendein Mann angerufen? Wegen meiner Augen?

Ich wollte nicht weiter darüber nachdenken, denn das Workout war wichtiger. Daher verdrängte ich meine Grübeleien zunächst, aber dann schoben sie sich wieder in den Vordergrund.

Wie kann irgendein Mann anrufen und behaupten, er sei in der Lage, meine Augen zu kurieren? Wie kann er es wagen, sich mitten in einem Workout zu melden?

Als hätte ich einer Heilung bedurft. Als wäre ich nicht gesund. Ich war gerade in die Olympiamannschaft aufgerückt und brauchte keine »Kur«. Wie konnte er es wagen?

Außerdem hatte er zu Hause auf meinem Anrufbeantworter eine Telefonnummer hinterlassen. Ich hörte ihm zu und knirschte mit den Zähnen. Mit jedem Wort wurde ich wütender und beleidigter. Die Stimme auf dem Band war drängend, als wolle der Mann mich in aller Eile noch vor den Olympischen Spielen »kurieren«. Schlimmer noch, es klang so, als würde ich nach dieser »Heilung« auch meine sportlichen Resultate verbessern können. *Der Kerl weiß nicht, wovon er redet.*

Denk nicht daran, sagte ich mir. Ich konnte bis nach den Olympischen Spielen warten – oder das Angebot überhaupt vergessen.

Warum also schrieb ich seine Nummer auf einen Zettel

und warf ihn auf den Schreibtisch? Seine Worte bedeuteten mir wohl doch mehr, als ich einzugestehen bereit war.

Ein paar Tage später rief der Mann erneut an. »Ich möchte mit Marla Runyan sprechen.«

»Am Apparat.«

Ich erkannte seine Stimme vom Anrufbeantworter. Etwas Kaltes staute sich in meiner Magengrube. Dieses Gespräch war doch sinnlos. Oder? Ich ließ ihn weitersprechen.

Er erklärte, es gebe eine Maschine, die vor vielen Jahren als visuelles Übungsgerät entwickelt worden sei. Er habe sie für Patienten mit der Stargardt-Krankheit umgebaut und könne einigen Erfolg bei der Wiederherstellung ihres Sehvermögens verbuchen.

»Einer meiner Patienten hat seine Sehschärfe innerhalb von zwölf Wochen von 20/400 auf 20/60 verbessert«, behauptete er.

»Aha.«

Ich lauschte ihm mit einiger Skepsis – oder wenigstens versuchte ich es. *Wer war dieser Mann?* Ich fragte ihn nach seinen Qualifikationen. Er sei Arzt in North Carolina, erwiderte er. Ich bemühte mich, eine gesunde Distanz zu wahren. Welche Art von Studien er durchgeführt habe?

Es gebe keine Studien, die seine Arbeit bestätigten, da er keine Mittel dafür locker machen könne, antwortete er. *Oje.*

»Aber bei meinen Stargardt-Patienten habe ich eine 75-prozentige Erfolgsquote«, sagte er.

Ich konnte es nicht ändern: Mein Interesse war ebenso groß wie mein Zorn.

Aber mit dem nächsten Atemzug wurden seine Behauptungen absurd. Er teilte mir mit, er habe einen an der Stargardt-Krankheit leidenden Kugelstoßer behandelt und dessen Sehvermögen von 20/400 auf 20/40 korrigiert. Außerdem habe der Mann seine persönliche Bestleistung im Kugelstoßen um zweieinhalb Meter verbessert.

Das klang nun wirklich nicht plausibel. Als frühere Siebenkämpferin wusste ich sehr gut, dass das Sehvermögen wenig mit der Technik des Kugelstoßens zu tun hat. Eine erhöhte Sehschärfe konnte schwerlich zu einer so dramatischen Steigerung der Bestleistung führen. Dieser Mann wollte sich manches ungerechtfertigt als Verdienst anrechnen lassen.

Mir schwand der Mut. *Warum jetzt*, dachte ich. Warum musste er meine Hoffnungen anfachen und sie dann zerstören, und das nur zwei Tage vor meinem Flug nach Sydney?

Ich legte auf und versuchte, das Gespräch zu verdrängen. Deshalb ging ich hinunter zum Reformkostladen und kaufte uns etwas zum Essen. Aber es hatte keinen Zweck. Der Gedanke, wieder sehen zu können, ließ sich nicht verbannen. Auf dem Weg zum und vom Laden schaute ich mich um und betrachtete jeden Bürgersteig, jede Kreuzung und jeden grünen Baum im Park. Ich überlegte mir, wie diese Dinge wirklich aussahen – im Gegensatz zu den verschwommenen Umrissen, die ich kaum erkennen konnte.

Was wäre, wenn?

Was wäre, wenn sich mein Sehvermögen eines Tages verbessern ließe? Was würde ich tun, wenn ich wirklich sehen konnte? Die Möglichkeiten waren endlos. Ein Medizinstudium? Ein Tierarztstudium? Ich würde fähig sein, zu jeder Tages- und Nachtzeit überallhin zu fahren. Ich würde zum Vergnügen lesen und die Zahlen auf einer Telefontastatur erkennen können. Es würde mir möglich sein, zusammen mit Matt über holprige Gebirgspfade zu laufen. Ich würde sein Gesicht sehen und in seine Augen schauen können. Ohne darüber nachdenken zu müssen, würde ich in der Lage sein, die Straße wie jeder andere zu überqueren. Ich würde eine Speisekarte überfliegen und eine Briefmarke finden können.

Es waren verlockende, verführerische Gedanken.

Solche Dinge hatte ich nie zuvor in Erwägung gezogen. Aber nun erschreckten mich die Möglichkeiten ebenso sehr, wie sie mich faszinierten. Wie würden sie mich als Person verändern? Meine Behinderung war in einem solchen Maß ein Teil von mir geworden, dass sie mich mehr oder weniger prägte. Wenn ich sie beseitigte, was würde dann aus mir werden?

Diese Fragen ließen sich nicht beantworten. Und plötzlich wurde mir klar, dass derartige Spekulationen zu nichts führten. Ich würde mich nach Dingen sehnen, die ich nicht haben konnte, und erneut verbittert über meine Behinderung sein. Und das konnte mich nur bremsen. *Reiß dich zusammen*. Ich musste diese Gedanken ausschalten und meine Arbeit fortsetzen.

Es wurde Zeit, nach Australien zu fliegen.

Matt und ich reisten über Brisbane, wo wir uns für zwei Wochen in einem amerikanischen Leichtathletiktrainingslager aufhalten würden. Die amerikanischen Läufer sollten sich zunächst an die australischen Wetterbedingungen und Zeitunterschiede gewöhnen.

Es war eine gute Idee, denn da ich nicht hatte schlafen können, tat mir der ganze Körper weh, als ich in die subäquatoriale Helligkeit hinaustrat. Brisbane ist eine freundliche Stadt, aber man muss sich auf die lodernde Sonne einstellen.

Unser Hotel lag an einem Fluss und an einem kleinen Park, in dem wir früh am Morgen laufen konnten. Alles kam mir exotisch vor, von den Banyan- und Mangrovenbäumen bis hin zu den Rufen der Vögel und dem Rascheln der Tiere in den Sträuchern – Laute, die ich nie zuvor gehört hatte. Ich bemerkte Vögel, die ein bisschen wie Kakadus aussahen, aber ihr Kreischen erinnerte mich an einen Wildtierpark in meiner Heimat.

Eines Nachmittags liefen Matt und ich um einen großen

Grasacker hinter der Trainingsbahn. Als wir das Ende des Feldes erreichten, packte Matt plötzlich meinen Arm und rief: »Pass auf!«

Ein 90 Zentimeter langer Leguan sonnte sich direkt vor mir. Er war mit dem braunen und gelben Gras verschmolzen, und ich wäre auf seinen Rücken getreten, hätte Matt mich nicht zurückgehalten. Es stand fest, dass wir nicht mehr in Eugene waren.

Die Trainingsbahn war ein hellblauer Streifen mit einem kleinen weißen Zaun, an dem zahlreiche Kinder und erwachsene Zuschauer warteten und die Sportler um Autogramme baten, während wir den US-Mannschaftsbus verließen. An jedem Morgen blieb ich kurz stehen, um ein oder zwei T-Shirts zu signieren, aber dann ging ich sofort zur Laufbahn. Ich ermahnte mich, dass ich bei meinem Training immer noch aufholen musste.

Die IT-Band-Entzündung war nun völlig verschwunden, und ich fühlte mich endlich ganz und gar fit. Matt nahm jeden Tag meine Zeit, wobei er mich laut aufmunterte und mein Selbstvertrauen stärkte, und ich lief einige meiner besten Trainingszeiten der vergangenen zwei Jahre.

Schließlich flog das US-Team nach Sydney. Matt und ich mussten uns trennen, denn er durfte nicht zusammen mit mir im olympischen Dorf wohnen. Er würde sich bei einer Familie in der Nähe einquartieren und mit Bus und Zug zum Olympiapark fahren. Der friedliche Zwischenstopp in Brisbane hatte mich eingelullt, aber nun spürte ich die Bedeutung des Ereignisses.

Endlich traf ich bei den Olympischen Spielen ein – und die Reise dorthin konnte nur als Qual bezeichnet werden. Ich verbrachte den ganzen Tag in verschiedenen Verkehrsmitteln. Die Sicherheitsmaßnahmen waren so streng, dass es fast unmöglich schien, ins olympische Dorf vorzudringen. Zuerst beförderte man alle 60 Leichtathleten mit dem Bus von Brisbane zu einem Flughafen an der Goldküste.

Unser Gepäck wurde separat transportiert. Als wir in Sydney landeten, musste jeder von uns seine Sachen entgegennehmen – keine Kleinigkeit, da wir alle die gleichen Mannschaftskoffer hatten. Sie ließen sich nur anhand der Namensschilder, die ich nicht lesen konnte, auseinander halten. Zum Glück halfen mir einige meiner Teamkameraden.

Wir stiegen in Busse zum Dorf, während unser Gepäck wieder auf einen anderen Wagen geladen wurde. Inzwischen war es nach Mitternacht. Als wir die Busse verließen, sahen wir, dass man unsere Koffer mitten auf die Straße gestellt hatte. Wieder mühten sich 60 Olympiateilnehmer ab, ihr Gepäck zu identifizieren.

Ein olympisches Dorf ist nicht luxuriös. Häufig können die Fans nicht verstehen, weshalb manche Sportler lieber in Hotels wohnen, als die Atmosphäre des Dorfes zu genießen, denn kaum jemand weiß, wie spartanisch die Behausungen sind.

Unser Zuhause für die nächsten beiden Wochen war ein neu gebauter, kahler Block aus kleinen weißen, niedrigen Schlackensteinhäusern. Jeweils 15 Frauen wurden einem Haus zugewiesen, und manchmal teilten sich vier Personen ein Zimmer, das nur mit blauen Bettgestellen aus Plastik und ein paar Verandastühlen ausgestattet war.

Da es nicht genug Zimmer für alle Sportler gab, hatte man Wohnwagen an die Häuser geschoben. Ich war in einem solchen Wohnwagen neben dem Hauptgebäude untergebracht. In der ersten Woche froren wir wegen der niedrigen Nachttemperaturen in unseren Betten. Die Teamchefs ließen Decken und tragbare Heizgeräte verteilen, die wir zwischen unsere Betten stellten, aber es war schwierig, sich wohl zu fühlen. Die blauen Plastik-Bettgestelle sahen aus, als wären sie höchstens für Barbie-Puppen geeignet, und da ich nur über vier Prozent Körperfett verfügte, spürte ich jeden harten Punkt der Matratze.

Aber das alles störte mich nicht wirklich. Das Dorf war

sauber und bequem gelegen; alles andere kam mir nebensächlich vor. Es bot Erholung von der Menge und den Presseleuten, die das Gelände nicht betreten durften. Wir waren isoliert, und das gefiel mir. Es gab kein Fernsehgerät außer einem großen Bildschirm im Zentralbereich, auf dem ständig über die Spiele berichtet wurde. Von den Straßen des Dorfes aus konnten wir die stufenförmigen Reihen und die gebogene Abzäunung des Olympiastadions sowie einige Plätze erkennen. Sobald die Wettkämpfe begonnen hatten, hörten wir, wie das Publikum bei den verschiedenen Medaillengewinnen aufbrüllte.

Von außen glich das Dorf einem Militärgelände. Es war von einem sieben Meter hohen, mit Stacheldraht bewehrten Zaun umgeben. An beiden Enden des Dorfes befand sich ein großes Tor, das so stark wie möglich gesichert war. Jeden Tag stellte ich meine Taschen in einen Metalldetektor und ging durch eine weitere Kontrollvorrichtung. Alle Sportler besaßen einen Ausweis mit Strichcode und Foto; wenn wir eintraten, wurden die Strichcodes gescannt und die Bilder überprüft.

Auch der Speisesaal war geradezu abenteuerlich. Er befand sich in einem riesigen Gebäude von Warenhausgröße, in dem eine unglaubliche Auswahl von Gerichten angeboten wurde. Ich folgte den Büfettschlangen und blickte dabei auf Warmhalteplatten und Tabletts und verschwommene Farben. Es gab Speisen aus allen denkbaren Ländern und Kulturkreisen, aber ich konnte sie nicht identifizieren. Wenn ich mich genauer informieren wollte, musste ich eine Person neben mir fragen.

»Ist das Brokkoli- oder Spinatpasta?«

»Ist das Kartoffelbrei oder Blumenkohl?«

»Ist das Huhn oder Fisch oder Schweinefleisch?«

»Was zum Teufel ist das?«

»Hilfst du mir, etwas Brokkoli zu finden?«, fragte ich einen Trainer des US-Teams.

Die Auswahl der Mahlzeiten wurde so kompliziert, dass ich mich meistens nur für Brokkoli und Fisch und Salate entschied. Ich hatte den Eindruck, in Australien sehr viel zu essen und zuzunehmen, aber als ich mich auf eine Waage stellte, zeigte sie 50 Kilo an. »Wie wird das umgerechnet?«, erkundigte ich mich bei einer der Trainerinnen. Sie sagte, es seien nur 110 amerikanische Pfund. Davor hatte mein niedrigstes Gewicht 113 Pfund oder etwas mehr als 51 Kilo betragen.

»Unmöglich«, sagte ich. »Das Ding funktioniert nicht.«

Aber im Dorf stieg ich auf eine Digitalwaage, und sie zeigte ebenfalls 110 Pfund an. Ich weiß immer noch nicht, warum mein Gewicht so stark gefallen war. Wahrscheinlich hatte es mit dem Stress, der Verletzung und meinem Bemühen zu tun, mich schnell noch auf die Spiele vorzubereiten. Wie auch immer, ich war sehr leicht und merkte es, wenn ich locker auf dem Gras des Dorfes joggte.

Ich fühlte mich einsam ohne Matt, der sich morgens und abends in die Busfahrpläne vertiefen und sich durch das Menschengewühl zum Olympiapark durchkämpfen musste. Meistens ging er zu Fuß. Wenn er vom Olympiapark zum Dorf wanderte, um mich zu besuchen, brauchte er ungefähr eine Stunde. Abends musste er wieder die gleiche Strecke zurücklegen und dann noch mit einem Bus fahren. Aber er beschwerte sich nie.

Mich in dem ausgedehnten Olympiapark zurechtfinden zu müssen war für mich so, als besuchte ich eine neue Schule – allerdings von gewaltiger Größe. Nach ein paar Tagen schaffte ich es, mir den Weg zu allen wichtigen Orten einzuprägen: zur sportmedizinischen Klinik, zum Massagebereich, zum Speisesaal, zur Busstation und zur Aufwärmbahn.

Der Geist der Spiele wurde mir täglich am intensivsten bewusst, wenn ich mich auf der Laufbahn im Schatten des Kessels mit der olympischen Flamme befand. Das rote

Mondo-Oval grenzte an das größte Olympiastadion an, das man je gebaut hatte. Seine Proportionen waren derart riesig, dass sogar ich es sehen konnte: ein architektonisches Wunder, ein prächtiges, segelbootartiges Gebäude, das an die Schiffe erinnerte, die über die schimmernd grünen Hafengewässer der Stadt glitten. Jeden Tag trottete ich um die rote Bahn, und wenn ich die erste Kurve hinter mir ließ, erhob sich vor mir die schmetterlingsförmige Haupttribüne mit ihren weißen Masten und der oben flackernden olympischen Flamme.

Jeden Tag traf ich mich mit Matt auf der Aufwärmbahn, in deren Hintergrund das Olympiastadion zu sehen war. Umgeben von den besten Leichtathleten der Welt, ließ ich die Bedeutung des Ereignisses auf mich einwirken. Dies war etwas anderes als eine der überfüllten Veranstaltungen in den USA, wo sich alle möglichen Mitläufer und schlampig aussehenden Möchtegernsportler tummeln. Hier hatten sich die besten Springer, die besten Werfer und die besten Hürdenläufer versammelt. Sie bildeten die Crème de la crème, und es war wunderbar, sich in dieser Gesellschaft wiederzufinden. Dieses Gefühls wurde ich nie überdrüssig.

Als ich mich für die Eröffnungszeremonie anzog, wurde ich zwischen Ehrfurcht und einem Gefühl der Absurdität hin und her gerissen. Ich war stolz darauf, meine amerikanische Uniform zu tragen, obwohl sie mich wie eine Stewardess aussehen ließ. Ich zog den obligatorischen roten Blazer mit cremefarbenem Schal sowie den mittellangen blauen Polyester-Rock an und setzte den Strohhut auf. Aber zum Tragen der marineblauen Pumps konnte ich mich nicht durchringen. Sie fühlten sich unbequem an, denn ich trage nie hohe Absätze. Also tauschte ich sie gegen ein Paar Laufschuhe aus. Zuerst klemmte ich mir die Pumps unter den Arm, falls man mir vorwarf, von der Kleiderordnung abzuweichen, aber nach einiger Zeit legte ich sie zur Seite.

Wir versammelten uns Nation um Nation in der Turnarena neben dem Olympiastadion. Es war herrlich zu wissen, dass fast alle Olympiateilnehmer in ihrer jeweiligen Landestracht dabei waren.

Die Länder wurden alphabetisch aufgerufen, und der Marsch ins Stadion begann. Wir Mittelstreckenläuferinnen folgten dem »Dream Team« der Basketball-Spielerinnen. Sie tänzelten und sangen: »Who let the dogs out, who-who-who!« Diese lebhafte Gruppe war leicht ausfindig zu machen, da alle 30 Zentimeter größer waren als wir Übrigen.

Als wir uns dem Stadion näherten, hob unser Fahnenträger die Flagge, die sich in der Abendbrise hin und her bewegte. Während wir auf der Bahn dahinmarschierten, konnte ich nur einen Kreis dunstiger Lichter erkennen. Eine andere Mittelstreckenläuferin, Ann-Marie Lauck, beschrieb mir die Feierlichkeiten, zum Beispiel die Szene, als Cathy Freeman, die großartige australische Läuferin, die Bühne betrat und die olympische Fackel hochhielt. Zuerst konnte ich die winzige Gestalt über dem Stadion kaum ausmachen, doch dann entzündete Freeman einen Feuerring um sich herum, und das gigantische Licht war auch für mich nicht zu übersehen.

Die Eröffnungszeremonie war imposant, aber auch anstrengend. Wir Sportler waren fünf Stunden lang auf den Beinen. Ein Glück, dass ich die blauen Pumps nicht trug.

Von nun an konzentrierte ich mich ganz und gar auf die 1500 Meter. Es war eine lange Wartezeit für diejenigen von uns, die erst am Ende der Spiele antreten sollten. Ich schaute mir keine anderen Wettkämpfe an und sah kaum fern, sondern aß einfach nur, ruhte mich aus und trainierte.

Mein erster 1500-Meter-Vorlauf sollte am Mittwochmorgen der zweiten Woche stattfinden. Bis dahin konnte ich mich entspannen. Oft saß ich in meiner Unterkunft im Dorf – die Tür war geöffnet, sodass die Sonnenstrahlen und der Lärm der Menge eindrangen –, während ich im Internet surfte, las und E-Mails auf meinem Laptop schrieb.

Eines Nachmittags erschien eine Frau in der offenen Tür. »Ist Marla da?«

»Sie ist drinnen«, rief eine meiner Kameradinnen.

Natürlich konnte ich die Frau nicht sehen, aber ich hätte sie ohnehin nicht erkannt. Es war Margo Jennings, um deren Ruf ich wusste und die ich seit einiger Zeit hatte kennen lernen wollen. Margo war eine Lehrerin aus Eugene, die seit langem als persönliche Trainerin für Maria Mutola aus Mosambik tätig war, und die Partnerschaft der beiden hatte sich gerade bezahlt gemacht, denn Mutola hatte ein oder zwei Tage zuvor die Goldmedaille über 800 Meter gewonnen.

Nach der Trennung von Mike hatte ich sofort daran gedacht, mit Margo Kontakt aufzunehmen, aber darauf verzichtet, da ich nicht viel über ihre Trainingsphilosophie und ihre Persönlichkeit wusste.

Nun stand eine kleine, dunkelhaarige Frau mittleren Alters vor mir. Sie hatte eine kräftige, energische Stimme. »Ich habe gehört, dass Sie und Mike auseinander gegangen sind, und möchte mich erkundigen, ob ich Ihnen helfen kann«, sagte sie.

Es war ein willkommenes Angebot. Ich erklärte ihr in kurzen Zügen, wie mein Training ausgesehen hatte, und fuhr fort, dass ich trotz all der Vorfälle von meiner Fitness überzeugt sei. Während des Gesprächs klang sie sehr ernst, was mich ein wenig einschüchterte, sodass ich fast das Gefühl hatte, mich verteidigen zu müssen. Aber andererseits war sie zuversichtlich, was meine Chancen betraf.

»Gestern habe ich Masterkowa auf der Bahn beobachtet«, sagte Margo. »Sie hat mich beeindruckt.«

Swetlana Masterkowa, die Titelverteidigerin über 1500 Meter, war nach Meinung der meisten Fachleute die Goldmedaillenfavoritin, zumal Regina Jacobs ihre Meldung sechs Wochen vor den Spielen infolge einer Infektion der Atemwege hatte zurückziehen müssen.

»Ich weiß nicht, ob ich sie schlagen kann«, meinte ich.

»Ganz bestimmt«, erwiderte Margo.

Ich hielt inne. Margo trainierte Mutola, eine der besten Läuferinnen der Welt, seit mehr als einem Jahrzehnt. Angesichts des Niveaus, an das sie sich gewöhnt hatte, hielt sie niemanden für unschlagbar.

»Tja, da bin ich mir nicht sicher«, sagte ich.

Margo hatte offenbar eine bessere Meinung über meine Chancen als ich selbst. Das war etwas, das ich später an ihr schätzen sollte. Gerade hatte ich meine neue Trainerin kennen gelernt.

»Wenn Sie über unsere Zusammenarbeit im nächsten Jahr sprechen wollen, sollten wir uns treffen, wenn wir nach Eugene zurückgekehrt sind«, erklärte sie.

Wir plauderten noch eine Weile, tauschten Telefonnummern aus und verabredeten uns zu einem Kaffee nach dem Ende der Spiele. Sie verabschiedete sich, und ich sollte sie erst in Eugene wiedersehen, aber ihre Worte blieben mir im Gedächtnis. Margo hatte meine letzte wirkliche Schwäche durchschaut: Ich war endlich gesund, doch ich glaubte noch nicht völlig an mich.

Vor dem ersten 1500-Meter-Vorlauf peinigten mich meine Nerven. Wieder einmal hatte ich mein Training ein wenig übertrieben, sodass ich etwas müde und besorgt antrat. Als ich am Morgen aufwachte, hörte ich das Geräusch von Regen. Ich redete mir ein, dass alles genauso sei wie in Eugene, während ich meine üblichen Vorbereitungen für das Rennen traf.

Ich zog das an, was Matt als mein »Batgirl-Kostüm« bezeichnete. Die Trikots des US-Teams bestanden aus einem marineblauen Netzgewebe mit einem roten und hellblauen Schablonenmuster an den Seiten und am Hinterteil der Shorts. Dadurch sahen wir wie Superheldinnen aus. Eine der Stabhochspringerinnen hatte in unserem Haus überschwängliche Heiterkeit ausgelöst, als sie sich mit gespreizten Armen und Beinen an eine Wand drückte und rief: »Ich bin Spiderman!«

Aber während ich mich nun anzog, fühlte ich mich erschöpft. Die Spannung hatte ihren Tribut gefordert.

Als ich im Pendelbus zum Stadion saß, hörte der Regen auf, doch ein langsames Nieseln befeuchtete den Boden weiterhin. An der Meldestelle stoppten Funktionäre die Läuferinnen in einem Zelt, wo sie unsere Taschen nach Etiketten oder Warennamen durchsuchten. Das Internationale Olympische Komitee ließ keine Logos zu, die von denen der offiziellen Sponsoren abwichen. Eine Frau verdeckte sogar das kleine »Asics« an meiner Mütze mit einem schwarzen Klebeband.

Während der Durchsuchung teilte man mir mit, dass ich meinen Beutel mit Acryl-Reservespikes aus unerklärlichen Gründen nicht mit ins Stadion nehmen dürfe. Man konfiszierte ihn und wies mich an, ein Formular auszufüllen, damit ich ihn später zurückerhielt. *Wunderbar*, dachte ich, *Papierkram*.

Zwar brauchte ich nur meine Trikotnummer und meinen Namen niederzuschreiben, aber plötzlich empfand ich diese Aufgabe als ungeheuer schwierig. Ich nahm den Stift, und meine Hand begann zu zittern. Hastig kritzelte ich etwas, das in keiner Weise meiner Unterschrift ähnelte.

»Hier.« Ich reichte das Formular einer Funktionärin und hoffte, dass sie meine bebenden Finger nicht bemerkte.

Wir stellten uns auf und wurden über eine gewundene Rampe unter das Stadion geführt, wo sich eine kleine Übungsbahn befand. Neben der Bahn hing eine riesige Uhr auf Augenhöhe. Sie war so groß, dass ich die Bewegung des Sekundenzeigers erkennen konnte. *In 16 Minuten und 30 Sekunden ist alles vorbei*, dachte ich.

Man begleitete uns zu einem Kreis aus Stühlen und gab

uns unsere Hüftnummern, die unsere Position auf der Ziellinie anzeigten. Ich versuchte, die Sticker von der Klebeunterlage zu lösen, aber meine Hände zitterten wieder unkontrolliert. Es war unmöglich.

»Das kann ich nicht«, sagte ich und reichte die Nummern einem Funktionär. Er zog das weiße Papier ab und hielt mir die Sticker hin. Ich klatschte sie an meine Hüften.

Nun waren es nur noch Minuten bis zum Rennen. Wir wurden aufgefordert, unsere Trainingsanzüge in Körbe zu legen und hinaus auf die Bahn zu gehen. Ich schaute mich nach den anderen Läuferinnen um. Masterkowa war in meinem Vorlauf. Ich würde gegen eine Frau antreten, die bei den Olympischen Spielen von 1996 zwei Goldmedaillen und eine weitere bei der Weltmeisterschaft von 1999 gewonnen hatte. Sie war nicht zu übersehen: hoch gewachsen, fast untersetzt, größer als die Konkurrentinnen, von heller Hautfarbe und mit sehr blondem, schulterlangem Haar.

Es ist eine der Besonderheiten der internationalen Leichtathletik, dass die Sportler erst kurz vor ihrem Wettkampf ins Stadion gelassen werden. Nur die eigentliche Konkurrenz findet in der Arena statt, während sämtliche Vorbereitungen auf einer Aufwärmbahn durchgeführt werden müssen. Deshalb wissen die Teilnehmer häufig nicht, was für eine Umgebung und welche Atmosphäre sie erwarten. Bis zu jenem Moment hatte ich das Olympiastadion noch nie betreten.

Ich war sofort desorientiert. Normalerweise werden 1500-Meter-Läufer am 100-Meter-Start ins Stadion gebracht, wonach sie die Laufbahn bis zum 1500-Meter-Start umrunden. An ein anderes Verfahren kann ich mich überhaupt nicht entsinnen. Als ich aber im dunstigen Morgen in Richtung der vermeintlichen Startlinie gehen wollte, stellte sich mir ein Funktionär in den Weg und winkte mich zurück.

»Wir starten hier?«, fragte ich verwirrt.

Alles war umgekehrt. Das gleiche Gefühl hatte ich gehabt, als ich in Sydney zum ersten Mal in ein Auto stieg und feststellte, dass man auf der linken Straßenseite fährt und sich das Lenkrad rechts befindet. Die ganze Welt schien sich umgestülpt zu haben.

Wenn dies die Startlinie ist, wo ist dann das Ziel? Dort drüben? Natürlich konnte ich es nicht sehen. Ich versuchte, mir ein geistiges Bild von der Bahn zu machen, aber es gab wenige Anhaltspunkte. Sie war völlig symmetrisch und von einer massiven weißen Mauer eingefasst, und das Publikum saß hinter der Absperrung. Ich schaute zu der in die Höhe ragenden Haupttribüne hinauf. Das Stadion war eine an beiden Enden offene Schüssel und nicht in sich abgeschlossen wie das Olympiastadion in Sevilla.

Nachdem ich mich orientiert hatte, trat ich an die Startlinie.

Okay, beruhige dich, dies ist die erste Runde. Du brauchst dich nur zu qualifizieren. Die sechs Besten aus jedem der drei Vorläufe würden automatisch in die Halbfinals aufrücken; hinzu kamen die sechs mit den nächstbesten Zeiten.

Die Pistole knallte, und wir liefen los. Fast sofort verringerte sich das Tempo. Es würde ein taktisches Rennen werden, ein reines Joggen in den beiden ersten Runden. Ich lief in der Mitte und ließ mich dann rechts neben Masterkowa zurückfallen, um sie aus den Augenwinkeln zu beobachten. Wenn sie ebenfalls nicht weit von den Schlusslichtern entfernt war, brauchte ich vorläufig nichts zu befürchten. Entscheidend war, dass ich unter die ersten sechs kam und mich für die nächste Runde qualifizierte. Ich erinnerte mich an die Panamerikanischen Spiele und daran, wie wichtig die letzte Runde gewesen war. *Noch spielt die Position keine Rolle,* sagte ich mir. Das Feld war zusammengeballt, und ich gab mir Mühe, so ruhig und entspannt wie möglich zu bleiben.

Doch dann wurde ich nervös. Ich dachte: *Setz dich an die Spitze – jetzt sofort!* Aber einen Moment später verwarf ich den Gedanken. Während wir das monotone Oval umkreisten, verlor ich die Orientierung. *Wo sind wir? War das die Gegengerade oder die Zielgerade?* Die beiden Seiten des Stadions kamen mir identisch vor.

Unsere Zwischenzeit für die ersten 800 Meter betrug 2:20 Minuten – sehr langsam. Und dann geschah es plötzlich.

Direkt neben mir trat Masterkowa aufs Innenfeld und blieb stehen. *Was?* Ich war verblüfft. Eine Sekunde lang wurde ich zur Zuschauerin in meinem eigenen Rennen. Aber während ich noch überlegte, weshalb die große Masterkowa aufgegeben hatte, beschleunigte das Feld. Die anderen Läuferinnen entfernten sich von mir.

Aufpassen!, dachte ich. Das Feld hatte seine Geschwindigkeit ohne jede Warnung erhöht, und ich war weit zurückgefallen. Ich setzte zu einem wilden Zwischenspurt an, um es einzuholen. Es war sinnlos geworden, auf meinen Rhythmus zu achten, Kräfte zu sparen oder geduldig zu sein. Ich musste alle Energie aufbieten, um meinen Fehler zu korrigieren.

Zweihundert Meter vor dem Ziel kämpfte ich mich immer noch an das Feld heran. Mein »Kick« mochte ausreichen, aber ich begriff auch, dass der Schlussspurt der anderen genauso schnell sein würde wie meiner. Ich hatte einen klassischen Anfängerfehler gemacht und vergessen, dass ein Kick immer nur relativ ist. In einem Rennen dieses Kalibers hatten alle noch etwas zuzusetzen.

Mir blieb nur noch eines übrig: Ich hob mich auf die Zehen, drängte mich durchs Feld und sprintete verzweifelt auf die Ziellinie zu.

Ich wurde Siebte und war damit um einen Platz von der automatischen Qualifikation entfernt. Aber dann hatte ich Glück, denn meine Zeit gehörte zu den sechs Nächstbesten. Ich kam gerade noch – an zweitletzter Stelle qualifiziert – ins Halbfinale.

Trotzdem machte ich mir Vorwürfe, denn ich hatte meine Gegnerinnen und meine eigene Fähigkeit falsch eingeschätzt. Ich hatte dem Feld nicht genug Aufmerksamkeit geschenkt und den dramatischen Tempowechsel beinahe verpasst. Das hätte mich einen hohen Preis kosten können. *So etwas passiert mir nie wieder*, gelobte ich mir. Wütend senkte ich den Kopf.

Auf der Aufwärmbahn trat Ray an mich heran. »Du hast so weit zurückgelegen. Wir haben uns schon Sorgen gemacht.«

»Schön, ich habe mich verschätzt, und es passiert nicht wieder«, fauchte ich.

Mir blieben 24 Stunden, um über die knapp vermiedene Katastrophe nachzudenken, denn die Halbfinals fanden erst am folgenden Abend statt. Der Fehler musste unbedingt korrigiert werden.

Am nächsten Tag herrschte eine ganz andere Atmosphäre, und auch das Rennen gestaltete sich ganz anders. Wieder wurden wir von der Menge isoliert, wieder schaute ich auf dem Mondo-Streifen unterhalb des Stadions auf die große Uhr.

In zwölf Minuten und 25 Sekunden ist alles vorbei.

Ich trat im ersten der beiden Halbfinals an. In dieser Runde würden die fünf Besten in jedem der beiden Läufe zusammen mit den beiden Schnellsten außerhalb der ersten Gruppen ins Finale kommen. Der Spielraum für Irrtümer war weitaus geringer.

Diesmal regnete es nicht; die Luft war milde und warm. Das erhellte Stadion war bis auf den letzten Platz besetzt, und ich verspürte einen Energiestoß. Meine Erschöpfung schien sich mit den trüb-grauen Wolken des Vortags verflüchtigt zu haben.

Der Pistolenschuss ertönte, und diesmal übernahm ich

sofort die Kontrolle über mein Schicksal. Ich lief an der rechten Schulter der Führenden, einer namenlosen Gestalt in Rot, und unsere Ellbogen stießen aneinander. Ich bewegte mich so kräftesparend und rhythmisch wie möglich. Zehn weitere Läuferinnen warteten ruhig hinter uns ab, während wir die Tempoarbeit leisteten.

In diesem Rennen wusste ich, auf welchem Abschnitt der Laufbahn ich war, welche Entfernung wir zurückgelegt hatten und welche Strecke noch vor uns lag. An der 800-Meter-Marke konnte ich sogar einen Blick auf die Digitaluhr werfen, die unsere Zwischenzeit anzeigte: »2:14.« Langsam, aber nicht allzu schlecht.

Ich übernahm die Führung, denn ich hatte es satt, angerempelt zu werden. Das Rennen kam mir recht schwerfällig vor. Bei der gegenwärtigen Geschwindigkeit konnte ich an der Spitze laufen und trotzdem einige Kraft für die Schlussrunde sparen.

Aber ich war nur sekundenlang in Führung. Meine amerikanische Teamgefährtin Suzy Favor Hamilton ging außen an mir vorbei. Weitere Läuferinnen folgten ihr. Während wir uns der Schlussglocke näherten, zählte ich die mich überholenden Gestalten. *Eins, zwei, drei, vier… Okay, ich bin noch an fünfter Stelle… In Ordnung.*

Dann überholte mich noch eine fünfte Konkurrentin. Innerhalb von Sekunden war ich vom ersten auf den sechsten Platz zurückgefallen.

Das also sind die Olympischen Spiele.

Ich versuchte, so etwas wie einen Kick zu mobilisieren. Wir gingen in die Schlusskurve. Wieder überholte mich jemand. Nun lag ich an siebter Stelle.

Erneut hob ich mich auf die Zehenspitzen und sprintete mit meinem letzten Quäntchen Kraft. All meine Zellen und Moleküle trieben mich der Ziellinie entgegen.

Ich überholte jemanden.

Dann überquerte ich die Linie auf dem sechsten Platz –

mit knapper Not. Ich beugte mich vor. Meine Zeit von 4:06 Minuten lag kaum eine Sekunde über der besten meines Lebens – und trotzdem hatte ich nur die sechste Position erreicht. Die Anstrengung übertraf alles, was ich bis dahin erlebt hatte. Mir wurde klar, dass die Olympischen Spiele eine eigene Kategorie darstellten. Es gab einfach nichts, was mich darauf hätte vorbereiten können.

Olympische Vorläufe schienen ein ganz eigenes Leben zu haben. Es war so, als ritte man auf dem Rücken einer Boa constrictor. Einmal war ich der Gnade des Feldes ausgeliefert und hätte ausscheiden können, ein andermal hatte ich die Führung, wurde dann zurückgeworfen und konnte kaum noch zu den anderen aufschließen. Das Ganze war überhaupt nicht durchschaubar.

Nun folgte eine Phase der fast unerträglichen Spannung, während ich mir das zweite Halbfinale anschaute. Wenn die siebtbeste Läuferin meine Zeit schlug, würde mein Schicksal besiegelt sein. Wenn nicht, würde ich im Finale antreten.

Später erfuhr ich, dass die NBC-TV-Kommentatoren Tom Hammond und Marty Liquori – der 1968 selbst bis in den olympischen 1500-Meter-Endlauf vorgedrungen war – dem Tempo der siebten Läuferin auf nicht ganz unparteiische Art ihre spezielle Aufmerksamkeit gewidmet hatten:

»Marla ist gerade 4:06,14 Minuten gelaufen. Die Siebte in diesem Rennen muss unbedingt langsamer sein ... Die zweite Runde war wirklich lahm. Wir haben hier einige Frauen mit einem starken Endspurt, denen es nichts ausmacht, wenn das Tempo niedrig ist – und Marla Runyan macht es auch nichts aus! Szekely aus Rumänien vorn ... Es sieht gut für Marla aus ... Szabo qualifiziert sich mühelos; Szekely gewinnt. Die Zeit ... die Zeit: 4:06,61 Minuten. *Marla hat's geschafft!* Marla Runyan ist am Sonntag im Finale!«

Ich schöpfte Atem und dachte über das Rennen nach.

Wieder hatte ich Fehler gemacht, war desorientiert und in Gefahr gewesen, aber trotz allem würde ich im Olympiafinale antreten. Fünfzig Sportlerinnen hatten an den Vorläufen teilgenommen, und nun waren nur noch zwölf übrig. Ich gehörte zu ihnen – durch eine Handbreit Vorsprung.

Es war eine Leistung, die kaum jemand begriff. Die meisten Zuschauer in der Heimat würden sich nur das Finale anschauen und nichts von den Anstrengungen ahnen, welche die zwölf Läuferinnen aufgebracht hatten. Aber ich wusste Bescheid, genau wie Suzy Favor Hamilton, die vorzüglich lief und ebenfalls ins Finale gelangte.

Wir hatten zwei Ruhetage bis zum 1500-Meter-Endlauf, der für Samstag, den 30. September, um 20.05 Uhr angesetzt war. Ich freute mich über die Erholungspause. Nun konnte ich mich mit Matt zum Essen verabreden. Nach dem Halbfinale hatte die NBC-Crew mich zu einem Interview an der Bahn gebeten. Ich sagte so etwas wie: »Das hat wirklich um Haaresbreite geklappt. Ich werde alles geben, und ich wünsche mir, dass Suzy eine Medaille gewinnt. Wenn ich ihr irgendwie helfen kann, werde ich's tun.«

Am nächsten Tag meldeten sich zahlreiche Menschen bei mir. Margo Jennings sah das Interview in Eugene, sprang sofort auf und wählte meine Handynummer. Natürlich nahm ich nicht ab, aber Margo hinterließ mir eine lange Nachricht.

»Sie können das nicht für Suzy tun«, sagte sie. »Sie müssen das Rennen für sich selbst laufen. Und Sie können es gewinnen – ganz bestimmt.«

Als Nächstes nahm Rahn Sheffield über E-Mail Kontakt zu mir auf. Er wies darauf hin, dass ich in dem schnelleren Semifinale gewesen war. »Meiner Meinung nach bist du nur drei Plätze von einer Medaille entfernt. Jetzt zeig, was in dir steckt. Denk an nichts anderes als an eine Medaille, Medaille, Medaille, Medaille.«

Alle Nachrichten sollten mich anspornen, aber mir

fehlte der nötige Glaube an mich selbst. Ein Teil von mir wandte ein: »Hier ist Realismus angebracht.« Ich war bisher nur 4:05 Minuten gelaufen, während einige meiner Konkurrentinnen weit unter vier Minuten geblieben waren (Suzy hatte es in Oslo zwei Monate vor den Spielen auf 3:57 Minuten gebracht). An Kraft fehlte es mir nicht, aber mein Tempo ließ zu wünschen übrig. Es waren meine ersten Olympischen Spiele, und in jedem Stadium jedes Rennens musste ich etwas Neues lernen. Ich war die erste Amerikanerin, die sich bei ihrem Olympiadebüt für das 1500-Meter-Finale qualifiziert hatte, und die Vorstellung, dass ich eine Medaille erringen konnte, war nicht überzeugend, schon gar nicht bei so starken Gegnerinnen.

Aber als ich meine Nerven wieder unter Kontrolle hatte, schien ich die richtigen Entscheidungen treffen zu können, ohne lange überlegen zu müssen. Ich wusste, dass ich weit davon entfernt war, mein Potenzial auszuschöpfen – offensichtlich konnte ich mich noch stark verbessern.

In den nächsten beiden Tagen schwankte ich zwischen Selbstzweifeln und Selbstbewusstsein. Manchmal fühlte ich mich dem Rennen gewachsen und sah ihm sogar voller Aufregung entgegen, und dann wieder überwogen Schwäche, Nervosität und Angst. Ich war müde, aber ich konnte nicht schlafen. Es war ein typisches Olympiadebüt. *Worauf kommt es wirklich an?*, überlegte ich. Was war der entscheidende Faktor: der Glaube an mich selbst oder die Physiologie? Im Grunde wusste ich, dass meine Entzündung und der Bruch mit Mike Manley meine Vorbereitung beeinträchtigt hatten. Der gesunde Menschenverstand sagte mir, dass die läuferische Leistung sowohl von körperlichen als auch von geistigen Faktoren abhängt.

Hin und wieder vertraute ich Matt meine Zweifel an. »Ich fürchte, dass ich hier nichts zu suchen habe. Was passiert, wenn ich wirklich überfordert bin? Wenn ich völlig versage?«

»Du gehörst hierher, sonst hättest du dich nicht qualifiziert«, erwiderte Matt. »Und wenn du draußen auf der Bahn bist, scheinst du müheloser zu laufen als alle anderen.«

Matt verstand es, mich zu beruhigen. Aber irgendwann war ich mit meinen Gedanken und Zweifeln allein, und dann konnte nicht einmal er mir helfen.

Am Morgen des Olympiafinales rief er mich auf meinem Handy an – ein vorübergehender, vom Team USA bereitgestellter Luxus. Ich wartete gerade im Dorf auf einen Espresso, als es klingelte.

»Ich bin's«, sagte Matt. »Möchtest du über das Rennen sprechen?« Er gab mir selten direkte Anweisungen. Seine Ratschläge waren vielmehr von dem Glauben an meine Möglichkeiten geprägt. »In einem Olympiafinale kann alles passieren«, fuhr er fort.

Es war früh am Morgen, und ich fühlte mich überrumpelt. »Hör zu, wir brauchen nicht lange über Strategie zu reden«, stieß ich hervor. »Die beste Läuferin wird siegen, und daran kann ich nicht viel ändern. Ich werde mich völlig verausgaben, und mehr kann niemand verlangen.«

Manchmal störten mich seine hohen Erwartungen, weil ich den Druck, Erfolg zu haben und ihn nicht zu enttäuschen, kaum ertragen konnte. Ich wollte sicher sein, dass unsere Beziehung nicht darauf beruhte, wie ich in einem Rennen abschnitt. In jedem beliebigen Rennen, sogar im olympischen Endlauf.

Am Abend brachte ich das übliche Ritual zum letzten Mal hinter mich: die verschiedenen Lockerungs- und Dehnübungen und die Isolation in einem Zelt oder Kontrollbereich nach dem anderen. Bisher hatte sich jedes Rennen, obwohl das olympische Format immer gleich war, ein wenig von den anderen unterschieden, und das sollte jetzt wiederum der Fall sein.

Nun stand uns das Finale bevor. Hier ging es um die

Medaillen! Das Wort »Druck« wird zu häufig benutzt und meistens missverstanden. Niemand erwähnt je, dass es nicht bloß ein Wort, sondern ein Zustand ist. Man spürt den Druck auf vielerlei Art: Arme und Beine werden schwach, die Atmung beschleunigt sich, die Hände zittern, und rasende Gedanken schießen dir durch den völlig wirren Kopf. Es gibt nur ein einziges wirksames Gegenmittel: Erfahrung.

Auf der Mondo-Bahn unter dem Olympiastadion beobachtete ich noch einmal die Uhr und den Minutenzeiger, der sich der Acht näherte. *In elf Minuten ist alles vorbei.* Meine Beschäftigung mit der Zeit diente dazu, mich abzulenken und mich gleichzeitig daran zu erinnern, dass das Leben ungeachtet des Ergebnisses weitergehen würde.

Es war ein seltsames Gefühl. So viele Jahre lang hatte ich auf dieses Ereignis hingearbeitet, aber nun entglitten mir meine Gedanken plötzlich. Gewiss, die Olympischen Spiele waren etwas Unvergleichliches, aber andererseits würden sie für mich sehr bald vorüber sein. Vielleicht war das Streben nach dem Ziel wichtiger als das Ziel selbst.

Als wir auf die hell erleuchtete Bahn traten, machten Tausende von Zuschauern unter den Hundertzehntausend, die das Stadium Australia füllten, Blitzlichtaufnahmen. Es war, als würden wir von Sternenglanz überschüttet. Alle Läuferinnen wurden vorgestellt und ihre bisherigen Leistungen aufgezählt. Jede meiner Konkurrentinnen schien mehr Titel errungen zu haben als die vorher genannte.

Hör nicht zu, ermahnte ich mich. *Was sie früher gelaufen sind und was sie heute erreichen, ist nicht unbedingt identisch.* Das Resultat stand noch in den Sternen.

Die berühmte Gabriela Szabo hüpfte links neben mir ständig auf und ab wie ein nervöses Kind. Ich fragte mich, warum sie nervös sein sollte. Sie war eine der Favoritinnen, genau wie Suzy Favor Hamilton, die sich ebenfalls links von mir aufstellte.

Die Pistole wurde abgefeuert, und das Feld sprintete davon.

Einen Moment lang hatte ich das Gefühl, an einem 200-Meter-Rennen ohne Bahnen teilzunehmen. Ich war in ein Gewirr von Armen und Beinen verwickelt und wurde nach hinten geschoben.

Aber in der nächsten Sekunde sank das Tempo. Trotz der chaotischen Keilbildung am Start zeichnete sich ein weiteres taktisches Rennen ab. Nun joggten wir dahin. Szabo befand sich rechts hinter mir. Wir durchliefen die ersten 400 Meter in der unglaublich langsamen Zeit von 70 Sekunden. *Das ist unmöglich*, dachte ich. Bei dieser Geschwindigkeit kam es ausschließlich auf die letzten 400 Meter an, und die Läuferin mit dem besten Schlussspurt würde siegen. Aber ich wollte nicht abwarten, nur um dann herauszufinden, wer den stärksten Kick hatte. Ich wollte an einem wirklichen Rennen beteiligt sein. Deshalb schob ich mich nach außen und übernahm die Führung.

An der Spitze laufend, nahm ich mir vor, so viel Sauerstoff wie möglich für die zermürbende Schlussrunde zu sparen. Außerdem muss ich zugeben, dass ich mir ganz kurz auch den Gedanken gestattete: *Du führst im Olympiafinale.*

Aber Mike Manley hatte mir einmal eingeschärft: »Wenn du je die Führung übernimmst, musst du bereit sein, aufs Ganze zu gehen.« Niemand wollte die Last mit mir teilen. Ich war die Schrittmacherin, und meine Konkurrentinnen begnügten sich damit, zu warten, zu warten und zu warten, bis das Rennen in der letzten Runde wirklich begann.

Ich erhöhte das Tempo in der zweiten Runde auf 65 Sekunden. Das Feld verharrte weiterhin und war froh darüber, dass die naive Amerikanerin all die Arbeit tat. Aber ich hatte keine andere Wahl. Im Vorlauf hatte ich gemerkt, dass mein Schlussspurt hier nicht so wirksam war wie in weniger hochkarätigen Rennen. Mir fehlte die 800-Meter-

Grundgeschwindigkeit, die viele meiner Gegnerinnen besaßen. Falls ich mit den anderen im Feld wartete, wurde ich möglicherweise sofort abgehängt, wenn der Ansturm begann. Ich nutzte die einzige Chance, die sich mir zu bieten schien.

Doch in der dritten Runde verlor ich wieder einmal die Orientierung. Irgendwie vergaß ich, welchen Teil der Strecke wir zurückgelegt hatten. Die Bahn, die weiße Mauer und die Menge sahen überall in dem Oval gleich aus. *Haben wir noch 600 oder 400 Meter vor uns?* Ich wusste nicht mehr, wo die Ziellinie war.

Rechts überholten mich andere Läuferinnen. Ich kam mir vor, als säße ich in einem nervtötend langsamen Auto auf der Überholspur. Sie drängten sich um mich, bevor die Glocke ertönte – nur noch eine Runde. Immerhin wusste ich nun, wo wir waren. Ich hatte mich tatsächlich verrechnet, denn ich hatte gedacht, vor uns lägen noch anderthalb Runden, nicht nur eine.

Innerhalb von Sekunden fiel ich auf den zehnten Platz zurück. Inzwischen hatte ich Schmerzen, starke Schmerzen. Ich mobilisierte all meine Reserven. Milchsäure füllte meinen Körper, aber trotzdem konnte ich das Tempo noch ein wenig erhöhen. Ich sah die Führerinnen, die nun undeutlicher wurden. Auf der Gegengeraden betrachtete ich neidvoll ihren Rücken. Sie waren nicht sehr weit entfernt – vielleicht sechs Meter –, aber es genügte. Ich konnte sie nicht einholen. Plötzlich, 250 Meter vor dem Ziel, tauchte Szabo an meiner rechten Schulter auf. *Was hat sie hier hinten zu suchen?*

Das Publikum schien zu explodieren. Nach der Schlusskurve hatte sich die Reihe der Läuferinnen weit auseinander gezogen. Ich überholte eine oder vielleicht zwei – ich konnte sie nicht mehr auseinander halten.

Ein Sturz. Links vor mir fiel jemand zu Boden und rollte sich aufs Innenfeld.

Die Menge stöhnte auf.

Ich ließ nicht nach und kämpfte mich über die Ziellinie. Ich hatte keine Ahnung, auf welchem Platz.

Dann legte ich die Arme über den Kopf. Es war wie im Zirkus gewesen. Ein verrücktes, verqueres Rennen.

Wer hatte gewonnen? Wer war gestürzt? Auf einem großen Bildschirm oberhalb des Stadions wurde der Einlauf wiederholt, aber ich konnte nichts erkennen. Ich ging hinüber zur NBC-Crew und fragte, welchen Platz ich belegt hatte.

»Den sechsten, glaube ich«, sagte jemand. »Nein, den achten.«

Den achten Platz.

Chaos herrschte. Plötzlich spielte meine Position keine Rolle mehr. Mein Magen drehte sich um. Niemals hätte ich ein solches Rennen vorhersehen können. Wer hätte das geahnt?

Dann bemerkte ich eine Gestalt am Rand der Laufbahn. Es war Suzy. Sie lag ausgestreckt auf dem Rücken. Ich beugte mich über sie, wobei ich immer noch nach Atem rang.

»Suzy, was ist passiert?«, fragte ich. »Hast du gewonnen?«

So sehr hatten mich die letzten 100 Meter verwirrt.

Suzy schüttelte mit geschlossenen Augen den Kopf. Nein, sie hatte nicht gewonnen. *Was dann?*, überlegte ich. Plötzlich fügte sich alles zusammen. *O Gott, sie muss gestürzt sein.*

Ich beugte mich über sie. »Alles wird sich wieder einrenken«, sagte ich in dem verzweifelten Versuch, sie zu trösten. »Suzy, vergiss nicht, was du dieses Jahr geschafft hast. Die schnellste Zeit der Welt. Das hier war nur ein einziges Rennen. Es gibt noch mehr.«

Suzy war unter enormem Druck gestartet. Sie hatte all ihre Kräfte aufbieten müssen, um sich 1999 nach einer

Achillessehnenoperation zu erholen, aber ihre 3:57 Minuten früher in der Saison hatten sie im Finale zur Favoritin gemacht.

Sie war einfach zu früh gesprintet, hatte sich 75 Meter vor der Ziellinie verkrampft und war zusammengebrochen. Später stellte sich heraus, dass sie vielleicht dehydratisiert war und auch negativ auf ein entzündungshemmendes Mittel reagiert hatte.

Ich stützte Suzys Beine mit einem Arm und sprach weiter auf sie ein, aber sie antwortete nicht. Ein Funktionär kam heran.

»Ich kann sie tragen«, sagte ich. Suzy war so leicht.

Aber der Mann entgegnete: »Nein, wir holen einen Rollstuhl für sie.«

Suzy stand nicht auf, wie ich erwartet hätte, sondern blieb schlaff liegen. Ihre Sonnenbrille fiel zu Boden. Ich hob sie auf und brachte sie später ihrem Trainer. Suzy wurde aus dem Stadion gerollt, und nun war ich allein mit meinen Gedanken über das Ergebnis des Rennens.

Das Chaos am Ende und meine Entscheidung, in der zweiten Runde die Führung zu übernehmen, wollten mir nicht aus dem Sinn. Ich wusste, dass viele Kritik an mir üben würden – und ich selbst tat es auch. Manchmal – vielleicht sogar in den meisten Fällen – sind die langsamen Rennen schwerer zu verkraften als die schnellen.

Nouria Merah-Benida aus Algerien hatte die Goldmedaille mit einer Zeit von 4:05,10 Minuten gewonnen und Violeta Szekely aus Rumänien um fünf Hundertstelsekunden geschlagen. Gabriela Szabo war von weit hinten auf den Bronzemedaillenplatz aufgerückt, nachdem sie in der dritten Runde über eine gestürzte britische Läuferin gesprungen war.

Schließlich fand ich Matt auf der Aufwärmbahn.

»Was war das denn bloß?«, fragte ich.

»Das war ein Olympiafinale«, sagte er.

Matt hatte Recht gehabt: In einem olympischen Endlauf kann alles Mögliche passieren.

Auf dem Rückflug grübelte ich immer noch über das Olympiafinale. Jahrelang hatte ich auf das Rennen gewartet, und nun würde ich vielleicht Jahre damit verbringen, mich zu fragen, wie das Resultat ausgefallen wäre, wenn ich eine andere Entscheidung getroffen hätte.

In der zweiten Runde hatte ich geglaubt, keine andere Wahl zu haben, als mich an die Spitze zu setzen. Ich hatte mir selbst eingeredet, dass die anderen Mädchen über einen schnelleren Schlussspurt als ich verfügten. Als wir einfach nur dahinjoggten, rebellierte ich. Denn ich glaubte, dass ich nicht in der Lage sein würde, im Sprint über die letzten 600 Meter mit meinen Gegnerinnen mitzuhalten. Deshalb übernahm ich die Führung. Es mochte verhängnisvoll gewesen sein, aber ich wünschte mir ein ehrliches Tempo. Dabei wusste ich jedoch, dass mich meine Konkurrentinnen irgendwann einholen würden.

Ich werde mich stets fragen, was geschehen wäre, wenn ich meinen Spurt zusammen mit dem übrigen Feld begonnen hätte. Vielleicht hätte ich eine Medaille errungen. Oder auch nicht.

Nun konnte ich mich mit der Tatsache trösten, dass ich an jedem Tag der Olympischen Spiele etwas gelernt hatte. In jeder Runde hatte sich mein taktisches Wissen vergrößert. Ich lernte einiges über mich selbst und über mein Potenzial, und ich merkte, dass auch meine Gegnerinnen von Schwächen, Unsicherheit und Zweifeln geplagt wurden. Mir wurde klar, dass ich den Lernprozess nur fortsetzen konnte, wenn ich Rennen auf internationalem Niveau bestritt.

Außerdem lernte ich, dass Rennen, gleichgültig wie intensiv man trainiert, vom eigenen Glauben abhängig sind. Hätte ich stärker an mich geglaubt, wäre ich vielleicht mit den anderen Läuferinnen gespurtet. Meine Motivation und mein Selbstvertrauen hatten ein wenig geschwankt, was mich möglicherweise um einen größeren Erfolg gebracht hatte.

Vor dem Rennen hatte ich die Minuten bis zum Ende gezählt. Nun zähle ich die Minuten, bis ich eine neue Chance bekomme.

11. Die Zukunft ist noch nicht geschrieben

Wenn ich in den Spiegel schaue, kann ich meine eigenen Augen nicht sehen. Das ist eine unumstößliche Tatsache. Es gibt keine Wunderheilung für meine Sehschwäche. Nur weil ich Olympiateilnehmerin bin, wird das Leben nicht plötzlich leichter. Es zu meistern ist ein nie enden wollendes Projekt, ähnlich wie das Laufen von Mittel- oder Langstrecken. Die Analogie mag sich schlicht anhören, aber sie trifft zu.

Kurz nach den Olympischen Spielen wurde ich nach Portland zum Low Vision Symposium eingeladen. Dort sprach ich vor 700 Menschen, von denen viele älter waren und an macularer Degeneration litten. Mir wurde klar, dass ich selbst, meine Angehörigen und Freunde immer noch mehr darüber erfahren können, wozu ich fähig bin und wozu nicht. Jedes Mal, wenn ich mich mit dem Thema beschäftige, kristallisieren sich meine Meinungen stärker heraus. Ich begreife mit jedem Tag besser, wie die Stargardt-Krankheit mein Verhalten und das meiner Nächsten prägt. Hier sind ein paar Beispiele:

Die übrige Welt nimmt zumeist nur zwei Kategorien des Sehvermögens wahr: vollsichtig und völlig blind. Partielle Blindheit erweist sich daher für mich und andere als ständiges Dilemma.

Ich habe gelernt, wie viel leichter das Leben für mich

wird, wenn ich meine Behinderung akzeptiere und nicht vorzutäuschen versuche, dass ich die Dinge – sei es in einer Shopping-Mall, auf einer Wanderung oder auf der Laufbahn – genauso sehe wie alle anderen.

Ich habe gelernt, dass sich meine Wahrnehmung der Welt wohl oder übel von der des Lesers unterscheidet. Das ist eine simple Tatsache, aber erstaunlicherweise habe ich mich lange dagegen gewehrt, sie anzuerkennen.

Ein Beispiel sind Partys. Es widerstrebt mir, mich unter größere Gruppen zu mischen. Ich versuche, meine Abneigung zu überwinden, aber ich fühle mich auf Partys unbeholfen, weil ich meine Gesprächspartner oder überhaupt die Anwesenden nicht erkennen kann. Es ist schwierig, Smalltalk zu machen, wenn man nicht weiß, wer vor einem steht. Am liebsten würde ich erklären: »Ich kann Sie sehen, aber ich kann nicht erkennen, wer Sie sind.« Manchmal bluffe ich einfach, so gut ich kann. Eine Party dürfte für mich wohl nie so unterhaltsam sein wie für die anderen Gäste, denn ich empfinde sie als anstrengend.

Ich habe gelernt, Kleinigkeiten nicht hochzuspielen. Unabhängigkeit bedeutet nicht, dass es sich verbietet, um Hilfe zu bitten. Wer sehbehindert ist, kann manche Dinge eben nicht tun. Wenn man eine Aufgabe erledigen muss, ist es sinnvoll, sich die erforderlichen Informationen von einem anderen vorlesen zu lassen, also kurzfristig auf dessen Sehvermögen zurückzugreifen.

Ich habe gelernt, dass sich wirkliche Unabhängigkeit daran zeigt, wie man sich diese Hilfe verschafft. Man kann beispielsweise jemanden damit beauftragen, einmal in der Woche die Post vorzulesen oder Lebensmittel einzukaufen.

Ich gehe selbst ins Lebensmittelgeschäft. Aber statt um Hilfe zu bitten, wenn ich sie benötige, mühe ich mich zuweilen ab, die richtigen Regale zu finden und die Preise zu entziffern. Nichts fällt mir leicht, nicht einmal die Suche nach einer Dose Thunfisch.

Alle Dosen kommen mir identisch vor. Ich stehe da und suche mit meinem Vergrößerungsglas die Etiketten ab. Öl oder Wasser? Gesalzen oder ungesalzen? Ist es großer oder roter oder weißer Thunfisch? Es kann den halben Morgen dauern, bis ich die gewünschte Dose finde.

Ich habe zwei Regeln für mich aufgestellt, an die ich mich seitdem halte. Sie machen das Leben weitaus erfreulicher für mich.

Regel eins: Denk daran, dass derjenige, mit dem du sprichst, nicht weiß, dass du nicht sehen kannst.

Bei allem, was ich tue, denke ich an diese Regel. Im Lebensmittelgeschäft, in der Bank und im Sandwich-Laden mache ich mir stets klar, dass die Person hinter dem Tresen nicht Bescheid weiß. Was mich zu der zweiten Regel führt: Es ist nicht ihre Schuld.

Früher erwartete ich oft, dass andere über telepathische Fähigkeiten verfügten. Sie hätten merken müssen, dass ich nicht sehen kann – und wenn sie es nicht taten, musste es an ihrer Rücksichtslosigkeit oder Unaufmerksamkeit liegen. Ich dachte häufig: *Warum werde ich für meine Blindheit bestraft?*

Das war nicht fair.

Außerdem habe ich gelernt, dass manche Menschen einfach wütend sein wollen. Eine Frau erzählte mir auf dem Symposium in Portland, sie gehe häufig zu McDonald's in ihrer Nachbarschaft. Da sie die großen Buchstaben auf der Tafel über dem Tresen nicht entziffern kann, bittet sie immer um eine gedruckte Speisekarte und erhält stets die gleiche Antwort: »Gedruckte Speisekarten? Wenn wir welche haben, weiß ich nicht, wo. He, John, haben wir gedruckte Speisekarten?«

Dann wird sie zornig – und der Angestellte ebenfalls. Sie beginnt einen Vortrag über das amerikanische Behindertengesetz und schließt: »Sie müssen gedruckte Speisekarten für Leute, die nicht sehen können, bereithalten!«

Am Ende ihrer Erzählung fragte ich: »Glauben Sie wirklich, dass Sie auf diese Weise bekommen, was Sie haben wollen? Zum Beispiel würde ich mir keine Limonade von einem Mann einschenken lassen, den ich gerade angebrüllt habe.«

Ich erklärte ihr, dass der Angestellte meiner Meinung nach wahrscheinlich nicht zwischen Sehbehinderung und Blindheit zu unterscheiden vermag. Deshalb frage er sich, warum jemand, der nicht lesen könne, eine Speisekarte haben wolle.

»Mag sein, aber diese Leute verletzen meine Rechte«, antwortete sie.

»Einen Moment«, sagte ich. »Sie wollen doch nur einen Hamburger haben. Lassen Sie uns versuchen, die Sache zu durchdenken, statt uns derart aufzuregen.«

Ich nannte meiner neuen Bekannten meine beiden unumstößlichen Regeln und riet ihr, diese, wann immer möglich, anzuwenden. Fünfzehn Jahre lang hatte ich sie selbst nicht befolgt und dadurch alle um mich herum auf die Palme gebracht.

Ich lerne immer noch hinzu: über mich selbst als Sportlerin und als Mensch. Vieles ist geschehen, seit ich aus Sydney heimgekehrt bin. Unzählige E-Mails, Telefonate und persönliche Auftritte schlossen sich an, aber dann beruhigte sich die Situation ein wenig, und ich hatte die Möglichkeit, Bilanz zu ziehen.

Von Zeit zu Zeit musste ich an den Anruf des Arztes denken, der vor den Olympischen Spielen behauptet hatte, er habe einige Symptome der Stargardt-Krankheit geheilt. Ich hoffte natürlich, dass seine Worte eine gewisse Substanz hatten. Aber im Herbst begegnete ich einem Arzt, der zu den führenden Forschern auf dem Gebiet der Stargardt-Krankheit gehört: Dr. Richard Weleber, Professor für Ophthalmologie am Casey Eye Institute in Portland. Wir trafen uns zum Essen, und ich erzählte ihm von dem Anruf. Dr. Weleber widerlegte im Wesentlichen alles, was der Quälgeist behauptet hatte. Ich war enttäuscht, aber wenigstens war meine Gemütsruhe wiederhergestellt. Bis heute gibt es keine Heilung für Stargardt.

Bei meiner Mutter war während der Olympischen Spiele eine Remission eingetreten. Sie und mein Vater dachten immer noch voller Freude daran, wie ich in dem Stadion mit dem darüber schwebenden Flammenkessel gelaufen war. Ihr großer Moment kam im Finale, als ich mich an die Spitze des Feldes setzte. »Ich schaue hinunter, und meine Tochter liegt bei den Olympischen Spielen an erster Stelle«, staunte mein Vater.

Aber im Herbst kehrte der Krebs meiner Mutter zurück. Sie unterzog sich einer quälenden neuen Chemotherapie, doch sie reagierte sehr schlecht darauf, und ein Lungenflügel kollabierte zweimal. Gegen Weihnachten konnte sie nicht mehr essen und musste intravenös ernährt werden. Sie kämpft weiter und erträgt alles mit ihrer gewohnten positiven Einstellung, aber ich weiß, dass es Momente gibt, in denen sie sich deprimiert und ermattet fühlt.

Trotzdem kenne ich keinen Menschen, der lebensbejahender ist als Mom.

Von meiner Mutter habe ich gelernt, wie wichtig es ist, mich nicht unterkriegen zu lassen. Gleichgültig, was geschieht, man hat immer eine Wahl, wie man reagieren will. Meine Mutter hat mir vor langer Zeit erklärt: »Das, was dir zustößt, kannst du nicht bestimmen, aber es liegt bei dir, was du danach tust, wie du darüber denkst und was du fühlst.« Mom verkörpert diese Haltung. Ich mache noch immer jeden zweiten Schritt für sie.

Margo Jennings und ich trafen uns einige Male im Allann Brothers Coffee House, um über unsere Zusammenarbeit zu sprechen. Sie stellte ein Programm zusammen, das genau meinen Bedürfnissen entsprach. Es war streng reglementiert und würde meine Neigung zügeln, mich bis an die Grenze von Verletzungen überzutrainieren. »Der Körper braucht ein einheitliches System«, sagte sie.

Außerdem habe ich gelernt, dass Laufen dazu beiträgt, Leben zu retten. Zum Beispiel hat es meines und Matts gerettet. Es schafft die Voraussetzung, Lebensstile und Prioritäten zu ändern. Ich glaube, dass viele der Krankheiten, die unsere Gesellschaft heimsuchen – Schilddrüsenunterfunktion, Typ-2-Diabetes oder Fettleibigkeit –, das Ergebnis einer schlecht durchdachten Lebensweise sind. Kinder laufen. Das ist eine Tatsache. Aber irgendwann zwischen der Pubertät und dem Erwachsensein hören sie auf zu laufen, krümmen die Schultern und schlurfen dahin. Und sie ernähren sich von Kartoffelchips und Coca-Cola. So setzt sich der Prozess fort.

Vielleicht ist es idealistisch anzunehmen, dass die Welt gerettet werden könnte, wenn jeder anfinge zu laufen. »Ich habe keine Zeit«, sagen die meisten. Oder: »Ich bin kein Läufer.« Es gibt unzählige Ausflüchte. Aber der Körper ist dazu bestimmt, sich zu bewegen. Muskeln, Sehnen, Herz und Lunge müssen auf die Probe gestellt werden, damit sie unseren Körper auf natürliche Art vorantreiben. Ich glaube, dass Laufen ein Jungbrunnen sein kann. Man braucht nur sein Inneres zu betrachten, wenn man eine Möglichkeit finden will, sich jünger zu fühlen und jünger auszusehen. Schönheit kommt aus dem Inneren. Wer läuft, benötigt kein teures Fitness-Studio oder eine Menge Geräte. Kenianische Kinder laufen barfuß durch die Grassteppen und über die ungepflasterten Wege ihrer Dörfer.

Das Laufen beeinflusst auch die Entscheidungen, die man im Alltagsleben trifft. Man sucht sich seine Nahrungsmittel gezielter aus, und der Körper verlangt eine ausgiebige Nachtruhe. Ich ziehe einen langen Morgenlauf einem späten Abend voller Trubel vor, und ich würde lieber an einem Rennen teilnehmen, als mir passiv die NBA-Playoffs oder die Superbowl anzuschauen.

Im Wesentlichen geht es darum, jeden Tag genau das Gegenteil von dem zu tun, was einem die Wohlstandsgesellschaft vorschreibt. Es gibt kein Geheimnis, keine Pille, keine Patentlösung. Verzichte auf die fettfreien Schokoladenriegel und die kalorienarmen Kartoffelchips, und kauf stattdessen häufiger in der Frischwarenabteilung ein. Lass dein Auto in der Garage stehen. Bewege deinen Körper. Atme. Schwitze. Iss weniger. Trink Wasser. Ein Zitat aus Matts Lieblingsfilm *The Shawshank Redemption* drückt es am besten aus: »Widme dich dem Leben, oder bereite dich auf den Tod vor.«

Ich schloss endlich Frieden mit meiner Olympiaerfahrung. Das Wichtigste war, dass ich mich für das Team qualifiziert und das 1500-Meter-Finale nach nur ein paar Rennen erreicht hatte. Nachdem ich die Stärken und Schwächen meines Auftritts in Sydney analysiert hatte, gelangte ich zu dem Schluss, dass ich eine Ausdauerläuferin bin und mein wirkliches Potenzial bei 5000 Metern liegt.

Wenn ich daran den geringsten Zweifel gehabt hätte, wäre er im Winter nach meiner Rückkehr beseitigt worden. Ich flog nach New York City, um im Armory Track and Field Center an einem 5000-Meter-Demonstrationslauf teilzunehmen. Diese Halle ist bekannt für ihre schnelle Bahn. Vor einem enthusiastischen Publikum aus 2000 High-School-Leichtathleten und einigen lokalen Fans lief ich in dem nach Einreibemittel riechenden Gebäude gegen die Uhr. Ich hatte es auf den amerikanischen Hallenrekord abgesehen, und es war erst mein zweites 5000-Meter-Rennen.

Vor der Veranstaltung fühlte ich mich ganz ruhig und selbstbewusst. Aber das Seltsame an einem Läuferleben ist, dass das Selbstbewusstsein schwindet, je näher die Prüfung rückt. Die 5000-Meter-Hallenstrecke besteht aus 25 Runden. Urplötzlich war ich eingeschüchtert. Während ich mich aufwärmte, nahm ich mir vor, nicht die Fassung zu verlieren, auch wenn es wehtat. Ich trat auf die drei Schrittmacherinnen zu und sagte: »Was auch geschieht, und selbst wenn wir das Tempo nicht einhalten, lasst uns auf keinen Fall aufgeben.«

Nach den beiden ersten Runden stimmte das Tempo ganz genau. Alles kam mir perfekt vor, und ich war sicher, dass ich den Rekord brechen würde. Meine Konzentration ließ nicht nach. Das Rennen war so lang, dass ich mich weigerte, den Rundenzähler während der ersten Hälfte der Strecke auch nur anzuschauen.

An der 3000-Meter-Marke hörte ich meine Zeit über den Lautsprecher: 9:08 Minuten. Die drei Schrittmacherinnen hatten ihre Arbeit geleistet und waren dann ausgeschieden. Nun lautete die Frage nur noch, um wie viele Sekunden ich den Rekord brechen würde. Ich hielt das Tempo. Ich hatte das Gefühl, als wäre ich schon seit anderthalb Tagen gelaufen. In der vorletzten Runde beugte sich ein Mann an der Zielgeraden vor und schrie: »Sprinte jetzt! Sprinte jetzt!« Ich dachte: *Ganz richtig, Kumpel. Sprinte du doch.* Aber ich legte eine starke Schlussrunde hin und überquerte die Ziellinie in neuer amerikanischer Rekordzeit.

Ich hatte den alten Rekord um knapp 15 Sekunden unterboten, und meine Zeit von 15:07,33 Minuten war die sechstbeste Hallenleistung der Welt. Lynn Jennings' bisheriger Rekord von 15:22,64 Minuten hatte zehn Jahre Bestand gehabt.

Das Rennen hatte mir Spaß gemacht, doch nun stellte sich mir die quälende Frage, wie ich bei einem internationalen Wettbewerb abschneiden würde. Ich hoffte, es herauszufinden, indem ich mich für das Weltmeisterschaftsteam qualifizierte.

Der Rekord bedeutete mir aus zwei Gründen sehr viel. Erstens bewies er den Fortschritt meiner Arbeit mit Margo und bestätigte mein Potenzial über 5000 Meter. Zweitens hatte eine Olympia-Medaillengewinnerin den alten Rekord aufgestellt. Nun wusste ich genau, was ich wollte und worauf ich zusteuerte.

Ich hatte die Sommerspiele als Ziel betrachtet, aber in Wirklichkeit waren sie eine Erneuerung, der Beginn eines weiteren Vierjahreszyklus. Nun bereite ich mich auf die Spiele von 2004 in Athen vor.

Diesem Vorhaben kann ich mich mit frischem Engagement und neuer Zufriedenheit widmen, denn ich habe mir in Eugene ein Haus gekauft und kann mir zum ersten Mal meinen Lebensunterhalt durch den Sport verdienen. Zuerst schrak ich vor dem Gedanken an einen Hauskauf zurück. Er würde eine Veränderung mit sich bringen, und ich würde mich in eine andere Umgebung eingewöhnen müssen. Diese Aussicht verängstigte mich ein wenig, besonders weil ich dadurch meine schwer erkämpfte Unabhängigkeit verlor. Ich wollte mich weder auf Matt noch auf jemand anderen verlassen müssen. Aber als ich mein Haus fand, wusste ich, dass ich dorthin gehörte.

Es ist ein zweistöckiges Holzhaus an einem schattigen grünen Hang, und im Wohnzimmer befindet sich ein großes Panoramafenster. Das Haus blickt auf einen hohen Kiefernwald, der das Sonnenlicht mildert und meine Augen schont. Die Laufpfade, ein Lebensmittelgeschäft und eine Bushaltestelle sind nur ein paar Schritte entfernt. Ich habe mir die Straßen und Fußwege eingeprägt.

Manchmal wandere ich mit Matt, und ich könnte schwören, dass ich die Unterschiede zwischen all den Grüntönen, die Farbnuancen der Bäume und ihre sich vom Himmel abhebenden Umrisse erkennen kann. Am schönsten und klarsten sind für mich zusammenhängende Bilder, Landschaften, Panoramen – ganzheitliche Ansichten.

Am späten Nachmittag spazieren Matt, Summer und ich gern zu unserem Lieblingsladen, Oasis, um Riesenkekse und grünen Tee zu kaufen. Auf diesen Spaziergängen begreife ich, dass es nicht die Medaillen sind, die mich wirklich glücklich machen, sondern das Streben nach ihnen. Womit ich mich auch beschäftige, ich weiß, dass nichts die Rolle übernehmen kann, die das Laufen in meinem Leben spielt. Nichts hat die gleiche Herausforderung oder Perspektive zu bieten.

Die Fähigkeit, jeden Tag zu laufen, die Freiheit, meinen Körper ohne Schmerzen zu bewegen, und das Gefühl, dass ich ewig weiterlaufen kann, ohne durch eine Ziellinie begrenzt zu werden – das ist meine Vision.

Danksagung

Die Autorinnen möchten vor allem Stacy Creamer von Putnam für den Glauben an dieses Buch und für die Hilfe bei dessen Entstehung danken. Ray Flynn und Esther Newberg verdienen ebenfalls Dank dafür, dass sie es uns ermöglichen, unseren Lebensunterhalt mit dem, was wir gern tun, zu verdienen. Stuart Calderwood war ein aufmerksamer, sorgfältiger und fachkundiger Leser. Unser Dank gilt außerdem den vielen Familienangehörigen, Freunden und Ärzten, die das Buch durch Einblicke und Informationen abgerundet haben.

Wenn Sie hier rauskommen, werden Sie nur noch kriechen können ...

Er war der kommende Mann im internationalen Radrennsport, doch dann kam der Krebs: Hodenkrebs – mit Metastasen in der Lunge und zwei Tumoren im Gehirn. Überlebenschancen: nahezu keine. Der Profiradsportler Lance Armstrong erzählt seine unglaubliche und bewegende Geschichte, die aus ihm einen anderen Menschen gemacht hat.

Eine Geschichte von Zusammenbruch und Durchhaltewillen, von Verrat und Freundschaft, von Verzweiflung und Liebe, von der Hölle der Chemotherapie und dem Zusammenbruch aller Lebenspläne – eine Geschichte, die mit der Rückkehr ins Leben endet und vielfachen Siegen in der Tour de France.

ISBN 3-404-61496-8

BASTEI LÜBBE

Von denen lernen, die es können

Nach seinem autobiographischen Bestseller »Tour des Lebens« stellt Lance Armstrong hier sein sportliches Trainingsprogramm vor, das ihn zum vielfachen Tour-de-France-Sieger gemacht hat.
Neben Grundlagen, die das Rennrad betreffen, gibt es jede Menge pfiffiger Tipps sowohl für den Amateur wie auch für den Leistungssportler. Leicht lesbar, klar und fasslich aufgebaut, professionell. Mit zahlreichen Abbildungen und Beispielen aus der Praxis eines der besten Radrennfahrer der Welt und seines Trainers.

ISBN 3-404-66381-0

BASTEI LÜBBE